臺灣歷史與文化研究輯刊

十四編

第 15 冊

八、九〇年代臺北城市
「生活空間」文學書寫研究（上）

張志帆 著

花木蘭文化事業有限公司

國家圖書館出版品預行編目資料

八、九〇年代臺北城市「生活空間」文學書寫研究（上）／張
志帆 著 ― 初版 ― 新北市：花木蘭文化事業有限公司，2018
〔民 107〕
目 6+174 面；19×26 公分
（臺灣歷史與文化研究輯刊十四編；第 15 冊）
ISBN 978-986-485-598-8（精裝）
1. 中國當代文學 2. 文學評論
733.08　　　　　　　　　　　　　　　　　　107012707

ISBN-978-986-485-598-8

9 789864 855988

臺灣歷史與文化研究輯刊
十四編　第十五冊　　　　　　　ISBN：978-986-485-598-8

八、九〇年代臺北城市「生活空間」文學書寫研究（上）

作　　　者　張志帆
總 編 輯　杜潔祥
副總編輯　楊嘉樂
編　　　輯　許郁翎、王筑　美術編輯　陳逸婷
出　　　版　花木蘭文化事業有限公司
發 行 人　高小娟
聯絡地址　235 新北市中和區中安街七二號十三樓
　　　　　　電話：02-2923-1455／傳真：02-2923-1452
網　　　址　http://www.huamulan.tw 信箱 hml810518@gmail.com
印　　　刷　普羅文化出版廣告事業
初　　　版　2018 年 9 月
全書字數　279073 字
定　　　價　十四編 16 冊（精裝）台幣 38,000 元

八、九〇年代臺北城市
「生活空間」文學書寫研究（上）

張志帆　著

作者簡介

張志帆　廣東省肇慶學院文學院副教授。中國文化大學中國文學博士，曾任教育部「全校性閱讀書寫課程推動與革新計畫」教師及臺中教育大學「全國大專生語文素養檢測」委員。德明財經科技大學、萬能科技大學、健行科技大學、聖約翰科技大學、臺北海洋科技大學、環球科技大學及馬偕醫護管理專科學校　通識中心兼任助理教授。擔任過國科會專題研究案「《天祿琳琅書目》訂補」、「宋代春秋學典籍的分類與考證」研究助理、《瑞華文化升學雜誌》國文科課外輔助專欄特約作家。學術研究領域為城市文化與文學、流行文化與通俗文學、現當代文學、遊記文學、晚明小品及臺灣文學。

提　　要

　　「城市書寫」是眾多現代文學流派中的一支，其特色是結合城市學的理論進行文學書寫。透過該主題的探討，可以反映出當代城市裡的多元人文風貌。本論文以城市學裡的「空間」理論為基礎，進一步探討作家筆下書寫而下的八、九○年代臺北「生活空間」的內涵，以了解作家所關心的課題與作品裡的社會關懷。

　　本論文先就城市發展、城市學與城市空間理論進行整理，進一步為主題的「背景」探討。「背景」的探討，包含了時間與空間：先以「時間」層面了解臺北城市「生活空間」文學書寫的發展歷程；再由「空間」層面耙梳八、九○年代的政治、經濟與社會情況探討。透過外緣研究，進而深化並理解作家「文本」裡的內在涵義。

　　在「文本」的內在研究裡，筆者先就「城市地標」的文學書寫進行探究。臺北是全臺的經濟與政治中心，同時也是全臺的交通樞紐與藝文重鎮。筆者分別茲舉各一代表性地標的文學書寫進行研究，期待透過作家對「城市地標」的書寫以了解時代風華。再由作家「文本」裡的城市「生活空間」進行細部探討，包括：食、衣、住、行、育、樂，六個領域中，逐一探究該八、九○年代裡的城市生活。此外，該時期作家「文本」裡有大量的情慾流動，是八、九○年代的文學書寫特色，筆者另立專章討論。最後再針對作家「文本」的書寫策略提出討論，以明白作家創作的意圖。

　　藉由本論文的研究主題，加以釐清八、九○年代臺北城市「生活空間」文學書寫的特色與內涵。更進一步從作家「文本」裡的城市意象探討，真正傳達出作家的人文關懷與臺北城市精神風貌。

目

次

第一章　緒　論

第一節　研究動機與目的

一、研究動機

（一）城市空間之研究緣起

　　筆者碩士論文撰寫《論張岱遊記中人文精神之體現》一書，研究過程中發現晚明作家張岱（1597～1679）之遊記作品，有別於一般文人雅士對山光水秀的著墨與描摩。在其遊記作品中多著墨於城市「生活空間」裡的人物百態與繁華盛況，更開拓了遊記文學的題材與境界。如在元宵慶典中，張岱就致力刻畫出杭州城的萬種風情：

> 庵堂寺觀以木架作柱燈及門額，寫「慶賞元宵」、「與民同樂」等字。佛前紅紙荷花琉璃百盞，以佛圖燈帶間之，熊熊煜煜。廟門前高臺鼓吹，五夜市廛，如橫街軒亭、會稽縣西橋，閭里相約，故盛其燈，更於其地鬥獅子燈，鼓吹彈唱，施放煙火，擠擠雜雜。小街曲巷有空地，則跳大頭和尚，鑼鼓聲錯，處處有人團簇看之。城中婦女，多相率步行，往鬧處看燈；否則大家小戶雜坐門前，吃瓜子糖豆，看往來士女，午夜方散。鄉村夫婦，多在白日進城，喬喬畫畫，東穿西走，曰「鑽燈棚」，曰「走燈橋」，天晴無日無之。〔註1〕

〔註 1〕　（明）張岱著、馬興榮點校：《陶庵夢憶‧紹興燈景》（臺北：漢京文化公司，2004），頁 53。

杭州城是晚明時期中國最繁華的商業大城，張岱透過文字的紀實，將夜晚「鬧元宵」的喧囂城市生活刻畫得栩栩如生。包括杭州城市空間裡的各種風俗民情、各式慶典活動、人生百態，甚至日常中所見所聞娛樂活動，如：唱戲、說書、美食、品茗……等。整個杭州城市「生活空間」裡的樣貌，可謂無所不寫，他的妙筆生花，讓讀者彷彿親臨。無怪乎陳平原（1954～）稱讚張岱爲「都市詩人」〔註2〕。

　　透過張岱的杭州城「生活空間」書寫：從「人」的深入描摹、「事」的精彩敘述到「景」的生動刻畫，呈現了一幅幅杭州的人文風俗畫。因此，在碩士論文撰寫過程中，使筆者對杭州古城有了進一步的認識，同時也開啓對「城市空間」的高度研究興趣。

（二）在地文化之自我認同

　　臺北，臺灣首善之都，全臺最繁華的城市，亦爲政治、經濟中心、全臺交通樞紐與文學重鎮。臺北的發展可以說是近代臺灣政經文化發展的縮影，要了解臺灣不可不認識臺北這座城市。臺北同時也是筆者進入「文學領域」研究的重要學習場域，從日常的生活、知識的涵養到文學的深化，筆者皆與這座城市密不可分。因此基於「在地文化之自我認同」的信念，兼承先前「城市空間」的文學書寫之研究基礎，進以臺北城市裡的「生活空間」爲研究主題。

二、研究目的

　　文學作品的書寫是社會各面向的縮影與反映，耙梳文本以瞭解作家的創作內涵，正是文學的積極社會意義。是以筆者期望透過本論文的研究，可由「文學」層面探討作家筆下的臺北意象，透過作家筆下所展現的臺北城市生活風貌，達到下列之研究目的：

（一）地景空間變遷紀實，體現臺北人文的特殊風貌

　　法國大文豪雨果（Victor Hugo，1802～1885）直言「城市即書寫！」法國人文學家羅蘭・巴特（Roland Barthes，1915～1980）以「符號學」的觀點切入研究城市的文化，包括建築、街道……等等，皆是城市空間的符號象徵。

〔註2〕陳平原著：〈「都市詩人」張岱的爲人與爲文〉，《文史哲》第5期（2003），頁77。

他進一步指出：「在城市中活動的人，例如城市的使用者（我們都是），仍是讀者，隨著他的義務與行動，與用了發言的片段，以便秘密的將之實現。」〔註3〕此外，他更以法國文學家奎諾（Raymond Queneau，1903～1976）的作品為喻：

> 當我們在一座城市裡活動時，我們正處在奎諾（Queneau）的一千億首詩的讀者的處境，僅僅換了一行，就是一首不同的詩；當我們在城市裡，不知不覺中我們都有點像這個前衛的讀者。〔註4〕

於是，城市人們化為文字的符碼，身處在城市空間的各種符號之中，穿越城市裡的大街小巷，不同的行為都有不同的表徵，城市人正以自己為城市風景寫下最佳的註腳。由此一觀點審視臺北城市的「生活空間」文學書寫，正記錄了人類活動伴隨著城市地景的歷史發展的軌跡而來。臺北的現代化城市文明萌芽於日本（Japan）治理臺灣的時期，「城市書寫」也由此展開。戰後的百廢俱興，到六○、七○年代的城市擴展，至八○、九○年代臺北正式邁向國際城市之林。臺北城市書寫也跟隨著城市發展至此進入「成熟期」。成熟期的臺北，因政治解放，社會與文化的場域急遽變遷。「創作者群的擴大及關注城市視角多元」〔註5〕皆讓「城市空間」書寫的內涵深度更深、廣度更廣。因此透過作家對臺北城市「生活空間」地景變化的文學書寫研究：從街景到建築，從歷史追憶到人物活動，再從生活實踐到人文關懷的探索……等，分析探究作家筆下的臺北城市人文風貌書寫，進一步探討臺北特有的人文價值意義。

（二）多元城市文化書寫，展現臺北人文的包容關懷

臺北，這個國際大城市，自西元 1884 年建城至今有一百三十多年的光景，期間歷經了不同政權文化的轉移與變遷。清末建城的臺北，正處於新舊文學的交替時期，城裡有衙門、學堂、寺廟、閩式建築，展現傳統中華文化的風貌。日治時期，除了引進和服、神社等日本文化之外，一批「明治維新」後的學者與建築師，更將「西洋歷史建築式樣」的歐洲風格融合於臺北城市之中。戰後的臺北，因國民政府的遷徙帶來大量的外省族群，眷村文化又為城

〔註3〕　羅蘭‧巴特（Roland Barthes）著、王志弘譯：〈符號學與都市〉收錄於夏鑄九、王志弘主編：《空間的文化形式與社會理論讀本》（臺北：明文書局，1993），頁536。

〔註4〕　同前註，頁536。

〔註5〕　張茵婷著：《女居城市的私寓與私慾——論鍾文音90年代以降的城市書寫》（臺南：國立成功大學中國文學系碩士論文，2010），頁37。

市空間注入另一股不同的風情。緊接著七〇年代國際貿易與交流的興盛，臺北成為臺灣與國際接軌的交流中心，西方資本主義（Capitalism）與文化大量來臺。而九〇年代開放外籍勞工與新住民來臺，同時也引進的南洋文化，再加上臺灣本身的原住民文化風貌。臺北在不斷的傳承與累積中，形成了今日的城市樣貌。多元文化之間共生共存，有融合、同時也會有衝突與排斥。作家為自我文化發聲，從不同的角度書寫而下不同族群的聲音，同時並存於臺北城市之中。面對不同聲音的兼容並蓄，正是一座城市邁向偉大的成長途徑。九〇年代以後「眾神喧嘩」的文學面貌呈現出了臺北城市的文化多元性。藉由對於他們的多元書寫研究，正能展現出臺北城市的人文關懷與包容特質。

第二節　研究範圍與方法

一、研究範圍

（一）時間範圍

2014 年逢臺北建城一百三十週年慶，市政府擴大慶祝活動：

> 慶祝臺北建城 130 週年將以歷史為本，透過設計富創意的多元方式，提供既深且廣的活動面向，帶領市民重溫臺北城的發展，除藉由一系列活動串聯起時間、空間、人物的歷史脈絡，也思索如何利用「再現」、「再建構」的方式賦予舊城牆石與城門新的意涵。……利用臺北城的城門、城牆、古蹟等元素以重塑、回溯喚起臺北人對過去老臺北的情感記憶，同時希望市民朋友共同參與、創作這屬於你我的臺北城。〔註6〕

由於「城市書寫」隨著空間與時間的發展產生變異，特別是政權的輪替在空間地景上而有抹除、增添、變異與殘餘的生發。以城市「生活空間」為主題來研究城市的發展脈絡，除了可以彰顯其城市地景的多元面向外。透過城市地景的變化研究，從其時代的流變，文學作品反映出不同時期的臺北城市人文風貌。林燿德（1962～1996）即指出「都市文學已躍居八〇年代臺灣文學

〔註 6〕「臺北建城 130 週年」官方活動網頁「〈城慶〉宣言」，上網日期：2014.1.19 網址：http://taipeicitywall.net/about/

的主流，並將在九〇年代持續其充滿宏偉感的霸業。」〔註7〕八〇年代是城市
文學的主流，九〇年代城市文學雖起了新的變化，但城市空間裡的意象早已
融入各種文學流派之中。是以筆者將以八、九〇年代爲本論文的研究範疇。
時間範圍採交叉附疊原則：

　　1. 聚焦於作品寫作、發表、出版於 1980～1999 年之間，臺北城市「生活
　　　　空間」敘述討論。

　　2. 作品內容觸及 1980～1999 年之間臺北城市「生活空間」討論，即兼收
　　　　2000～2016 年 8 月「發表」之相關時間、主題、面向的作品討論。

　　3. 1980 年以前，論及有關臺北市歷史性的空間發展之討論亦作爲參考。

第一點爲本論文主要研究文本之範疇，並輔以第二、三點作爲補充。

（二）空間範圍

　　「臺北」一詞，最早出現於清康熙末年周鍾瑄的《諸羅縣志》和藍鼎元
的《紀荷包嶼》的記載，意指「臺灣之北」。其範圍約今日彰化八掌溪以北至
基隆之間，皆稱之爲臺北。清同治十三年（1874）臺灣海防欽差大臣沈葆楨
（1820～1879）奏請清廷擴編臺灣行政編制，將一府增爲三府，「臺北」始成
行政名稱。「臺北府」成立後，又於艋舺、大稻埕中間興建城池作爲府治，並
命名爲「臺北城」，至此以「臺北」爲行政區域之名稱正式出現。今日的臺北
市之範圍大致與日治的州轄市時期相仿：東與石碇山區爲界、西至淡水河，
南至貓空，北至大屯山。

　　戰後的臺北已是臺灣的政治經濟中心與交通樞紐，其經濟發展迅速。不
論是人口關係或是城市機能，臺北市均與鄰近新北市和基隆市一脈相連，因
此整體範圍又稱爲「臺北都會區」或泛稱「大臺北地區」。今日的臺北都會區
各區域之間，不論人口的流動、工作的往來甚至休閒的娛樂，其關係皆十分
密切，因此，本論文探城市學研究芝加哥學派的「同心圓模式」理論，爲本
論文空間區域討論依歸。採樣以作家作品書寫空間範圍關係，並以臺北市爲
核心及其輻射的周邊區域作探討，範圍包括於下：〔註8〕

　　1. 以直轄市臺北市的行政區爲主要討論空間。

〔註 7〕 林燿德著：〈都市：文學變遷的新坐標〉，《重組的星空》（臺北：業強出版社，
　　　　1991），頁 199。

〔註 8〕 城市學研究「芝加哥學派」在本論文第二章第一節有詳細的論述，爲本論文
　　　　重要的理論依據。

2. 以直轄市臺北市爲圓心放射至外圍區域，其作品書寫與八、九○年代
　臺北市歷史發展、生活、交通動線攸關者，包括三重、板橋、雙和（中、
　永和）、淡水四區爲輔助素材。

（三）取材範圍

1. 體裁選擇

　　文學類型依據傳統的分法可分爲詩歌、散文、小說、戲劇四大類。郭沫
若（1892～1978）指出：「詩是文學的本質，小說和戲劇是詩的分化。文學的
本質是有節奏的情緒的世界。詩是情緒的直寫，小說和戲劇則是構成情緒的
素材的再現。」〔註9〕不同的文學類型，以不同的形式發聲，各自展現出人的
內心情感及社會生活、文化的反映。正如郭沫若所言「詩是情緒的直寫」用
以凝練的文字、充沛的情感，將抽象與想像的情感交織而成的文學語言。散
文，則以具體論述爲主，抽象性較低，常帶有對本質和普遍性的探討。小說，
是透過人物說故事，各種不同人物特性的描摩，在不同情境的情節推演下，
探討各種人生課題。戲劇，是一種舞臺表演的綜合藝術，在文學上係指戲劇
劇本，其演出的過程往往透過演員的演繹，從口語中、動作中帶著大量的象
徵和隱喻。各種體裁皆具特色，文學表現平分秋色。其中「小說」介於抽象
與具體之間，透過故事人物性格和命運情節的羈絆，能較直觀的呈現出城市
社會各階層的情狀。其故事內容充分將錯綜複雜的矛盾、衝突情緒，與社會
生活環境的各種人情冷暖演繹而出。小說人物，也介於虛實之間，其動作與
思考對應著特定族群的心聲，進能成爲整體社會的縮影。因論文研究與書寫
的限制性，筆者採「小說」爲本主題之研究體裁，期望透過小說的具體社會
縮影特色，達到臺北「城市空間」文學書寫研究的效果與目的。

2. 作家收錄

　　法國人文學家米歇爾・傅柯（Michel Foucault，1926～1984）在其作品〈作
家是什麼？〉（What is an author?）中曾指出「所有的作家都是作者，但並非
所有的作者都是作家」〔註10〕。作家桂文亞（1949～）在其作品中也指出身

〔註9〕 郭沫若著：〈文學的本質〉，《學藝》第 7 卷，第 1 號（1925），頁 10。

〔註10〕 原文爲「all authors are writers，but not all writers are authors.」見 Foucault, Michel
　　　（1969），"What is an Author?", in Harari, Josué V., Textual Strategies:
　　　Perspectives in Post-Structuralist Criticism, Ithaca, NY: Cornell University Press
　　　（published 1979）

為一個作家應肩負起人生使命，包括反映時代、反映現象、追求正義、公理、真善與美……等等。〔註11〕作家以文字書寫各種的人事物，在其寫作過程中，須在文本發掘生命意義和社會本質，即「人文精神」的發揚。因此在作家的收錄上，依據上述原則筆者以下列兩項所收錄之作家資料庫為主要依歸，選擇與本論文相關主題論述之作家作品：

（1）臺灣文學館「臺灣作家作品目錄」〔註12〕

「臺灣文學館」是我國第一座國家級的文學博物館，對臺灣文學的推廣與保存有極大的貢獻。館內設立「臺灣作家作品目錄」資料庫，旨在蒐集臺灣現代文學作家及文學作品的目錄，其為官方蒐羅之作家作品，可視為臺灣文學之代表。該資料庫針對所收錄作家的學經歷、文學風格及文學成就，皆有詳細的述說，是筆者在作家背景論述的重要依據。

（2）暨南大學「臺灣作家作品檢索系統」〔註13〕

「暨南大學圖書館」的「臺灣作家作品檢索系統」，為暨南大學中國文學系所編撰之資料庫，該資料庫以「臺灣作家全集」、「臺灣文學五十家」、「年度短篇小說選」、「年度散文選」、「年度詩選」、「聯合報文學獎」、「中國時報文學獎」、「國家文藝獎文學類」為範疇進行整理。上述所收錄作品，均經過各大文學獎及專家學者的篩選與檢驗，具有重要的學術代表性。其中針對單篇作品發表的時間及出處，盡量做到最詳細的收集與記錄，是筆者在作品時代發表考證的重要輔助。

另有少數作家作品與本論文討論關係密切，雖不在上述兩資料庫之中，但為行文論述之需要，仍做為討論範疇。

3. 文本選擇

城市「生活空間」的文學書寫內容包含多元的城市風貌，作家書寫的過程中若在文本直接提及臺北的人、事、物，是最明顯具體的研究文本。但有不少文本並未直接標示城市之名，根據羅蘭・巴特的「城市符號學」（urban semiotics）或是伯頓・派克（Burton Pike）的「文字的城市」（word-city）的主張，認為透過作家的經驗對城市作各種意象的傳達，包括再現空間、人文事

〔註11〕桂文亞著：《金魚之舞》（臺北：民生報出版社，1997），頁64～65。
〔註12〕封德屏編：《2007臺灣作家作品目錄》上網日期：2015.7.1～9.30
　　　　網址：http://www3.nmtl.gov.tw/Writer2/writer_detail.php?id=1581
〔註13〕暨南大學「臺灣作家作品檢索系統」上網日期：2015.7.1～9.30
　　　　網址：http://hermes.library.ncnu.edu.tw/ncnuc/ncnukm

物的描摹等等，可視爲文字城市的再現，是而在研究文本的選擇上： 凡文本有具體的臺北地景書寫，或作家背景與臺北有密切關係者皆作爲引論資料的參考。如朱天文（1956～）、張大春（1957～）、駱以軍（1967～）等作家作品，因其生活背景與臺北城市密切相關，文本中亦出現城市意象，均納入討論範疇。

依上述原則本論文所收錄討論之研究文本如下：

（一）本論文徵引中、短篇小說出處一覽表

作者 書名	發表刊物	發表時間
七等生〈我愛黑眼珠〉	文學季刊第 3 期	1967.4
七等生〈我愛黑眼珠續記〉	中國時報副刊	1988.8.12
王幼華〈健康公寓〉	中外文學第 11 卷第 11 期	1983.4
王詩琅〈十字路〉	臺灣新文學第 1 卷第 10 號	1936.4.3
王詩琅〈沒落〉	臺灣文藝第 2 卷 8、9 月合併號	1935.6.30
王詩琅〈夜雨〉	臺灣新文學第 1 卷第 10 號	1936.4.3
白先勇〈一把青〉	現代文學第 29 期	1966.8.20
白先勇〈冬夜〉	現代文學第 41 期	1970.10.10
白先勇〈永遠的尹雪艷〉	現代文學第 24 期	1965.4.1
白先勇〈那片血一般紅的杜鵑花〉	現代文學第 36 期	1969.1
白先勇〈孤戀花〉	現代文學第 40 期	1970.3
白先勇〈花橋榮記〉	現代文學第 42 期	1970.12
白先勇〈金大班的最後一夜〉	現代文學第 34 期	1968.5.15
白先勇〈思舊賦〉	現代文學第 37 期	1969.3
白先勇〈秋思〉	中國時報副刊	1971
白先勇〈國葬〉	現代文學第 43 期	1971.5
白先勇〈梁父吟〉	現代文學第 33 期	1967.12.25
白先勇〈歲除〉	現代文學第 32 期	1967.8.25
白先勇〈遊園驚夢〉	現代文學第 30 期	1966.12.25
白先勇〈滿天裡亮晶晶的星星〉	現代文學第 38 期	1969.7
朱天心〈十日談〉	中國時報副刊	1988.2.14～16
朱天心〈佛滅〉	中國時報副刊	1989.6.29～7.3
朱天心〈帶我去吧，月光〉	中國時報副刊	1989.9.23
朱天心〈梁小琪的一天〉	中華日報副刊	1973.11.1

朱天心〈袋鼠族物語〉	中時晚報副刊	1990.8.26～9.6
朱天心〈新黨十九日〉	自立早報	1988.1.22～26
朱天文〈世紀末的華麗〉	中國時報副刊	1990.5.8～5.9
朱天文〈尼羅河女兒〉	中央日報副刊	1989.2.23～24
朱天文〈肉身菩薩〉	聯合報副刊	1989.2.26
朱天文〈炎夏之都〉	中國時報副刊	1986.10.23～28
朱國珍〈夜夜要喝長島冰茶的女人〉	中國時報副刊	1996.12.18～22
朱點人〈秋信〉	臺灣新文學	1936.1.31
李昂〈一封未寄的情書〉	中國時報副刊	1984.7.7
李渝〈夜琴〉	中國時報副刊	1986
東年〈青蛙〉	中國時報副刊	1977.3.14
林文月〈溫州街到溫州街〉	中國時報副刊	1999.10.9～22
林燿德〈房間〉	中國時報副刊	1992.9.25
林燿德〈迷路呂柔〉	小說創作第 254 期	1986.2
林燿德〈氫氧化鋁〉	自立日報副刊	1987.3.21
陳映眞〈忠孝公園〉	陳映眞小說集 6	2006
張大春〈飢餓〉	生涯月刊	1986.10～1987.5
郭箏〈好個翹課天〉	中國時報副刊	1984
黃凡〈大時代〉	中國時報副刊	1981
黃凡〈角色的選擇〉	聯合文學第 21 期	1986.7
黃凡〈紅燈焦慮狂〉	台灣時報	1981
黃凡〈曼娜舞蹈教室〉	中國時報副刊	1987.6.11～7.3
黃凡〈賴索〉	中國時報副刊	1979.1
黃春明〈兒子的大玩偶〉	文學季刊第 6 期	1968.2
黃春明〈蘋果的滋味〉	中國時報副刊	1972.12.28～31
黃春明〈鑼〉	文學季刊第 9 期	1969.7.10
蔣勳〈淡水河隨想〉	萍水相逢	1985
蕭颯〈小葉〉	臺灣時報副刊	1980.12.2
蕭颯〈葉落〉	聯合報副刊	1976
駱以軍〈降生十二星座〉	皇冠雜誌 10 月號	1993.1
鍾延豪〈華西街上〉	民眾日報副刊	1979.2.13
蘇偉貞〈公車反戰記〉	聯合報副刊	1981
蘇偉貞〈陪他一段〉	聯合報副刊	1979.11.10～11

（二）本論文徵引長篇小說一覽表

作者 書名	發表刊物	發表時間
王藍的《藍與黑》	紅藍出版社	1958.2
白先勇《孽子》	現代文學復刊第 1～12 期	1977.8.1
朱天文《荒人手記》	時報文化出版公司	1994.11
朱少麟《傷心咖啡店之歌》	九歌出版社	1996.1
吳明益《本日公休》	九歌出版社	1997.1
吳漫沙《韭菜花》	臺灣新民報社	1938.3
於梨華《又見棕櫚，又見棕櫚》	皇冠出版社	1967.3
林海音《城南舊事》	光啓出版社	1960.7
林越峰《到城市去》	臺灣文藝創刊號	1934.11.5
侯文詠《白色巨塔》	皇冠文化出版公司	1999.4
徐坤泉《可愛的仇人》	臺灣新民報社	1936.1
徐鍾珮《我在臺北及其他》	純文學出版社	1986.9
許希哲《春泥》	照明出版社	1963.2
陳映眞「華盛頓大樓」〈雲〉	遠景出版公司	1982.7
陳紀瀅《荻村傳》	重光文藝出版社	1951.4
琦君《桂花雨》	爾雅出版社	1976.12
黃凡，林燿德《解謎人》	希代書版公司	1989.9
黃凡《反對者》	自立晚報出版部	1984.9
黃凡《財閥》	希代書版公司	1990.1
黃凡《慈悲的滋味》	聯經出版公司	1984.1
舞鶴《十七歲之海》	元尊文化公司	1997.6
潘人木《蓮漪表妹》	文藝創作社	1952.1
蔡素芬《臺北車站》	聯經出版公司	2000.5
蕭颯《少年阿辛》	九歌出版社	1984.5
蕭麗紅《千江有水千江月》	聯合報副刊	1980
蕭麗紅《白水湖春夢》	聯經出版公司	1996.12
鍾文音《在河左岸》	大田出版公司	2003.2

（四）名詞界義

1. 以「臺北」統一論述

「台北」與「臺北」兩種詞彙在今日的臺灣社會裡其意義相同，均通行使用。「台」爲「臺」的異體字，因「台」書寫便利反而更常見於文字書寫之上。本論文在行文論述時，爲求統一均採以正體字「臺北」論述之。

2. 以「城市」統攝行文

「城市」與「都市」兩詞爲近義詞，因每個人的使用習慣不同，在日常生活中皆並行使用，而在學術討論上亦常混合並置。本論文爲了論述的一致性，將統一以「城市」概括「城市」與「都市」兩個詞彙。除了常態性專有名詞（如都市計畫）、援引資料之書目、篇名與內容保留原「都市」之名稱外，論文的行文論述均以「城市」一詞呈現。

3. 由「文學」層面進行城市書寫

「城市書寫」是九〇年代以來的文學思潮，其文學的界定上與「城市（都市）文學」不盡相同。雖然不同，但九〇年代的「城市書寫」卻是由八〇年代的「城市（都市）文學」所演化而出。〔註14〕所謂「書寫」，周英雄（1939～）定義爲「經驗用語言文字加以呈現，也就是用文字來再現現實。」〔註15〕因此，將城市經驗用語言文字加以呈現，以及在城市的空間場所進行的文化活動即可稱之爲「城市書寫」。蔡振念（1957～）即定義「城市書寫」爲「包括了各個領域如城市文化、社會、文學、大眾傳播等各個面相，而城市文學無疑是其中且爲最重要的一環。」〔註16〕而王志弘則主張以廣義的方式來界定「城市書寫」。〔註17〕然而其範疇極爲廣泛，包含文化、社會、文學、生活、大眾傳播等各個面相皆有城市書寫。未避免研究材料太過廣泛而瑣碎，筆者將由「文學」層面進行城市書寫的研究，並聚焦於城市市民「生活空間」的

〔註14〕關於城市文學與城市書寫的界定與關係之演變，詳見第二章　第一節「城市與城市學研究」中的論述。

〔註15〕周英雄著：〈書寫臺灣的兩難策略〉收錄於周英雄、劉紀蕙編：《書寫臺灣——文學史、後殖民與後現代》（臺北：麥田出版公司，2000），頁15。

〔註16〕蔡振念著：〈漫遊與記憶——論朱天心的城市書寫〉，《臺灣文學研究學報》第14期，頁222。

〔註17〕王志弘口述、鍾宜樺整理：〈全民都市書寫：專訪世新大學社會發展研究所王志弘副教授〉收錄於鍾宜樺編：《文化進站——文化公民的12堂課》（臺北：秀威資訊公司，2006），頁131。

文學書寫作深入的內涵探究。

二、研究方法

　　學術研究的方法，可區分爲「量性研究」（quantitative studies）與「質性研究」（qualitative studies）兩大部分。其中「量性研究」的發展較早也比較成熟，該研究法以大量的相關數據爲依歸，運用科學的統計與分析加以整合。進行一連串的分析與判讀，得到量化數據的最終成果。

　　人文科學場域，則以人類社會的各種現象爲研究。人類是個具有高度智慧、深度思考的動物，也因此在人類社會中的個體行爲與團體活動中的一舉一動，皆蘊含不同的特定意義。人類的社交活動是一種極爲錯綜複雜的社會關係，人類的智能將會根據各種情狀做出各式各樣的社會活動：同樣個體的不同行爲，可能代表同一件意義；不同個體的相同行爲，又可能代表不同的意義。甚至同一件事，同一個體，卻會因先後的情境判斷不同，其行爲意義也有所差異。這樣的社會關係與活動，難用以科學知識的通則化（Generalized）邏輯來歸納分析。因爲針對人類行爲這種具有高度的不確定特性，除了須瞭解個體與群體之間的特徵條件（Characteristics）與所處的情境狀況（Context）之外，還需對時空背景與社會因素加以分析，才能精確分析其個體與群體之社會行爲的眞正涵義。也因此在種種因素的考量下，衍生出「質性研究」這種具動態且彈性的研究方法——以人文方向提出思考，並綜合各種主客觀內外條件，透過人類的智能進行一連串的思辨、論證與推理，方能洞悉人類社會行爲的眞正目的。

　　「質性研究」以人類社會行爲與現象爲研究對象，並做全方面的探索與思考。研究者爲了探討這高度不確定特性的人類社會，須從多元的面向來蒐羅不同的資料並加以整合與歸納，以試圖建立其一致性的理論體系。其研究過程中則因針對不同的人文主題，擬定不同的研究模式以達到最佳的研究效果，如：個案研究、歷史回溯、個人生活史、訪談、互動、觀察、紀錄……等。同時也透過各種不同的分析方式，以達清楚瞭解所傳遞的訊息資訊，如：對話分析、參考書目分析、社會劇本分析、質化網絡分析、社會語言分析、本文分析……等。透過「質性研究」裡的各種策略模式與分析方法，將可更健全人文科學的客觀公正性。本論文《八、九○年代臺北城市「生活空間」文學書寫研究》屬於「社會人文」領域研究主題，並以文學層面來研究八、

九〇年代臺北城市「生活空間」裡的個體與群體之種種社會行為與現象。因此筆者將透過「質性研究」對相關主題作品進行一連串的分析與詮釋，包含其書寫的特徵條件、情境狀況、時空背景及社會因素等複合研究，以達到對八、九〇年代臺北城市「生活空間」之中，社會文化現象涵義的正確詮釋。

「質性研究」的策略模式與分析方法，種類繁多須因時制宜。筆者依據本論文的特性——以「文學作品」為載體，探討八、九〇年代臺北城市「生活空間」中各種社會面貌，係以下列研究方法為主要依據：

（一）歷史研究法（Historical Research）

「歷史研究法」又稱「歷史文獻回顧法」，葉重新指出：「歷史研究是針對過去所發生的事件，作有系統的探討」〔註18〕該研究方法首重於史料的收集，研究者須由龐雜的歷史資料之中，去整理耙梳與該研究主題相關的資料。再對該史料作一客觀的解釋與批判，以進一步釐清該主題或事件的前因後果。甚至透過對歷史發展的判讀，達到預測未來的可能性。如此結合新理論以重新詮釋歷史，進而賦予過往所沒有的意義與新價值的再現。

臺北「城市空間」書寫，伴隨著臺北城市的歷史發展而成。在同一個空間裡，不同的階段有不同的風貌。但城市的歷史卻是一而再的累積，過往的臺北風華或許不在，但那些痕跡卻遺留在今日城市裡的每個角落。作家透過文字記錄了八、九〇年代的臺北城市，在這個時空之中，同時也蘊含著過往歲月的痕跡。因此筆者透過「歷史研究法」釐清不同階段，城市空間書寫的不同面貌。尋歷史的脈絡，期盼能對八、九〇年代的臺北城市「生活空間」裡的社會文化，有更具體的瞭解。

（二）內容分析法（Content Analysis）

「內容分析法」源自十八世紀的瑞典（Sweden），自二十世紀的三〇年代起，隨著大眾傳媒——報紙雜誌的興起開始盛行。「內容分析法」首先被大量用於報章雜誌的宣傳分析與傳播研究之中，一開始具有其商業目的。其透過科學方法針對報章雜誌的內容作分析，包含文字的本身內容或文字背後所隱藏的意識型態。將其資訊作客觀而有系統性的量化統計，以達到準確將訊息傳達，甚至進一步開發潛在的客戶群，以提升報紙雜誌的銷售量與營業額。1952 年，美國學者伯納德‧貝雷爾森（Bernard Berelson，1912～1979）出版

〔註18〕葉重新著：《教育研究法》（臺北：心理出版社，2001），頁 178。

《傳播研究的內容分析》（Content Analysis in Communication Research）一書中具體提出了「內容分析」的描述說解。游美惠則進一步地解釋指出：

> 客觀性指的是在研究過程中，每一個步驟的進行都必須基於釐訂明確的規則和秩序；系統性是內容或類目的採用和捨棄，必須符合始終一致的法則；定量性則是分析內容可按規則對擬訂之類目和分析單位加以計量，用數字比較符號文字出現的次數，以達到準確的要求。〔註19〕

由此可知「內容分析法」試圖以嚴謹的客觀科學方法，來分析與解構傳播內容之中的真正涵義。「文學作品」為作家透過文字在紙本上書寫而下的內容，除了表面上的文字內容敘述，更隱含著作家深層的思想訊息於其中。八、九〇年代的臺北「城市空間」書寫已到了成熟的階段，作品豐富且多元。透過作家的觀察與創作，往往有意甚至無意的，在作品文字中傳達了大量的社會文化訊息，正是「文學反映社會」的體現。是以筆者欲透過「內容分析法」的客觀、系統、定量分析，除了釐清作品內容中，作家欲傳達的表面訊息之外，更希望將「冰山理論」〔註20〕下作家作品的深層訊息傳遞而出。

（三）文本分析法（Textual Analysis）

文學本身即具有高度的多元內涵，除了可運用「內容分析法」加以分析以搜尋作家創作的目的與訊息之外。研究者更可透過龐大的「學術理論」與「思想學派」，系統性的針對「文學作品」的文本本身進行各種學理的分析，進而挖掘出該作品之中深層的風貌與涵義，即「文本分析法」。亞瑟・伯格（Arthur Asa Berger，1933～）指出此研究法即是運用各式的學理與思想，從不同的角度，對「文本」從多元的面向加以詮釋，並依據該學理的論證提出不同的解讀成果。〔註21〕從作品本質而言，「文本分析法」是將該作品全部解

〔註19〕游美惠著：〈內容分析、文本分析與論述分析在社會研究的運用〉，《研究調查》第 8 期，頁 9。

〔註20〕「冰山理論」（iceberg theory）是海明威（Ernest Miller Hemingway，1899～1961）著名的文學創作理論，自言把自己的寫作比喻為海上漂浮的冰山，文字所表達出來的東西像冰山一樣只是海面上的八分之一；而八分之七在海面以下的部分，則是作家沒有寫出的內容，是省略掉的部分。海明威以「冰山」為喻，主張作者的文本內容只應描寫「冰山」露出水面的部分，水面下的部分應該通過文本內容的提示讓讀者想像與補充。

〔註21〕亞瑟・伯格的說解轉引自游美惠著：〈內容分析、文本分析與論述分析在社會研究的運用〉，《研究調查》第 8 期，頁 17。

構，觀察作家「如何拼湊相合在一起」（seeing how the parts fit together）的文字內容，並進一步分析探討。由於作品本質具有多元性，因此研究者運用不同的學術理論，如：美學、敘述學、心理學、符號學、社會學、人類學……等，或各種思想學派，如：現代主義、女性主義、東方主義、後現代主義……等，進行複合式的學理探究。當「文本」經過一連串學理的驗證之後，其與社會文化相契合的內涵價值與意義將被呈現（見圖1-1）。

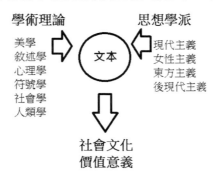

圖1：文本分析架構圖（筆者自繪）

　　本論文之研究目的，是希望透過對文學作品「生活空間」的多重研究，以「瞭解城市地景史蹟變遷之貌」、「體現城市人文的光輝之燦」進而「刻畫城市文化的多元之美」。同時筆者將透過「歷史研究法」、「內容分析法」、「文本分析法」，以文學作品為「文本」，透過一連串學理的論證，呈現出文本裡八、九〇年代，臺北的「生活空間」意象與所反映的人文與社會文化的價值。

第三節　文獻回顧與章節安排

一、文獻回顧

　　以城市為中心作不同層面的探討是「城市學」的研究範疇，如目前已趨多元且成熟的以東京城市為為主題的「東京學」（Tokyo Gaku）研究。小川和佑（1930～2014）指出：

> 東京學不是東京市況學，而是活著的人們和這樣的人們創造的文化進行洞察，並以邏輯方法將之詮釋，這是東京學的宗旨。〔註22〕

〔註22〕李清志著：〈從東京學到臺北學〉收錄於實踐大學建築設計學系主編：《臺北學》（臺北：馬可孛羅文化公司，2011），頁17。

「東京學」探討東京城市的各種文化面像研究，包含：「電車文化人類學」、「墓地散步學」、「銅像學」、「城市電影學」、「女僕學」等，都是其東京的特色文化展現。同理，以臺北爲中心作各面向主題研究，即可稱爲「臺北學」。關於「臺北學」的研究，李清志（1963～）表示：

> 臺北是一座豐富、有活力的城市，其文化的多面性與內涵，與世界
> 各大城市相比，毫不遜色；不過以往我們似乎不太在乎我們自己所
> 居住的城市，以至於關於臺北城市文化的研究與紀錄，顯得零散與
> 貧乏。〔註23〕

臺灣在長期重工商輕文史的社會環境下，缺少對歷史文物資產的維護與保存觀念。「我們似乎不太在乎我們自己所居住的城市」，因此不論是有形的古蹟，還是無形的文化，都在時代的洪流中被遺忘，甚至被毀壞。今日，當我們驚覺這些歷史資產的寶貴而開始進行搶救時，仍有不少有形、無形的資產消失其中。本論文以臺北城市的「生活空間」爲研究主題，亦屬於「臺北學」的範疇，並偏重於文學層面的材料選取及探討。目前「關於臺北城市文化的研究與紀錄，顯得零散與貧乏」，而「生活空間」的「文學」書寫之研究成果探討不多。是經筆者爬羅剔抉學理相關的文獻資料及其研究成果，分以專書、單篇論文、學位論文區分羅列如下：

（一）專書

專書方面目前尚未有完全以臺北城市「生活空間」爲主題的專門著作。因此筆者僅能由「臺北」、「城市」與「生活空間」三個相關主題的論著書籍，加以歸納與整理以瞭解目前三個層面的研究成果：

1. 以「臺北」爲研究主題

大部分以「臺北」爲主題的書籍均爲知識性、半學術等介紹性質爲主，純學術的研究著作極少，依照年代次序如：

（1）黃得時著的《臺北市發展史：疆域與沿革》（臺北：著者，1981 年）

（2）洪伯溫著的《臺北地誌新探》（臺北：龍文出版社，1993 年）

（3）黃富三編著的《臺北建城百年史》（臺北：臺北市文獻委員會，1995 年）

〔註23〕 同前註，頁 17。

（4）實踐大學建築設計學系主編的《臺北學》（臺北：馬可孛羅文化公司，2011 年）

《臺北地誌新探》與《臺北建城百年史》則分別由空間與時間為中心，對臺北城的歷史發展、城市古蹟、族群分佈等做出詳實的呈現。《臺北市發展史：疆域與沿革》著重於臺北城市的歷史發展探究，包含不同時期的疆域變遷，其內容引經據典，史料豐富，考證嚴謹。《臺北學》一書則是由實踐大學建築設計學系主編，邀請數十位各領域的專家學者，從建築到企管，從文學到美食，分別提出對臺北城市的不同見解，試圖建構一初步的「臺北學」學說。

2. 以「城市」為研究主題

城市學是研究「城市」的重要學科，該門研究始於西方，也因此重要的學說理論建構也多來自西方。其相關的城市學專著也多出至西方學者，依照年代次序舉以代表著作有：

（1）斯皮羅・科斯托夫（Kostof・Spiro）著的《城市的形成：歷史進程中的城市模式和城市意義》（北京：中國建築工業出版社，2005 年）

（2）喬爾・克特金（Joel・Kotkin）著的《城市的歷史》（臺北：遠足文化，2006 年）

（3）DoreenMassey、JohnAllenandStevePile 主編的《城市世界》（臺北：群學出版社，2009 年）

（4）安妮・米柯萊（AnneMikoleit）、摩里茲・普克豪爾（Moritz Purckhauer）著的《城市密碼：觀察城市的 100 個場景》（臺北：行人出版社，2012 年）

（5）貝淡甯（DanielA・Bel）、艾維納（Avnerde-Shalit）著的《城市的精神：全球化時代，城市何以安頓我們》（重慶：重慶出版社，2013 年）

這些西方著作，以龐大的建築學知識為背景，探討西方的城市文化與歷史發展脈絡包含城市的歷史起源、城市的各種機能、不同城市學者的學派主張與理論，以及如何建構更完整的現代化城市。同時也從社會、政治、人文、居住機能、經濟等不同面向，對城市空間作深層的意涵探討，目前這方面的研究成果極為豐碩。

承上述西方學者的論述，近年也有不少兩岸三地學者，也紛紛針對在地城市進行研究，紛紛發表城市學研究成果，依照年代次序舉以代表著作有：

（1）詹宏志著的《城市人：城市空間的感覺、符號和解釋》（臺北：天下文化出版公司，1989 年）

（2）張鴻雁著的《城市形象與城市文化資本》等（南京：東南大學出版社，2002 年）

（3）饒會林著的《城市文化與文明研究》（北京：高等教育出版社，2005 年）

兩岸三地的學者，多以西方城市學為基礎，對在地城市進行探討。《城市形象與城市文化資本》是中國第一本完整研究「城市文化資本」和「文化生產場域」的理論專門著作。該書內容主要針對世界各大城市發展現實與問題，提出新的主張。以城市的「文化資本」為主題，提出了城市資本文化的符號象徵與價值，並以此論點作為城市文化的品牌及形象的行銷。內容中提出了「中國式城市文藝復興」的主張，以「集體記憶」創造新世紀的城市「中學西漸」的風貌特色，其最大意義是補足「城市文化資本」的空白理論之說。《城市人：城市空間的感覺、符號和解釋》即以「事物進出檢查閱讀法」（In and Out Method）觀察臺灣在地城市裡的各種事物與現象，詹宏志（1956～）觀察城市人的生活型態的變化，進而建構出臺灣特有的「7-ELEVEN 社會學」。《城市文化與文明研究》全書分上、中、下三篇，首先探討社會文化的功能與意義，進而對城市文化與文明提出進一步的說明，同時也對城市文化的發展戰略與產業，提出相當多的建設性的構想。

隨著城市的發展，城市文化也衍生出許多新的社會現象與問題，也因此人文社會學者紛紛從不同的角度提出解決之道。在西方有麥克‧沙維奇（Mike Savage）、艾倫‧渥德（Alan‧Warde）著的《都市社會學資本主義與現代性》（王志弘譯，臺北：譯者自行出版，2000 年）、凱文‧林區（Kevin Lynch，1918～1984）著的《城市的意象》（臺北：遠流出版公司，2014 年）等等作品由資本主義與現代主義的角度來探討。在臺灣依照年代次序舉以代表著作有：

（1）蔡勇美、郭文雄著的《都市社會發展之研究》（臺北：巨流圖書公司，1984 年）

（2）蔡勇美、郭文雄著的《都市社會學》（臺北：巨流圖書公司，1984 年）

（3）龍冠海著的《都市社會學理論與應用》（臺北：三民書局，1985 年）

（4）孫大川審譯的《城市社會學》（臺北：結構群書店，1989 年）

（5）李清志著的《都市偵探學》（臺北：創興出版社，1997 年）

（6）陳立旭著的《都市文化與都市精神：中外城市文化比較》（南京：
　　　東南大學出版社，2002 年）

以上著作則多由社會學、心理學甚至文化學等不同的學說來探討今日的社會
問題。其內容以不同領域的學理，試圖將社會生態與政治經濟加以整合，強
調空間對城市發展的重要。另一方面也探討了城市中的種族、階層、性別、
生活方式之種種問題與解決方法。

　　以「文學」為主體來研究城市之專著，在 2013 年則有羅秀美的《文明·
廢墟·後現代：臺灣都市文學簡史》（臺南：國立臺灣文學館，2013 年）出版。
該書是第一本臺灣城市研究的論著，作者搜羅以「時間」順序為經，並以斷
代討論的方式，自日治時期至七〇年代、八〇年代、九〇年代及兩千年後，
列舉代表性的臺灣作家作品，進行系統性的介紹。該書雖以臺灣全部的城市
為研究主體，但超過四分之三作品都集中於臺北的討論。全書以「文學史」
的角度，概述時代氛圍與城市作家作品，雖較少文本的文學剖析，卻在臺北
城市書寫的研究領域上有開疆闢土之功，是本論文重要的參考資料。

　　3. 以「生活空間」為研究主題

　　空間（space），在物理學中的解釋，是由長、寬、高三個維度所構成的場
域。它是物質生存的必備條件，沒有空間，一切物質都不復存在。人類可以
用直覺來了理解「空間」的概念——生活的所在地。但空間還有其他更複雜
的抽象化概念，包含「權力空間」、「異質空間」、「符號空間」等。「空間」理
論近五十年來在西方討論甚多，而以城市為主要討論的「空間」研究專門著
作依照年代次序，舉以代表著作有：

（1）詹宏志著的《城市人：城市空間的感覺、符號和解釋》（臺北，天
　　　下文化出版公司，1989 年）

（2）夏鑄九主編的《空間的文化形式與社會理論讀本》（臺北：明文書
　　　局，1993 年）

（3）李清志著的《鳥國狂：世紀末臺北空間文化現象》（臺北：創興出
　　　版社，1995 年）

（4）朱文一著的《空間·符號·城市：一種城市設計理論》（臺北：淑
　　　馨出版社，1995 年）

（5）林芳怡主編的《空間啄木鳥：都市另類空間文化解讀》（臺北：創
　　　興出版社，1995 年）

（6）夏鑄九著的《空間‧歷史與社會》（臺北：唐山出版社，1995 年）

（7）王志弘著的《流動、空間與社會：1991～1997 論文選》（臺北：田園城市文化公司，1998 年）

上述「城市空間」研究包含生活及文化場域的各種探討，同時也包含直觀與抽象的範疇。故在「生活空間」理論引用時，同時也將抽象的空間概念涵攝其中討論。其中《空間的文化形式與社會理論讀本》爲「空間理論」的權威著作，該書由臺灣建築領域學者翻譯二十八篇西方知名學者的空間概念論述學術論文。是「空間」學說的重要參考資料，也是筆者在「生活空間」論述時重要的學理依據。

范銘如（1964～）著的《文學地理：臺灣小說的空間閱讀》是臺灣目前唯一以「文學」的角度，探討「空間」概念的研究專著。該書是由范銘如所發表九篇學術論文集結而成發表，亦包含小說中的「生活空間」討論。其共同主軸是皆以「空間理論」結合「文學批評」的主題研究，並皆以臺灣小說爲研究文本，透過：

> 文本裡的空間、文本與空間流動，以及文本與空間性三個面向，應用時空型、地方感、地誌學、第三空間、文化旅行、空間三元論、文化地理學等概念進行實際批評。從文本裡象徵性的空間延伸解讀較大範疇的文化符碼，藉以思索臺灣這個地理空間的文學特殊性，以及敘事文體再現空間的藝術性方式。文本空間與流動則探討文學文化經空間與空間、地區與地區之間旅行翻譯的脈絡，以及遷移跨界對主體性建構的貢獻和局限。文本與空間性則探究作者和讀者對空間的認知與再現，文本與各歷史時代的空間性之間如何呼應、協商或對抗，以及這些關係如何反映於空間的敘事模式。這種空間閱讀的嘗試希望能夠翻轉傳統文學批評以時間（文本的情節及角色）演變爲閱讀重點的方式，以空間的思維向度開展出不同的文學批評模式，開拓另一片文學研究的可能範疇。〔註24〕

本論文與該論著一樣皆由「文學」的層面結合「空間理論」，並以小說爲主要研究文本。范銘如的探討範圍較爲廣泛，包含臺灣不同區域的小說作品，筆者則是限制八、九○年代臺北城市中涉及空間書寫的小說作品。但其論著中

〔註24〕 范銘如著：《文學地理：臺灣小說的空間閱讀》（臺北：麥田出版公司，2013），封背內容介紹。

的「文學批評」的書寫方式，提供了筆者許多的研究思路與啓發，是本論文重要的參考書目。

（二）單篇論文

從「文學」層面進行臺北城市「生活空間」爲主題的探討篇章極少，部分城市「生活空間」的書寫探討，散見於以「臺北城市」爲主題的大架構之下。單篇論文的研究討論多見於學報、文學雜誌及研討會中的討論，由於有篇幅上的限制，多針對單一作家或單一作品作文學分析與討論。

1. 以「臺北城市」爲主題之大架構下的城市空間探討

單一作家作品，或幾位相關的城市作家作品一起討論的篇章，在單篇論文的討論最多，其研究成果也最豐富，依照年代次序有：

（1）方婉禎著的〈文字的城市——從王幼華、黃凡窺探臺灣八〇年代都會情境〉《問學集》，第 10 期，2000.10，頁 19～33。

（2）梅家玲著的〈白先勇小說的少年論述與臺北想像——從《臺北人》到《孽子》〉《中外文學》，第 30 卷 2 期，2001.7，頁 59～81。

（3）梁竣瓘著的〈鄉下人進城——析論黃春明小說反映城市經驗〉《中央大學中國文學研究所論文集刊》，第 8 期，2002.6，頁 25～40。

（4）彭婉蕙著的〈消逝、重塑、轉換——論朱天心的城市書寫〉《中極學刊》，第四輯，2004，頁 203～221。

（5）楊佳嫻著的〈離／返鄉旅行以李渝、朱天文、朱天心和駱以軍描寫臺北的小說爲例〉《中外文學》，第 398 期，2005，頁 133～155。

（6）山口守著的〈白先勇小說中的現代主義——《臺北人》的記憶與鄉愁〉《臺灣文學學報》，第 14 期，2009.6，頁 1～17。

（7）劉向仁著的〈一場華麗的地景閱讀——朱天心〈古都〉中的臺北漫遊〉《國文新天地》，第 20 期，2009.10，頁 24～30。

（8）蔣興立著的〈蜉蝣之城——朱天文與施叔青小說中的臺北時尚書寫〉國立高雄師範大學《國文學報》，第 12 期，2010，頁 145～161。

（9）蔡振念著的〈漫遊與記憶——論朱天心的城市書寫〉《臺灣文學研究學報》，第 14 期，2012.4，頁 219～239。

不論是白先勇（1937～）或是朱天心（1958～）均被譽爲城市作家，其筆下的臺北城市具有濃厚的文學意涵。因此以其作品爲研究的論文甚多，從他們

的筆下，可以看見不同世代作家所思索的人生方向與社會關懷。其他如駱以軍（1967～）、宇文正（1964～）等次世代城市作家的出現，見證了臺北城市的社會、文化、生活等面向的蛻變。值得注意的是鄭順聰著的〈最終，敗犬嫁給了城市——《徵婚啓事》中的臺北地景〉、李奭學（1956～）著的〈臺北摩登——評王文華著《蛋白質女孩》等論文已經開始關注城市書寫中「通俗文學」與「流行文化」的領域。如《徵婚啓事》由原本的小說改編為舞臺劇、電影甚至電視偶像劇，同樣的題材透過不同的形式來刻畫在臺北城市「生活空間」裡的女子生活；王文華（1967～）更是流行市場裡的暢銷作家，通俗文化與流行文學的研究領域的擴張皆擴大了臺北城市「生活空間」文學書寫的內涵與範疇。

　　臺北城市「生活空間」的各角落均有不同的文化風貌，也因此有幾篇以特定區域來作研究討論之篇章，依照年代次序有：

（1）文訊雜誌編輯部的〈臺北城南，紀州庵文學森林的誕生〉《文訊》，第 311 期，2011.9，頁 55。

（2）王文興著的〈憶紀州庵舊事——兼談對紀州庵文學森林發展的期待〉《文訊》，第 311 期，2011.9，頁 58～59。

（3）張琬琳著的〈文人，水岸，與紀州庵——尋索臺北城南文學足跡〉《文訊》，第 311 期，2011.9，頁 67～75。

（4）舒國治著的〈雜說紀州庵與同安街〉《文訊》，第 311 期，2011.9，頁 76～78。

臺北「城南」自日治時期即有臺北帝國大學（今臺灣大學）的進駐，戰後又是省籍作家與大學教授的生活場域，故人文氣息特別濃厚。上述單篇論文均探討城南的「紀州庵文學森林」與其歷史被後的文學意義，同時也見證老臺北生活的絕代風華與人文光輝。

　　以斷代研究臺北城市書寫之討論，依照年代次序有：

（1）林以青著的〈文學經驗中的臺北——五、六○年代都市情境的變遷〉，《聯合文學》，第 10 卷 第 7 期，1994，頁 121～124。

（2）朱芳玲著的〈鄉下人進城——析七○年代臺灣鄉土小說所反映的城市經驗〉《長庚科技學刊》，第 5 期，2006.12，頁 19～35。

（3）嚴紀華著的〈臺北城的文學地景——從殖民都市到現代城市〉《中國文化大學中文學報》，第 24 期，2012.4，頁 45～61。

不同年代的政治經濟環境迴然不同，研究者透過該時代的作家作品探討，除了看見該年代的生活樣貌，也反映出時代的社會意義。上述的單篇論文均以「臺北城市」為主題的文學研究，其討論的內容極多元。而在此一主題的大架構中，均觸及包含著城市「生活空間」的探討。因此上述的單篇論文皆有片段內容，或用以空間理論、或透過文本的空間討論，寫下作家作品中所反映的臺北城市空間樣貌。雖然未臻全面，但已對重要的作家作品中「生活空間」概念有所勾勒。

2. 以「臺北城市生活空間」為主題的論文討論

與本論文「臺北城市生活空間」主題研究相近的單篇論文，依照年代次序有：

（1）張琬貽著的〈流動的家園，幽魅的城市——試析鍾文音《在河左岸》的家族史書寫及空間建構〉《疆界／將屆：2004 年文化研究學生學術研討會》，2004.12。

（2）劉向仁著的〈白先勇《孽子》中的情慾空間與神話結構〉《性別文化與通識教育研討會》，2009。

（3）黃儀冠著的〈臺灣言情敘事與電影改編之空間再現——以六○至八○年代文化場域為主〉《中正大學中文學術年刊》，第二期（總第十四期），2009.12，頁 135～164。

（4）劉益州著的〈空間場域的時間性——論白先勇〈花橋榮記〉的時間表述〉《大葉大學通識教育學報》，2010.11，第 6 期，頁 37～57。

（5）嚴紀華著的〈城市空間的文學實踐——論八○年代後臺北城市書寫的二個面向〉《發皇華語・涵詠文學——第三屆中國文學暨華語文教學國際學術研討會論文集》，2012.9，頁 117～142。

（6）陳冠勳著的〈放逐與游牧——談《孽子》的空間景象與身體書寫〉《世新中文研究集刊》，第 9 期，2013，頁 217～247。

（7）莊家瑋著的〈朱天文《巫言・巫途》中的死亡敘事——以傷悼、空間、路徑為觀察角度〉《中國文學研究》，第 35 期，2013.1，頁 137～176。

（8）黃自鴻著的〈聚焦身體與小說空間——兼論臺灣都市文學的衰弱身體〉《東華人文學報》，第 23 期，2013.7，頁 179～225。

上述八篇論文皆以「空間」的角度或概觀或局部，探討到臺北城市的生活面

向。另有針對單一作家作品，如〈流動的家園，幽魅的城市——試析鍾文音《在河左岸》的家族史書寫及空間建構〉以鍾文音（1966～）的長篇小說《在河左岸》為討論，透過家族史觀與女性的視角，寫下七、八○年代大臺北生活空間下的底層小人物紀事。〈朱天文《巫言‧巫途》中的死亡敘事——以傷悼、空間、路徑為觀察角度〉針對《巫言》小說中的「巫途」篇章，討論其中的空間感知與父親傷悼的生活敘事。〈白先勇《孽子》中的情慾空間與神話結構〉與〈空間場域的時間性——論白先勇〈花橋榮記〉的時間表述〉則探討白先勇作品中抽象的生活空間概念。也有以時代為主的城市生活裡的空間探討，如〈城市空間的文學實踐——論八○年代後臺北城市書寫的二個面向〉即分別從臺北城市意象的複義性以及城市人心靈的幻異空間兩個層面，加以探討城市空間的文學實踐，其中亦有城市「生活空間」的探討。此外〈聚焦身體與小說空間——兼論臺灣都市文學的衰弱身體〉則以「身體」的概念出發，將之運用於臺灣的城市小說分析，寫下身體形象與城市空間及生活的感知關係。而〈臺灣言情敘事與電影改編之空間再現——以六○至八○年代文化場域為主〉則是以言情小說與影視結合做一綜合討論，討論六○至八○年代之間分別以「小說」及「影視」為文本，內容亦涉及「生活空間」的意義與象徵的討論。上述單篇論文，或多或少皆著墨到文本的「生活空間」，與本文研究關係最為密切。惟在時間的設定上，筆者以八、九○年代為討論範疇，因此半數的論文不符，僅能就其論文的討論模式作為參考依據。

（三）學位論文

學位論文是一種大規模且具系統性的研究計畫，可以針對該主題做深入且完整的研究剖析。學位論文的研究成果與單篇論文有異曲同工之妙，同樣以「文學」層面進行臺北城市「生活空間」為主題的探討篇章極少。大部分城市「生活空間」的探討，皆散見於「臺北城市」主題架構之下的單一章節之中。

以近似「臺北城市書寫」為主題之學位論文近年來有增多的趨勢，筆者根據主題方向的不同，整理歸納如下：

1. 以「臺北城市」為主題架構下，單一章節裡的城市「生活空間」探討

對單一作家作品或幾位同性質作家作品進行研究，是學位論文常見的研究方式。其中不少如白先勇、黃春明（1935～）、王禎和（1940～1990）和朱

天心……等人均是臺灣文壇重要作家。其生長或工作經驗使得創作作品與臺北城市空間息息相關，是以在作家作品研究之中，常有將臺北城市空間的內容涵攝其研究的範疇中，依年代次序有：

(1) 梁竣瓘著的《黃春明及其作品研究──文學、社會和歷史的交互考察》國立中央大學中國文學研究所 1999 年碩士論文。

(2) 陳培文著的《朱天心的生命風景與時代課題》國立成功大學歷史學系 2003 年碩士論文。

(3) 黃自鴻著的《臺灣都市小說的空間黃凡、林燿德、朱天文、朱天心作品研究》香港大學哲學系 2006 年博士論文。

(4) 王國安著的《臺灣後現代小說的發展──從黃凡、平路、張大春與林燿德做文本觀察》國立中山大學中國文學系研究所 2008 年博士論文。

(5) 蔡文婷著的《陳玉慧小說研究──以《徵婚啓事》、《海神家族》爲中心》國立中山大學中國文學系研究所 2008 年碩士論文。

(6) 陳怡臻著的《笑的力量──論王禎和《美人圖》與《玫瑰玫瑰我愛你》中的鬧劇書寫》靜宜大學中國文學研究所 2009 年碩士論文。

(7) 周廷威著的《駱以軍小說研究》國立臺南大學國語文學系 2010 年碩士論文。

(8) 姚珮苓著的《逃離與追尋──鍾文音的城市書寫》國立臺中教育大學語文教育學系 2010 年碩士論文。

(9) 鄭斐文著的《論白先勇《臺北人》的敘事手法》國立中山大學中國語文學系研究所 2010 年碩士論文。

上述論文皆完整探討作家的成長與生活經歷。透過特定主題加以分析作家作品的思想表達，過程中的章節也討論了作家傳達對臺北城市「生活空間」的認知與感受。甚至透過作品人物的書寫，反映出在城市「生活空間」裡人們的不同心聲與心情寫照。

在臺北城市書寫的主題中，以斷代研究爲大宗，依照年代次序有：

(1) 林以青著的《文學經驗中的都會情境轉化之探討──以五○年代～七○年代的臺北市爲例》東海大學建築學系 1992 年碩士論文。

(2) 李建民著的《八○年代臺灣小說中的都市意象──以臺北爲例》臺北市立師範學院應用語文研究所 1999 年碩士論文。

（3）高鈺昌著的《臺北的三副面孔——八○年代以降文本中的三種臺北圖景》國立成功大學臺灣文學研究所 2007 年碩士論文。

（4）陳姿瑾著的《女／城：論九○代以後臺北城市文化變遷與「新世代」女性小說家》國立臺灣大學臺灣文學研究所 2009 年碩士論文。

（5）黃正嘉著的《全球化城市的跨界想像——從當代臺北城市書寫談起》國立臺灣大學地理環境資源學研究所 2010 年碩士論文。

由於城市書寫的範疇包含了社會、文學、心理、文化等各領域，是以除了文學研究之外，亦有建築學領域、地理環境資源學之研究學者從不同角度探討臺北城市的各種可能性。而在上述論文中，多以單一章節對於城市「生活空間」論述提出討論，透過不同領域的探討，使讀者對單一世代裡的臺北城市生活面相有進一步的認識。

跨時代研究的臺北城市書寫，由於研究範圍領域極大、涉及作家群太廣，大部分的碩士論文極少如此，僅有 2012 年由陳瑩真著的《從臺北異鄉人到臺北新故鄉——戰後文學中的臺北印象》淡江大學中國文學系碩士論文試圖挑戰。該論文主要探討戰後臺北的文學發展以及文學中的臺北印象。並以「認同」與「城市文學」為研究主軸，探究不同時期的文學作品所呈現臺北的樣貌異同之處及原因。而在博士論文方面僅有邱佩文於 2011 年所著的《臺灣當代小說中的臺北圖象》國立臺灣師範大學國文研究所博士論文。該論文強調文學與時代脈絡的關係，強化了文學的社會性重要。透過臺灣政治與國際情上的發展呼應不同時期文學作品中的臺北樣貌，以達文學反映社會之效。這兩本論文均無專章討論城市的「生活空間」，相關論述則散見於章節段落之下。

2. 以「城市空間」為主題的臺北城市文學論文

與「城市空間」為主題的臺北城市文學之學位論文有四本，依照年　代次序有：

（1）林秀姿著的《重讀 1970 以後的臺北——文學再現與臺北東區》臺灣大學建築與城鄉研究所 2002 年博士論文。

（2）黃自鴻著的《臺灣都市小說的空間黃凡、林燿德、朱天文、朱天心作品研究》香港大學哲學系 2006 年博士論文。

（3）金儒農著的《九○年代臺灣都市小說中的空間敘事》中正大學臺灣文學研究所 2008 年碩士論文。

（4）張琬琳著的《文化場域變遷及其對臺灣文學的影響——以臺北都市
　　空間轉化爲探討核心》國立臺灣大學臺灣文學研究所 2009 年碩士
　　論文。

《重讀 1970 以後的臺北——文學再現與臺北東區》爲單一區域的臺北城市空間研究。其較特別之處爲該論文由「建築與城鄉」研究的角度透過文學作品來詮釋臺北東區的城市書寫。與文學研究學者相較，林秀姿受過建築與城鄉領域的專業訓練，在西方城市學理論之基礎十分紮實，其關注的角度也不太相同。作者以臺北東區發展爲時空的主軸，進行空間表徵的分析，這種跨領域的研究將有可能是未來學術研究的另一種趨勢。《九〇年代臺灣都市小說中的空間敘事》該論文雖以臺灣所有城市爲研究對象，但受限於文本地點的侷限，大部分仍以臺北爲主的小說討論。作者從空間理論著手，探論九〇年代城市的特徵與形象，並由小說文本加以驗證，內容著重於空間在文本中出現的意義與位置探討。《文化場域變遷及其對臺灣文學的影響——以臺北都市空間轉化爲探討核心》則著重於文化變遷的探討。透過文學作品中對城市空間與文化場域的關係分析，進一步理解文化現象背後的涵義。《臺灣都市小說的空間黃凡、林燿德、朱天文、朱天心作品研究》雖然以臺灣的城市爲主要研究對象，但依舊著重於臺北城市的討論。比較特別的是該論文由不同區域身份的香港學者，透過黃凡（1950～）、林燿德（1962～1996）、朱天文（1956～）、朱天心等四位具有高度臺北城市意象的作家作品，進一步分析臺北文學的特點，同時也由小說的「生活空間」加以論證。上述四本論文切入的研究面相不同，對臺北「城市空間」的研究奠定不少研究基礎。

二、章節安排

根據上述前賢的研究成果基礎下，筆者針對《八、九〇年代臺北「生活空間」文學書寫研究》之論文主題研究綱要，章節安排預定如下：

第一章　緒　論

第一節　研究動機與目的
第二節　研究範圍與方法
第三節　文獻回顧與章節安排

第一章爲本論文的序論。首先說明本論文之研究動機與目的，再界定論文研究的時間、空間與文本取材範圍並說明研究方法。進一步釐清城市的發

展與城市學研究的歷程，最後針對前人研究成果作整理分析與歸納，進而擬定本論文之章節架構。

第二章　城市、城市學與城市空間理論
　　第一節　城市與城市學研究
　　第二節　城市空間理論

　　第二章針對「城市、城市學與城市空間理論」提出討論。首先探討城市與人類文明的關係，說明城市對人類的重要。當城市的發展到了一定的規模後，隨之也衍生出不同的城市生活問題。尤其是十八世紀「工業革命」之後，百萬人口的「巨型城市」大量出現，不少學者開始針對城市問題提出解決之道，進而成為一門重要學術研究——城市學。本章節，筆者先釐清城市學的研究發展與相關學說理論，並對本論文的研究核心——城市空間理論的重要學理提出討論，鋪墊本論文的研究理論的基礎。

第三章　臺北城市「生活空間」文學書寫發展的萌芽到茁壯
　　第一節　萌芽期：日治時期
　　第二節　灌漑期：戰後初期
　　第三節　成長期：六○年代
　　第四節　茁壯期：七○年代

　　第三章為本論文主題的「背景」探討，本章由「時間」層面提出討論。文學是時代的累積，由時間的探討，將可以瞭解今日臺北城市空間的歷史與文化風貌。筆者由「時間」層面提出不同階段臺北城市「生活空間」書寫的文學發展探討：透過從日治時期到戰後初期的城市書寫萌芽，再到六○年代、七○年代的城市書寫擴展之探討，以明瞭八、九○年代臺北城市「生活空間」文學書寫進入成熟期的歷程。

第四章　臺北城市「生活空間」文學書寫發展的成熟期：八、九○年代時空背景
　　第一節　政治民主開放
　　第二節　經濟能量提升
　　第三節　社會文化多元

　　第四章亦為本論文主題的「背景」探討，本章由「空間」層面提出討論。文學是社會的反映，八、九○臺北「城市空間」書寫勢必深深受到當代社會

環境的影響與衝擊。本章分別就八、九〇年代的政治、經濟與社會文化進行
時代剖析。透過第三、四章的主題「背景」探討，將可深化並理解八、九〇
年代作家「文本」的內在涵義。

第五章　八、九〇年代臺北城市「生活空間」文學書寫中的地標代表
第一節　商業地標：中華商場
第二節　政治地標：總統府
第三節　交通地標：臺北車站
第四節　藝文地標：故宮博物院

城市地標最成凸顯出城市的特色風貌。臺北是全臺的經濟與政治中心，
同時也是全臺的交通樞紐與藝文重鎮。臺北城市地標繁多，相關作品著墨亦
不勝枚舉。為求研究論述時的簡明性，本章節筆者分別茲舉八、九〇年代各
一最具代表性地標的文學書寫進行研究，單一化的地標討論可以芟繁就簡，
去蕪存菁。透過對該城市地標進行深入討論，使讀者更能清楚了解該時代的
主要人文風貌。

第六章　八、九〇年代臺北城市「生活空間」文學書寫中的食與衣
第一節　美食空間文學書寫
第二節　咖啡空間文學書寫
第三節　衣著空間文學書寫
第四節　飾品空間文學書寫

第六、七、八章，筆者分別就城市「生活空間」中的食、衣、住、行、
育、樂，逐一探討該時代的城市生活各面向的文學書寫內容。本章由「食」
與「衣」分別舉代表性素材進行討論：「食」的部分由美食空間的差異，及咖
啡時尚引領新的飲食文化探討城市文化的變遷。並透過衣著的流行與飾物的
購買，分析城市人的物質崇拜特性。

第七章　八、九〇年代臺北城市「生活空間」文學書寫中的住與行
第一節　建築空間的形塑
第二節　居住空間的人際關係
第三節　通行空間的文學書寫
第四節　街道空間的文學書寫

本章由「住」與「行」的文學書寫分別舉代表性素材進行探討，討論八、

九○年代臺北城市「生活空間」樣貌：「住」的部分先由作家作品的空間形塑展現現代化城市的建築風貌，再討論城市人居住於城市中的疏離感描寫。「行」則先由作家筆下的文字，表現下城市裡的最嚴重交通現象——壅塞狀況。再由分別各舉一代表新世代的「仁愛路」與舊時代的「溫州街」探討新舊世代的街道空間意象之差異。

第八章　八、九○年代臺北城市「生活空間」文學書寫中的育與樂
第一節　養育空間
第二節　教育空間
第三節　娛樂空間
第四節　休閒空間

本章由精神層面上的「育」與「樂」分別舉代表性素材進行文學書寫探討，分別討論八、九○年代臺北城市「生活空間」樣貌：「育」探討了養育空間——家庭環境的失序，討論城市裡青少年犯罪的嚴重城市現象。後則由圖書教育空間，探討書店與圖書館對臺北城市閱讀風氣的展現。「樂」則有室內的娛樂夜生活與室外的休閒活動，藉此書寫的探討，對城市人精神層面的感知加以分析，更加瞭解在生活空間下，臺北人的內在心理的活動表現。

第九章　八、九○年代臺北城市「生活空間」的特色書寫——情慾流動
第一節　情愛空間文學書寫
第二節　性產業「情色空間」文學書寫
第三節　同志情慾空間文學書寫
第四節　性犯罪空間文學書寫

臺灣解嚴後社會文化開放，「眾神喧嘩」的多元思想百花齊放。其中「性解放」的思潮成為這時期備受注目的焦點。反映在文學書寫上，作家大膽以文字書寫情慾，甚是有刻意加以渲染而達到「性解放」的目的。本章筆者分別舉代表性素材進行探討，剖析作家筆下臺北城市裡的男女情愛空間、性產業「情色空間」、同志情慾空間及性犯罪空間的書寫內容，進一步瞭解作家的寫作目的與內涵。

第十章　八、九○年代臺北城市「生活空間」文學書寫中的策略書寫
第一節　結構的安排
第二節　符號的象徵

第三節　風格的呈現

為了凸顯「空間」的特性，作家在寫作策略上做了與傳統不同的調度。本章筆者分別由作家作品裡結構的安排、符號的象徵、風格的呈現，三方面來探討其策略書寫的使用，以了解對文本裡的空間書寫狀態的表現。

第十一章　結　論

針對全文論述作總結，筆者期望由本論文可以加以釐清八、九〇年代臺北城市「生活空間」文學書寫的人文特色與內涵。從作家作品的各種面向書寫臺北城市意象，更透過對城市的人文關懷面如實地展現出城市中的臺北精神。

第二章　城市、城市學與城市空間理論

　　「城市」是空間與時間交互作用之下的產物，義大利文學家卡爾維諾（Ltalo Calvino，1923～1985）曾指出：「構成城市的要件是空間的度量與過去事件之間的關係。」〔註1〕可知城市的構成不只是外在的建築本體，含包含建築場域之中，人事物的生發。隨著時間的推移，城市的發展日趨複雜，進而衍生越多社會問題。因此學者們針對城市問題與現象提出討論，進而有「城市學」的產生。而城市「生活空間」亦是城市學的範疇，因此，本章首先專章探討城市的「空間」論述，釐清與本論文相關的「城市空間」理論，下一章再接續探討城市的發展的「時間」歷程，由此鋪墊展開《八、九○年代臺北「生活空間」文學書寫研究》。

第一節　城市與城市學研究

　　「城市」英文為「city」，來自於法文「cité」，源自拉丁文「civitas」。〔註2〕「civitas」與古羅馬時期的公民（civis）關係密切。「civitas」本指公民的權力與特權，引申為生活中的社會規範及各項設施的建構等等，即城市最初的概念，因此「civitas」後來演變為「城邦」之意。〔註3〕

〔註1〕卡爾維諾（Italo Calvino）著，王志弘譯：《看不見的城市》（臺北：時報文化出版公司，1993），頁19。

〔註2〕張英進著，秦立彥譯：《中國現代文學與電影中的城市：空間、時間與性別構形》（南京：江蘇人民出版社2007），頁6～7。

〔註3〕同前註，頁6～7。

在《說文》裡：「城，以盛民也」〔註4〕、「市，買賣所之也」〔註5〕清段玉裁（1735～1815）進一步解釋「城，盛民也。言盛者，如黍稷之在器中也」〔註6〕，「城」就如一個裝黍稷的容器，將百姓容納其中。「市」即是買賣的場所。由此可知，傳統中國對於「城市」的概念就是「人口聚集且商業買賣熱絡的聚集之地。」

一、人類文明的初始

「城市」是一個高度人口群聚，且有一定社會機能的集中地。而城市與文明的關係，奧斯瓦爾德‧斯賓格勒（Oswald Arnold Gottfried Spengler，1880～1936）於《西方的沒落》一書中指出：

> 人類所有的偉大文化都是由都市產生的。……國家、政府、政治和宗教等等，無一不是從人類生存的此一基本形式—都市—中發展起來並附加其上的。〔註7〕

由於人類是群體生活的物種，因此，有人口聚集就有文明產生。從早期對抗野獸的防衛基地，發展成為政治經濟中心。國家的形成、政府機關的設置與宗廟的建立，使城市成了文化與文明的發源地。德國人文學家馬克思‧韋伯（Maximilian Emil Weber，1864～1920）在〈城市論〉中也指出西方文明本質上就是城市文明。〔註8〕從這個角度論之，東、西方的文明發展，皆是指由城市發展而來。西方城市的出現可追溯到古希臘城邦時期（800～146B.C.）的城邦生態；而東方，則可追溯到古代中國春秋時期（770～403B.C.）的城邑活動，兩者皆是東西方文明的初始階段。

人類文明的蓬勃發展帶動了城市的進步。文明愈加發展，城市的規模也急遽擴張。西元第六、七世紀時的長安城人口已超過一百萬。長安不只是唐朝的首都與經濟中心，更是東西方交流聚集地的國際大城——絲路的終點。北京與西安（長安）、南京、洛陽並稱中國「四大古都」，此時的中國早已處於高度城市化的輝煌時期，同時也是東方傳統城市文明的典範。歐洲歷經了

〔註4〕 （清）段玉裁著：《說文解字注》（臺北：黎明文化事業公司，1980），頁695。
〔註5〕 同前註，頁230。
〔註6〕 同前註，頁695。
〔註7〕 轉引自葉肅科著：《芝加哥學派》（臺北：遠流出版公司，1993），頁17。
〔註8〕 翟本瑞著：〈西方市民階級的源起及其意義：韋伯「城市論」的分析〉，《思與言》第25卷，第2期（1987.7），頁166。

莊園城堡制度，至十八世紀「工業革命」（Industrial Revolution）的變革後，蛻變成今日高度現代化、科技化與摩天大樓林立的國際大城市。今日，全球超過三十億以上的人們居住於大大小小城市之中，預計 2050 年世界人口將有70%居住於城市之中。〔註 9〕這些都說明了城市不止是人類文明中的重要基石，更是人類生活密不可分的生活場域。

二、城市研究的歷程

　　隨著城市的興盛，許多的學者開始提出城市相關論述。在西方，古希臘哲學家亞里士多德（Aristotle，383～322 B.C.）即指出城市空間的便利是人類生活發展的必然結果，並提出「組成一個城邦的分子必須是品類相異的人們，各盡所能和所得，通工易事，互相補差，這才能使全邦的人過渡到較高級的生活。」〔註 10〕在東方，春秋時期深受管仲（725～645 B.C.）影響的「稷下學派」，更對城市提出不同治理之道。《管子》〔註 11〕一書提到先將城市的規模畫分爲百、千、萬乘，然後設立「市」（市場）。再依區經濟域規模，計算並探討各地商業貿易往來。〔註 12〕亞里士多德說明城市的功能，「稷下學派」則提出了規模不同城市的治理之道，雖皆是初淺的城市學敘述，卻是東西方城市研究之濫觴。

〔註 9〕　「2008 年，城市居民人數首次在歷史上超過農村居民。世界城市化進程預計將在許多發展中國家繼續快速進行，至 2050 年世界人口的 70%可能是城市居民。2007 年至 2050 年期間，城市居民人數預計將增加 31 億，從 33 億增至 64 億，而世界人口將增加 25 億。這一差額代表著由於遷移和農村地區改造爲城市中心（通常稱爲重新分類）從農村向城市的淨遷移人口。」見「聯合國人口議題，『城市化』」，聯合國人口議題網站　上網時間：2016.1.20　網址：http://www.un.org/zh/development/population/urbanization.shtml

〔註 10〕　亞里士多德著：《政治學》（北京：北京出版社，2012），頁 42。

〔註 11〕　案：《管子》以中國春秋時代政治家、哲學家管仲命名，其中也記載了管仲死後的事情，並非管仲所著，但仍被認爲可以體現管仲的主要思想。文章均出自深受管仲影響的「稷下學派」之手。至漢代時劉向將《管子》一書進行編輯而爲今日所見之版本。

〔註 12〕　「百乘之國，中而立市，東西南北度五十里，一日定慮，二日定載，三日出竟，五日而反。百乘之制，輕重毋過五日。百乘爲耕，田萬頃，爲戶萬戶，爲開口十萬人；爲分者萬人，爲輕車百乘，爲馬四百匹。千乘之國，中而立市，東西南北度百五十餘里，……萬乘之國，中而立市，東西南北度五百里……。」見（春秋）管仲著，李勉註譯：《管子今註今譯》（臺北：臺灣商務印書館，1988），頁 1119。

（一）十九世紀末期：城市社會學崛起

農耕時代，大部分的人類從事農業生產，故農村是人類最主要的生活依據。城市僅只是商業買賣的集散地，其重要性不大，千年以來一直呈現趨緩幅度的成長。十八世紀「工業革命」後，人類脫離農耕時代進入工業時代，勞動密集的手工業取代了農林漁業，成為工業時代人類主要的生產活動。工廠是工業時代的重要產物，需要大量的人力從事生產。而城市人口眾多能提供足夠的人力資源，故工廠必須依附著城市設置；居住城市的人們需要收入，而工廠正好提供需求。城市與工業的共生結構成為了強力的吸磁效應，十八世紀末期，城市人口急遽飆升，城市規模至此則開始呈現爆炸性的跳躍發展。

工業革命促使新興城市的大量出現，城市的規模化更帶動商業經濟發展。高度城市化的社會帶給人類舒適、便利與繁榮的生活，但同時也帶來了一連串犯罪、剝削、貧富差距……等社會問題。於是人們開始對城市所產生的一連串民生問題提出思考與研究，終於在十九世紀末期，城市相關的學術研究正式展開。十九世紀末期，德國社會學家斐迪南‧騰尼斯（Ferdinand Tonnies，1855～1936）首先研究城市與鄉村不同的社會結構：從社會問題中提出初步的理想類型，主張社會應由「非正式」強調人情味的鄉村式社會組織，轉型為正式並有法治基礎的社會組織，因此提出「禮俗社會」（Gemeinschaft）轉變為「法理社會」（Gesellschaft）的主張。〔註13〕同時期法國社會學家涂爾幹（Emile Durkheim，1858～1917）則進一步提出：社會是一個不同而相互配合的系統，而每個人都擁有個別的獨特性。在城市化的社會裡個人皆直接隸屬於社會，而每一個獨特的個體均能透過社會連結的有機形式而得以發揮，此即著名的「社會分工」理論。

德國社會學家格奧爾格‧齊默爾（Georg Simmel，1858～1918），則由「微觀」的社會學角度，有系統的研究城市文化對個人身心的影響。〔註14〕一樣來自德國的馬克思‧韋伯則根據不同時期與地區與城市，親自作了詳盡的實地考察。他重視城市的經驗與歷史，希望由理論與實際建構出一種普遍的社

〔註13〕 斐迪南‧騰尼斯學說主要見於 1887 年的著作《禮俗社會和法理社會》，見陳柳欽著：〈現代化的內涵及其理論演進〉，《新疆哲學社會科學網》（2010.9）上網日期：2014.4.15 網址：http://big5.xjass.com/jj/content/2010-09/25/content_165990.htm

〔註14〕 齊美爾的學說主要見於 1903 年的論文〈都市與精神生活〉，詳見葉肅科著：《芝加哥學派》，頁 118。

會模式。1920 年馬克思・韋伯出版的《都市》一書中，提出了「完全都市社區」、「中世紀都市」、「西方型」及「東方型」四種類型的城市理論，是近代城市學研究的重要里程碑。〔註15〕

（二）二十世紀初期：芝加哥學派繁盛

二十世紀初期，城市學研究進入了新的里程碑。科技伴隨著城市文明的進步急速發展。巨型城市（megacity）〔註16〕如芝加哥（Chicago）、紐約（New York）、巴黎（Paris）、東京（Tokyo）……等等，人口規模達到前所未有的高峰。摩天大樓林立、商業貿易頻繁、生活機能完備、進步且發達，人類的生活幾乎離不開城市。巨大的城市，帶來前所未有的便利，同時也帶來前所未有的挑戰：貧民窟、犯罪與社會治安、異質性人口與社會快速流動造成的心理壓力、遊民無家可歸、交通堵塞、環境髒亂及垃圾……等。龐雜的城市問題已非個人研究可以負荷，「城市學」也由個人進入集體研究的階段。美國社會學家羅伯特・艾茲拉・帕克（Robert Ezra Park，1864～1944）在美國芝加哥大學建立了世界上第一個城市研究的學術中心，被稱為「芝加哥學派」（Chicago School of Sociology）。該學派還有伯吉斯（Ernest W.Burgess，1886～1966）和麥肯茲（Rodericke D.Mckenzie，1885～1940）等重要的研究學者，其研究為近代美國（United States of America）的城市發展奠定了重要的理論基礎。

「芝加哥學派」在城市的社會經濟層面研究成果豐富，該學派採「生態學」（Ecology）的觀點，將整體芝加哥城市作為生態研究樣本，提出了「同心圓模式」（Concentric zone model）理論：城市的空間結構形式是五個同心環狀地帶，核心是商業中心，由同心往外擴張，越外圍其經濟價值越低。其研究過程中同時關注到城市犯罪、貧民窟還有青少年發展等問題。城市社會文化方面，芝加哥學派提出了「都市決定論」（Urban Determinism or Ecological Theory）：主張城市社會的問題根源，與城市環境關係密切，城市引發的社會脫序和人格失常等問題比鄉村嚴重許多。此外，透過該學派的城市研究與討論，芝加哥式的摩天建築也成為現代化城市的符碼象徵。這一連串的學說，

〔註15〕 韋伯（Max Weber）著，康樂、簡惠美譯：《非正當性的支配─城市的類型學》（臺北：遠流出版社，1993），頁 22。

〔註16〕 巨型城市（megacity）是指規模特別巨大的城市，據「聯合國統計局」的定義，其大都會區（urban agglomeration）的人口數至少需到達 1000 萬人。上網日期：2014.4.15 網址：http://www.citypopulation. de/world/Agglomerations.html

對二十世紀的全球城市文化發展影響甚鉅。

（三）二十世紀中葉：後城市學派林立

二十世紀中期以後，電腦資訊、網路通訊又帶來一波新的城市革命，新型態的城市問題紛雜而至。面對多變複雜的城市文化，眾多城市學者紛紛提出己見，可謂「眾聲喧嘩」。如在社會經濟上，德國地理學家瓦爾特‧克里斯塔勒（Walter Christaller，1893～1969）提出城市「六邊形理論」（Holland Hexagon）：主張商業貿易、城市和地理結構上有一定的規律。認為在區域空間達到均衡時，將呈現正六邊形，但現實世界裡則會依據地理環境、歷史背景等因素而有所變形。美國漢學家施堅雅（G. William Skinner，1925～2008）則以中國城市社會為研究對象，由小城鎮到大都會提出了「六級市場原理」等學說。城市社會文化方面，德裔美國社會學家赫伯特‧甘斯（Herbert J. Gans，1927～）提出了「人口組成學派」（Compositional Theory）主張城市的社會問題乃源於居住於城市居民的社會階級、家庭結構、種族背景、文化性質等因素。後來的費雪爾（Cloudy Fischer）「副文化或圈內文化論」（Sub- cultural Theory），也提出不同特質的居民將產生不同的群體及副文化族群，這些圈內之居民有其不同之生活與文化，也將有一定程度的影響社會各層面。這些後學都對芝加哥學派的「都市決定論」作出了相當幅度的修正。

除了社會經濟與文化之外，芝加哥學派的美國社會學家路易斯‧沃思（Louis Wirth，1897～1952）結合城市學和德國社會學家格奧爾格‧齊默爾的城市社會學觀點，再提出「城市社會心理學」之主張。其觀察研究中，發現城市建築如公寓、大廈等雖提供居民安居的空間，但這些密閉空間所引發心理層面的不安與焦慮恐怕更為嚴重，如：強烈的不信任感、淡漠的人際關係、急切的步行速度、孤寂的密閉空間等。「城市社會心理學」研究城市人際關係，並嘗試解決各種的心理問題。眾多的城市學者以不同的角度切入城市的種種現象作研究，「城市學」研究至此進入了百家爭鳴的時代，各家論述皆為「城市學」研究建立了豐碩的研究成果。

第二節　城市空間理論

空間是容器，也是故事生發的場域。空間是生活的地方，同時也是身分認同還有情感生發的地方。空間是私人的、也是公眾的，也是政治的、也是

文學的。人們創造了空間的不同意義，也注定無法跳脫其中。因此學者開始探討空間，進而重新看見空間。

一、城市空間理論的建構

　　法國人文學家米歇爾·傅柯在研究發現：「空間在以往被當作是僵死的、刻板的、非辯證的和靜止的東西。相反，時間卻是豐富的、多產的、有生命力的、辯證的。」〔註17〕西方哲學自古希臘時代的柏拉圖（Plato，427～347 B.C.）、亞里士多德以來，向來對人與物種的起源、生命的死生變化、歷史的興衰……等課題，有著濃烈的討論興致。而這些哲學思辯有著共同點，即是環繞著「時間」爲主軸討論。不論是對歷史的探究，對未來的發展、對危機的關注、對過去的眷戀還是對死亡的恐懼等問題，一直是與「時間」密切相關的哲學討論。故十九世紀以前，「時間」扮演著極爲重要的角色。〔註18〕在重時間而輕空間的概念下，把歷史和時間當作其討論的主軸，並以「進步」、「發展」作爲討論宗旨的「歷史決定論」（Historical determinism）是十九世紀以前的主流學說。因此在此潮流之中「空間變成一個附帶的範疇，隱含在進步概念的本身之中」〔註19〕。

　　以「空間」作爲學術研究的主題，晚至二十世紀七〇年代後，才在社會學領域開始有深刻的探究與相關理論的提出。尤其當馬克思學派的學者，進入該場域研究之後。以大量的「空間」理論結合不同層面、不同領域的討論，而產生新的複合式研究成果與學說。如：區域地理學（Regional geography）、文化地理學（Cultural geography）、空間經濟學（Space economy）……等。「城市空間」的研究正是在該時期被提出，其中以法國學者列斐伏爾（Henri Lefebvre，1901～1991）最具權威代表。其學說「空間生產三元論」（Conceptual Triad of Production of Space）。影響該學術領域甚鉅，更是日後城市「空間」理論研究的重要依據。

〔註17〕蘇賈著：《後現代地理學——重申批判社會理論中的空間》（北京：商務印書館，2004），頁10。

〔註18〕包亞明著：《後現代性與地理學的政治》（上海：上海教育出版社，2001），頁19～28。

〔註19〕哈維：《後現代的狀況——對文化變遷之緣起的探究》（北京：商務印書館，2003），頁31。

（一）列斐伏爾的「空間生產三元論」

　　法國學者列斐伏爾於 1974 年所出版的學術著作《空間的生產》（La production de l'espace）一書中，提出了「社會空間」（social space）的概念。列斐伏爾指出「空間」除了是被權力者所掌控之外，在現代化的社會裡，空間已被「工具性」的使用，即是資本主義之下的產物。在此觀點之中，傳統的地理學、物理學的空間界定，在今日的資本社會中已無意義。因此列斐伏爾進一步將「空間」以感受（perceived）、構想（conceived）和生活（lived）三個概念化分析，即著名的「空間生產三元論」。

1. 空間實踐：

　　一個社會的空間實踐隱匿了該社會的空間；空間實踐在辯證互動中提出且預設了社會空間；空間實踐緩慢而穩定地生產了社會空間，同時掌控和佔有了它。從分析的觀點看，一個社會的空間實踐，乃是透過對其空間的釋明而揭露的。新資本主義下的空間實踐是什麼？它在感知（perceived）的空間裡，體現了日常現實（日常事務）和都市現實（將保留給工作、私人生活和休閒的地方連結起來的路徑和網絡）之間的緊密關連。……「現代」的空間實踐或許可以由政府補貼的高層住宅裡的房客日常生活來界定。不過，高速公路和航空運輸的政治，也不能遺漏。空間實踐必定具有某種凝聚力，但這並不意味它是連貫一致的（即憑智識來製作，或合乎邏輯的構想）。

2. 空間再現：

　　它是概念化的（conceptualized）空間，是科學家、規劃師、都市計劃師、技術官僚和社會工程師的空間，他們是具科學傾向的某類藝術家——他們都以構想（conceived）來辨識生活（lived）和感知（perceived）。……這是任何社會（或生產方式）裡的主導空間。除了某些我將回頭討論的例外，空間的概念化傾向於言詞符號（verbal sign）（即憑智識製作出來）的系統。

3. 再現空間：

　　透過相關意象和象徵而直接生活出來（lived）的空間，因此，它是「居民」和「使用者」的空間，也是藝術家和那些只想從事描述的少數作家和哲學家的空間。這是被支配的空間，是消極體驗到的空間，但想像力試圖改變和佔有它。它與物理空間重疊，在象徵上利

　　用其客體。因此，除了一些例外，再現空間可說是偏向於多少有連
　　貫性的、非言詞象徵與符號的系統。〔註20〕

列斐伏爾在該書中做了兩次「空間生產三元論」的解釋，整體而言將「空間」
以三個層面來區分。第一層面的「空間實踐」係指可以被人所觸及、體驗的
「經驗」空間，人們以直觀的感受（perceived）來實踐空間。透過人在社會的
生產與再生產之中，體現了「日常現實」和「城市現實」之間的緊密依存性，
進一步構成了今日的社會空間。因此「空間實踐」即是現實生活中的空間，
在學術討論中亦包含文本中所描述的幻想空間裡，人物和場景的呈現。

　　第二層面是「空間再現」是屬於概念化的空間（conceptualized）。由國家機
器及資本家以知識、符號、符碼以及「正面」（frontal）關係等，將人與空間緊
繫一起，成為一個有「秩序」的世界。當人經由空間演練的過程中，經歷空間
的覆蓋或人處於其中的結構關係，就會有規範與之依存。此概念是透過語言符
號系統所架構而出的空間感。如在城市活動的人，其行為皆需受到相關法規的
種種規範與限制。龔立人指出：「簡單來說，空間的再現指空間建構背後代表的
知識、權力和意識形態。」〔註21〕這種構想概念性的空間，是透過知識符碼加
以展現，雖無法具體明說，卻抽象的「存在」於每一個人的心中。

　　第三層面則為「再現空間」，係指被想像而出的生活（lived）空間。透過
各式複雜的意象和象徵，與各種有編碼或無編碼的符碼所呈現而出。龔立人
指出：「再現的空間，它是一個生活的空間。主要不是由意識形態所建立，反
因文化干預而產生。」〔註22〕人在長久的生存之中而有文明的展現，過程中
自我意識到了自己所存在空間中的各種歷史沉澱，包括「第一層面」歷史經
驗的具體體現，與「第二層面」抽象的社會規範在內。該層面具備日常生活
的情感核心，是生活情境的所在。列斐伏爾指出「這是被支配的空間，是消
極體驗到的空間，但想像力試圖改變和佔有它」，因此經由人自我的行動力和
在空間中的活動，各種藝術家試圖透過前兩個層面與之結合，將過去、現在、
未來的生活，透過各種作品的想像再現而出。

〔註20〕列斐伏爾「空間生產三元論」學說第二次論述見 Lefebvre, H.（1991a）The
　　　　Production of Space, Oxford: Basil Blackwell. p38～39 譯文引自王志弘著：〈多
　　　　重的辯證——列斐伏爾空間生產概念三元組演繹與引申〉《地理學報》第 55
　　　　期（2009），頁 4。
〔註21〕龔立人著：〈第三空間〉，《曠野》（168 期，2010），頁 11～12。
〔註22〕同前註，頁 11～12。

　　王志弘指出「列斐伏爾提出三元概念，明白表示必須超越抽象模型化的二元論（dualism）對立思維，看到三個元素的相互連結和複雜動態。」〔註23〕因此透過「具體空間」、「抽象空間」、「想像空間」的三個層面辯證，進一步使人們更了解日常世界生活的多元樣貌。「空間生產三元論」強調人類於社會生活之中的空間概念體現。透過社會互動關係與空間之間的考量，使空間在建構社會時，更具價值意義與地位。這樣的理論也成為建築學、社會學、地理學、城市學及文學等，在學術研究上相互採應的論點。

（二）葛瑞哥里的「權力之眼」

　　列斐伏爾之後不少學者以其「空間生產三元論」為基礎，做更多的學理探究，如英國地理學家葛瑞哥里（Derek Gregory，1951～）的「權力之眼」（The Eye of Powe）即是如此：〔註24〕

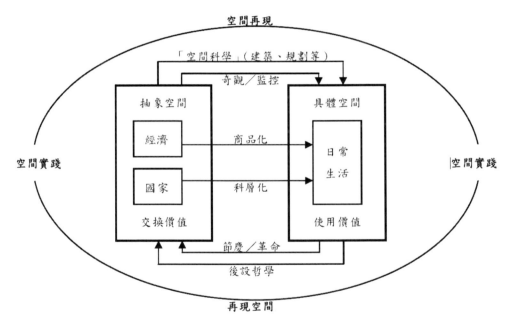

圖2：葛瑞哥里「權力之眼」（the eye of power）架構圖

〔註23〕　王志弘著：〈多重的辯證——列斐伏爾空間生產概念三元組演繹與引申〉，《地理學報》，第55期（2009），頁4。

〔註24〕　葛瑞哥里的「權力之眼」之學說，見 Gregory, D.（1994）Geographical Imaginations, Cambridge, MA.: Blackwell.p1401，「權力之眼」譯圖引自王志弘著：〈多重的辯證——列斐伏爾空間生產概念三元組演繹與引申〉，《地理學報》第55期（2009），頁6。

　　葛瑞哥里的「權力之眼」將列斐伏爾的「空間生產三元論」更加深化。在其架構圖的左半邊是透過「經濟」與「國家」的力量，以「空間科學」的論述如建築規劃、城市計畫結合抽象的社會規範，而造就具體的日常生活樣貌。相對的，右半邊的日常生活，是受到來自左半邊的經濟力量與國家機器影響。是以葛瑞哥里認為現代社會裡人們的自主與行動意識皆受到經濟與國家，即權力者的不同手段綑綁。葛瑞哥里「權力之眼」除了以「空間生產三元論」為基礎外，同時也兼採傅柯對於地理學的史觀概念：主張權力、知識和空間三位一體的核心價值，造就了生活世界的殖民化。「權力之眼」的建構，同時也呼應傅柯的宣示：「空間是任何權力運作的根本」〔註25〕

（三）索雅的「第三空間」

　　美國後現代地理學家愛德華・索雅（Edward W. Soja，1940～2015）的著作《第三空間》（Thirdspace：Journeys to Los Angeles & Other Realand-ImaginedPlaces）在列斐伏爾「空間生產三元論」的基礎中提出了的新理論。索雅強調「空間」不只是社會環境的背景或是附屬品，而是具有更多重的角色定位。在今日的資本主義生態之下，空間更具主體的積極性。空間成為了社會工具，是手段也是目的。因此索雅主張社會空間具有雙重意涵：是一個與物理和心靈空間不同的另一種空間，但此空間又是兼納物理和心靈空間的一種超越性的空間，此即「第三空間」。〔註26〕物理與心靈的空間分別是「第一空間」和「第二空間」。其內涵與列斐伏爾的「空間實踐」及「空間再現」相仿。「第一空間認識論」關注於物質層面上的實質空間分析，主張空間是一種經驗性的文本，可以藉由人的現實經驗來作描述與解釋。「第二空間認識論」則是對第一空間的反動。主張空間是由純粹的形而上建構而成，運用思想概念才能掌握到空間的知識符碼，故又稱為心靈空間。此空間是由構想或想像的地理環境，投射到經驗世界裡，這樣的空間存在於思想之中。

　　索雅的「第三空間」則是分別對上述的「第一空間」和「第二空間」解構，同時又再重構而「生三成異」（Thirding-as-Othering）。索雅主張空間具有三個特性——空間性、歷史性、社會性。而在「第三空間」裡所有的二元對

〔註25〕索雅（Edward W. Soja）著，王志弘等合譯：《第三空間》（臺北：桂冠圖書公司，2004），頁40。

〔註26〕索雅的「第三空間」之學說，見索雅（Edward W. Soja）著，王志弘等合譯：《第三空間》（臺北：桂冠圖書公司，2004）

立「主體性 V.S.客體性」、「具象 V.S.抽象」、「眞實 V.S.想像」、「意識 V.S.無意識」都將被打散，並與三個空間特性融合其中。簡而言之，索雅打破了所有一切能界定「空間」的定義，是一個充滿「渾沌」的概念。王志弘進一步指出「索雅格外強調要破除支配和被支配，抽象和具體、視覺和身體、物質與想像的二元對立，邁向『眞實與想像兼具』的再現空間。」〔註27〕索雅的「第三空間」宗旨在鼓勵讀者以不同的方式思維方式，並打破過去的窠臼來重新思考空間意義。人因爲「思考」而構成了今日人類生活的大千世界。因此「第三空間」這眞實且想像的空間思維，其眞正意義是由生活其中人，透過思考來加以論證與思變而來。

（四）大衛‧哈維的「空間分析架構」

比起索雅的「抽象」概念探討空間，英國地理學家大衛‧哈維（David Harvey，1935～）則以較爲「務實」的層面探討空間的概念。早在 1973 年時的著作《社會正義與城市》（SocialJustice and City）一書中，大衛‧哈維即針對「空間」的性質提出三個界定：分是絕對的（absolute）、相對的（relative）與關係 （relational）的空間。其三種空間的關係同時並存，至於要採取哪種空間的性質，則須視人類社會生活中的所需來呈現。大衛‧哈維亦曾以列斐伏爾「空間生產三元論」的概念來建構其空間實踐的「格網」（grid）。歷經十幾年之後，2006 年，大衛‧哈維再重新審視並修正當初的「格網」學說，以更接近「空間生產三元論」的「經驗」、「概念化」和「生活」的三層面，來架構其「空間性的一般矩陣」（The general matrix of spatiality）表：

表 3：空間性的一般矩陣（The general matrix of spatiality）

	物質空間 （經驗的空間）	空間再現 （概念化的空間）	再現空間 （生活的空間）
絕對空間	牆、橋、門、樓梯、樓板、天花板、街道、建築物、城市、山嶺、大陸、水域、領域標誌、實質邊界與障礙、門禁社區…。	地籍與行政地圖；歐式幾何學；地景描述；禁閉、開放空間、區位、定置和位置性的隱喻；（指揮與控制相對容易）——牛頓與笛卡兒。	圍繞著壁爐的滿足感；封圍所致的安全感或監禁感；擁有、指揮與支配空間的權力感；對於「範界以外」他者的恐懼。

〔註27〕 王志弘著：〈多重的辯證——列斐伏爾空間生產概念三元組演繹與引申〉，《地理學報》第五十五期（2009），頁 7。

相對空間（時間）	能量、水、空氣、商品、人員、資訊、貨幣、資本的循環與流動；加速與距離摩擦的縮減…。	主題與地形圖（例如倫敦地鐵系統）；非歐式幾何和拓樸學；透視畫；情境知識、運動、移動能例、移置、加速、時空壓縮和延展的隱喻；（指揮與控制的困難需要更複雜的技巧）——愛因斯坦與黎曼。	上課遲到的焦慮；進入未知之境的驚駭；交通堵塞的挫折；時空壓縮、速度、運動的緊張或歡快。
關係空間（時間）	電磁能量流動與場域；社會關係；地租與經濟潛勢表面；污染集中區；能源潛能；隨風飄送的聲音、氣味和感覺。	超現實主義；存在主義；心理地勢學；網際空間；力量與權力內化的隱喻；（指揮與控制極度困難）——萊布尼茲、懷海德、德勒茲、班雅明。	視域、幻想、慾望、挫敗、記憶、夢想、幻象、心理狀態（如廣場恐懼症、眩暈、幽閉恐懼症）。

從大衛・哈維「空間性的一般矩陣」來論其「空間分析架構」〔註28〕，可以發現在此九宮格的架構之中，其將空間的三層性質與社會空間相互交錯，透過多樣的實例舉證。在其理論架構下，使原本抽象的空間概念，變的更具體許多。過多的實例舉證雖被批評過累贅，但也由於清楚明白，使讀者在研究其學理的過程中，有較清晰的脈絡瞭解「空間」的複合概念。

「城市空間」理論探討以列斐伏爾的「空間生產三元論」為基礎的探討為最大宗，此外在如傅科的「空間 V.S.權力關係」、羅蘭・巴特的「空間符號學」及理查・桑內特（Richard Sennett）的「城市 V.S.身體型構互動論」的理論之中，亦有不少運用於城市空間的探討。除了以「宏觀」的整體結構分析「空間」之外，亦由以「微觀」的角度對空間詮釋，如：色鐸（Michel de Certeau，1925～1986）的「步行修辭學」（Rhetoric of Walking）、班雅明（Walter Benjamin，1892～1940）的「漫遊者」（Flâneur）、吉爾・德勒茲（Gilles Deleuze，1925～1995）的「地下莖」（Rhizome）、費里斯克・瓜達里（Félix Guattari，1930～1992）的「游牧」（Nomadic Subjects）、多琳・梅西（Doreen Massey，1944～2016）的「空間與性別」（Doreen Massey on Space）及蘇珊・弗瑞蒙（Susan Stanford Friedman）的「空間閱讀法」（spatial reading）等，皆是從個體或個人

〔註28〕大衛・哈維「空間性的一般矩陣」之學說，見（2006）Spaces of Global Capitalism, London: Verso.p135「空間性的一般矩陣」譯表引自王志弘著：〈多重的辯證——列斐伏爾空間生產概念三元組演繹與引申〉，《地理學報》第 55 期（2009），頁 10。

的角度來觀照整個城市空間的人、事、物。透過不同空間理論的映照，呈現出豐富且多元的城市文化內涵。

二、城市空間理論中的文學內涵

　　城市「空間」理論一開始雖屬於建築學與社會學的範疇，但其精神內涵則主要探討人與社會文化的關係。索雅進一步主張空間具有空間性、歷史性、社會性三個特性，主張空間不單純只有物理上的容積概念。這種著重於人與社會之間的空間關係，正呼應了「文學反映社會」的文學價值理念。是以由「文學」層面討論城市「空間」，亦能呈現文學精神的內涵特色：

（一）文學地景承載集體記憶

　　城市不只是文明的表徵，在人類的歷史發展中，城市的空間更是人類在生活與情感中的重要載體。張英進（1957～）指出：

> 由於對城市的記憶所喚起的，不僅是對城市風景（或者可說是城市景像）的純然感知，更是透過聯想的網絡──那種使人在情感上及智力上歸屬於一個城市的聯想，所呈現的複雜的都市觀念或概念。在此一意義下的城市顯然不僅僅是個物質結構。它可以是心靈狀態、道德秩序、態度及儀禮行為的模式，也可以是人類關係的網絡，以及藉由風俗習慣和傳統銘刻在特定實踐及論述當中的身體表現出來。〔註29〕

城市空間看似水泥叢林，由一棟棟龐大而冰冷的鋼筋水泥建構而成。然而在此看似冰冷的在磚瓦建築中，卻像是一座座保護人們的碉堡佇立眼前。人們在此空間之中避免風吹日曬雨淋，在空間之中成長與安居樂業。因為在城市空間裡生活著，也使得原本冰冷的街道與建築裡，充滿了城市人的兒時記憶。也因此在其城市空間裡所生發的人、事、物，進而成為城市人的「集體記憶」（Collective Memory）。〔註30〕王明珂（1952～）亦說「一個社會群體的集體

〔註29〕　張英進著、秦立彥譯：《中國現代文學與電影中的城市：空間、時間與性別構形》，頁6～7。

〔註30〕　「集體記憶」是在一個群體裡由人們所共享、傳承、以及一起建構的思維。這個概念再伸延到地方與空間的關係，皮埃爾‧諾哈（Pierre Nora）研究指出「一個『記憶的場所』是任何重要的東西，不論它是物質或非物質的，由於人們的意願或者時代的洗禮而變成一個群體的記憶遺產中標誌性的元素。」見「Sites of Memory」（記憶的場所）。上網日期：2014.4.5　網址：https://tspace.library.utoronto.ca/citd/holtorf/2.6.html。

記憶不只是靠著定期共同活動來傳遞，更重要的傳遞媒介通常是某種實質的物件。」〔註 31〕在這樣的情況下，原本只是物理性質的城市空間，如街道、公園、大樓、地標等各種城市地景，皆成爲了城市人的心靈交流媒介及情感寄託的重要載體，其對人類文化的發展意義與重要性更是不可言喻。

　　王志弘主張由四個面向來探討城市的意涵：歷史、社會、論述的效果以及人類的行動力。〔註 32〕其主張城市是人們群體互動的空間場域，作家透過對該場域的觀察而書寫之，將由此生產豐富且多元的城市意象。〔註 33〕也因此，城市空間的書寫建構則由此而萌生，美國人文學家伯頓・派克（Burton Pike，1930～）指出：

> 假若作家的功能之一便是表達文化方面，零碎的感知或前意識甚至是市民心目中無意識的感覺，那麼城市就是他可靈活運用的最重要的隱喻之一。〔註 34〕

作家善於透過人、事、物的觀察，將各種情感表現在其作品的字裡行間。這樣的觀察揭露了社會的各種現象，包括人際互動的關係、社會結構的變遷、人們思想的表達與情感好惡的傳遞……等各種社會意涵。對城市空間的各種書寫，正是作家觀察城市脈動而留下的社會訊息，因此派克認爲文學誕生之始，即有城市的蹤跡出現。對於城市空間的書寫，邁克・克朗（Mike Crang，1969～）更進一步將街道、公園、大樓、地標等各種城市空間的地景與人相結合，化爲「文學地景」（Literary Landscapes）的觀念來論述：

> 文學提供了體察世界的方式，展示品味、經驗與知識的廣闊地景。……文學是社會的產品，事實上，若就流通觀念而論，文學是個表意作用的社會過程。文學是個社會媒介。人群與時代的意識型態及信仰，同時塑造著這些文本，又爲其所塑造。〔註 35〕

文學具有強烈的社會意義，其彰顯人的價值內涵時，透過文字將人的各種情

〔註 31〕王明珂著：〈集體歷史記憶與族群認同〉，《當代》第 91 期（1993），頁 10。
〔註 32〕王志弘著：《減速慢行》（臺北：田園城市文化公司，1999），頁 9～20。
〔註 33〕同前註，頁 9～20。
〔註 34〕伯頓・派克的作家功能之論述，見 Pike, Burton. Theimage of the city in modern literature. Princeton N.J.：Princeton University Press，1981.p12.譯文引自方婉禎著：《從城鄉到都市——八〇年代臺灣小說與都市論述》，頁 3。
〔註 35〕邁克・克朗著，王志弘、余佳玲、方淑惠等譯：《文化地理學》（臺北：巨流圖書公司，2003），頁 75～76。

狀與文化涵攝其中。城市空間是城市人在生活與情感當中的重要載體，也因此透過文學書寫人的各種情態，城市裡的種種事物必也是文學的重要地景。文學在表意社會的過程中，書寫下城市空間的各種地景，其地景承載人的集體記憶，化有形於無形進入人文世界裡，成爲社會文化的一部份。

（二）文學書寫傳達城市意象

　　透過文學的社會觀察，法國人文學家羅蘭‧巴特更由「城市符號學」來加以詮釋。他把文學地景轉化爲符號概念，視城市地景如同語言文字一般的來解讀，經由閱讀城市空間的文本而生產出各種「城市論述」（discourse about city）。透過重新解構城市的語言符碼，來對城市空間的地景作轉化或隱喻，並進一步強調文學形式上的社會意識內涵。〔註36〕透過文學來呈現城市空間的社會表意作用，伯頓‧派克進一步提出「眞實的城市」（real-city）與「文字的城市」（word-city）這兩個相互辯證的概念，由眞實與想像加強說明城市與文學之間的密切：

> 作爲一個意象，城市要比僅被視爲一套文學修辭來得鉅大而複雜。它具有雙重涵義：一是外在世界的藝術品，一是在作家和讀者的心中所產生的折射光譜。關於「城市」的聯想已然成爲讀者高度的負擔在他拾起一本城市書籍之前。在文學作品之中，這個意象成爲連貫一致的符號體系之一部份，而且它的意義可能與實際經驗的城市本身只有些許的關聯。眞實的城市也許爲文學的神話提供素材，但它本身並非自然地成爲神話；這是把神話的價值歸咎於它的緣故。……眞實城市與文字城市之間的許多連結是間接而且複雜的，正如它們最初顯現的時候，並非是一對一的簡單指涉。〔註37〕

文學所寫下的城市，經過作者個人題材的取捨、視角的拿捏與文字的淬鍊，而與「眞實的城市」會有所落差。因爲「文字的城市」是「作家和讀者的心中所產生的折射光譜」，作家雖身處於「眞實的城市」裡，但欲表達或凸顯城市裡特定的人、事、物等現象或議題時，須有相當大的程度對城市進行變形。

〔註36〕方婉禎著：《從城鄉到都市——八○年代臺灣小說與都市論述》（臺北：淡江大學中國文學系碩士論文，2001），頁16。

〔註37〕伯頓‧派克的「眞實的城市」（real-city）與「文字的城市」（word-city）之論述，見 Pike, Burton. Theimage of the city in modern literature. Princeton N.J.：Princeton University Press，1981.p.xii.，p. i.譯文引自方婉禎著：《從城鄉到都市——八○年代臺灣小說與都市論述》，頁29。

透過文學符碼的設定對城市地景的書寫給予擴大、縮小、轉化、象徵、隱喻等，來傳達作者想要表達的城市意念。這樣的「文字的城市」概念與列斐伏爾「空間生產三元論」、葛瑞哥里「權力之眼」、索雅「第三空間」，還有大衛‧哈維「空間分析架構」這些空間理論中的「再現空間」看法十分相似。同時也與傅柯在「異質空間」（heterotopias）所提的文學是「虛擬空間」的自我再現，有著異曲同工之妙的看法。

　　空間與文學的結合，近年來開始被注意。范銘如於 2008 年的專著《文學地理：臺灣小說的空間閱讀》中，即由「空間」的探討，開啓文學研究的新領域。空間理論提供了文學新的線索與思路，范銘如指出：

> 在新空間理論的論述中，空間跟歷史一樣，不是靜態的、自然的現象，而是持續或間斷的建構變動，既是社會文化的產物也是社會文化實踐過程中不可或缺的向度。不同尺度的空間範疇提供身體活動的場所，同時影響了我們的言行舉止和思維感知，甚至牽動了我們對空間的再造與再現。〔註38〕

由於城市人的行為舉止和思維感知，皆與城市「空間」關係密切。作家對城市「生活空間」的書寫正是空間理論中「再現空間」的展現。是以，從「文學」層面探究城市「生活空間」，以文學作品為研究文本；復透過城市「空間」研究理論的驗證，進而理解作家對城市「生活空間」裡的人與社會文化之互動關係，得知不同時代裡的人文風貌之真正內在涵義與精神；正是本論文將要研究、論析的方向。

〔註38〕　范銘如著：《文學地理：臺灣小說的空間閱讀》（臺北：麥田出版公司，2013），頁 16～17。

第三章　臺北城市「生活空間」書寫發展的萌芽到茁壯

　　文學思潮的發展往往需要長時間的醞釀與時代氛圍的配合，才能開花結果，城市書寫這股文學思潮自然也如此。以城市書寫的「生活空間」爲創作題材，城市的發展必然直接影響其書寫的面貌。從日治時期一直到戰後初期，臺北城市的現代化建設皆處於初始階段。雖有現代城市之名，卻尚無現代城市之實，整個臺北城市的規模與建設仍無法與國際大城市相較勁。直到六、七○年代後，隨著經濟的迅速發展，人口的大量聚集、外商的紛紛進駐，臺北才正式躍居國際大城。本章節以「歷史研究法」，先釐清時代背景的創作氛圍，由文學史的宏觀角度探討臺北城市「生活空間」文學書寫，由萌芽到茁壯之間的時代背景、文學脈絡與書寫特徵。

第一節　萌芽期：日治時期

　　臺北城市「現代化」的初始階段，因爲兩段截然不同的政權治理：日本與中華民國。所呈現的文化風貌也差異極大，故筆者將之區分爲「日治時期」與「戰後初期」兩階段。此時期作品中的城市「生活空間」意象並不明顯，其共通的特點是：城市「生活空間」皆僅是文學作品書寫下的背景，即是「題材的外殼」，故皆爲臺北城市「生活空間」書寫的萌芽時期。

一、時代背景

　　甲午戰爭（1894）後，中日「馬關條約」的簽訂，臺灣正式割讓日本，進入日本治理的「日治時期」。在整個臺灣的地理位置上，「臺北」是最接近

日本本土的城市，先前又是清代臺灣巡撫的首府所在地，因此在管理與戰略上的考量，將治理全臺的「總督府」設立於臺北，延續清末以來的臺灣政治中心。

（一）政治上先懷柔後皇民化

「馬關條約」簽訂後，由於臺灣大部分為大陸內地的移民後裔，因此在情感與民族性格上無法接受被割讓的決定。1895 年前臺灣巡撫唐景崧（1841～1903）發表「臺灣民主國獨立宣言」，宣告成立「臺灣民主國」，同時擔任首任大總統武裝抗日。同年五月日軍正式由基隆登入，面對船堅炮利的現代化日本軍隊，反抗軍無力抵抗而節節敗退，唐景崧更避走廈門。敗戰之後，「臺灣民主國」群龍無首，整個臺灣陷入混亂危機。面對日軍的逼近，臺北城首當其衝，居民更是人心惶惶，最後由臺北當地仕紳——辜顯榮（1866～1937）帶領百姓迎日軍進城，使臺北城免於戰火之中，保住了原本的民生經濟與百姓的生命。

1. 懷柔時期（1895～1918）

日本治理初期，由於民心未定，從漢人到原住民各地不時有武裝反抗事件的發生，因此臺北總督府採取懷柔的「放任主義」政策以治理。開始之初，因臺灣與日本的國情不同而訂立「六三法」〔註1〕以治理。該時期針對臺灣百姓原本的風俗習慣給予尊重，順從舊制籠絡人心，是以整體臺灣社會仍以漢人文化為主體。

2. 同化時期（1918～1936）

1918 年之後，武裝反抗漸息，總督府同時也更加強日本思想文化的傳達。政治上主張「內地延長主義」認為臺灣是日本國土的內地，同時也加強「日臺融合」的政策，包括：獎勵日臺人民通婚、開放「小學」供臺人就讀、臺人可組公司及出任重要官職……等，進行一連串各種融合策略。

〔註1〕　〈六三法〉是日本政府賦予臺灣總督治理臺灣的特別法律。「由於〈六三法〉賦予臺灣總督總攬行政、立法、司法及軍事大權，使臺灣成為日本憲法體制的政治異域，明顯地侵犯日本國會之權力，故自始即受到違憲之質疑。同時，對臺人而言，該法乃是一切惡令之源頭，蓋最受詬病的保甲條例、匪徒刑罰令、罰金及笞刑處分例、臺灣流浪者取締規則等律令，均是依據該法發布的。」故後來有「六三法撤廢運動」的產生。見黃秀政、吳文星、張勝彥著：《臺灣史》（臺北：五南圖書出版公司，2011），頁232。

3. 皇民化時期（1936～1945）

1936 年小林躋造（1877～1962）來臺擔任第十七任總督，這時國際情勢正逢「第二世界大戰」（1939～1945）前夕。日本正建構「大東亞共榮圈」之理想，而以臺灣為「南進」跳板。小林躋造開始展開「皇民化、工業化、南進基地」的治臺方針，包括：改漢名為日本名、說日語運動、禁止道教神明的膜拜、提倡日本化的生活……等等，正式讓臺灣成為日本天皇的子民。

（二）建設上城市現代規模化

1895 年日本開始治理臺灣之前，已經歷了「明治維新」的改革，率先邁向先進國家之列。因此表現在臺灣的開發建設時，也極具展現現代化思維。特別是作為臺灣首善之都——臺北，經過清末臺灣巡撫首府與日本總督府的建立後，已是當時臺灣的政治與經濟中心。在日本的積極規劃之下，臺北的「都市計畫」分三階段進行：

1. 第一期段（1898～1920）以城內為中心，進行市街改正

1884 年才修建完成的臺北府城，自 1900 年起臺灣總督府以「市街改正」計畫為由，下令逐步拆除府城城牆及西門。原拆除後的城牆舊址修築四條三線大道，開闢成為寬敞而筆直街道系統：以臺北原舊城內為中心，向四方輻射展開出道路系統的建設。首先是交通建設由安全島所分隔而成三線之大道，稱之為「三線道」。其分別為東線（今中山南路）、西線（今中華路）、南線（今愛國西路）、北線（今忠孝西路）之三線。

三線道的道路筆直寬敞，沿途設置行人道使人車分離，同時保護行人安全。安全島和行人道上種植許多行道樹，並引進「西洋歷史建築式樣」風格來規劃新的臺北建築及街景，其風景美麗怡人而有「東方的小巴黎」之美稱，同時也是政府重要單位的權力聚集處。〔註2〕此外醫院診所的衛生保健系統建立，大幅改善醫療品質。自來水工程、下水道工程系統改善健康生活，鐵路系統的興建更縮短南北往來的交通。商業區方面則採模仿英國（England）「文藝復興」（Renaissance）後期式的立面建築，並以「三市街」為基礎，在臺北舊城的城北、城東、城南及西門一帶重新規劃與建設。

〔註2〕 湯熙勇著：《臺北市地名與路街沿革史》（臺北：臺北市文獻委員會，2002），頁233。

2. 第二階段（1920～1937）由城內而城外，擴大城市規模

1920 年後「三市街」到臺北舊城內的城市規劃大致完備，因此其建設開始擴張到新興的開發地區。約在今日的迪化街至博愛路一帶，開始規劃並建設新型態的商店街道與新式建築。此時臺北已有初步現代化規模的城市街道與建築的樣式產生。

3. 第三階段（1937～1945）二次大戰爆發，修築部分區域

1937 年「蘆溝橋事件」引爆中日「八年抗戰」（1937～1945），兩年後 1939 年「第二次世界大戰」日本亦參戰。日本正以臺灣為「南進」跳板之際，故大部分的人力與物資皆移往海港建設。此時的臺北僅在東門町北側的幸町，約今日徐州路，仁愛路一段與信義路二段，至新生南路附近進行新的城市建設。臺北的整體都市計劃因戰爭而停滯不前。

三階段的建設以總督府為中心向外輻射，新式建築大量興建，讓臺北成為現代化的指標。在三線道上：東線有臺北市役所（今行政院）、臺北州廳（今監察院）、臺北第二高等女學校（今立法院）、幸町教會（今濟南基督長老教會）、中央研究所（今教育部）、臺北帝大醫學部、臺北帝大附屬醫院（今臺大醫院舊址）、總督官邸（今臺北賓館）。南線有專賣局樟腦工場、專賣局（今公賣局）、臺北師範學校附屬國民學校、臺北師範學校（今臺北市立大學）。西線有縱貫鐵道、西本願寺、橢圓公園（今西門町紅樓）。北線有鐵道部（今鐵路警察局）、臺北郵便局（今臺北郵局）、臺北驛（舊臺北車站），新式的高樓建築一一落成，使臺北已具備現代城市的雛形。

橋樑的修建，大幅縮短臺北鄰近城鎮的交通距離。因臺北為盆地地形，中間有淡水河與基隆河貫串其中，造成與鄰近城鎮的往來不便，對此總督府陸續興建臺北大橋、昭和橋（今光復橋）、川端橋（今中正橋，舊橋已拆）、明治橋（今中山橋，舊橋已拆）等。便捷的交通原有方便政治掌控之目的，但也成就了經濟活絡與便利民眾往來而促進臺北城市的發達。此外還有臺北公會堂（今中山堂）、臺灣總督府（今總統府）、臺灣中央銀行（今臺灣銀行）等重大建築建設，都加速臺北城市的發展。數十年的發展，在清代原僅有一平方公里大小的臺北城，藉由四條大道的拓展將傳統的「三市街」合為一體，使臺北城市的腹地大為擴張。加上自來水及下水道系統的修築、公園綠地的增設、對外橋樑與鐵路的改建，皆使臺北市躍升成為高度現代化的大城市。日本對臺的高度現代化固然促使臺北成為摩登大城，加速臺北的繁華與進

步。但是城市繁榮的背後陳芳明（1947～）指出有濃厚的政治因素於其中，臺北城市的建構甚至臺灣各地的發展皆爲了要配合殖民體制的建立。也因此現代化的引介與日本的殖民性（coloniality）計畫密切相關。〔註3〕

（三）文化教育的日式西方知識化

城市的素質取決於市民的文化涵養，市民的文化涵養則是來自教育知識。日本治理臺灣時期，爲了澈底讓臺灣與大陸斷絕血脈的關係，在引入皇民化與新式西方教育的教導之下，間接提升臺北市民的文化知識素養。

1. 日式風俗的推動

爲推行皇民化運動，臺北總督府進行一連串改革臺灣舊習，並推行日臺同化爲目的之社會教育運動，透過臺北廳風俗改良會、艋舺同風會、大稻埕同風會……等社團的推行，大幅改變清以來臺灣漢文化的傳統與生活習慣，進而成爲日式風俗的新世界。

2. 西式教育的實施

在思想教育方面，臺北總督府下了極大的力量，其終極目標是要澈底改造，將臺灣人正式成爲日本皇民。爲了將傳統漢學教育與思想完全弶除，引進大量西方教育與知識來臺。臺北作爲臺灣的政治經濟中心，其西方教育與知識文化必然最爲貫徹。是以初等、中等學校、職業學校、師範學校與高等學校在臺北紛紛建立。尤其是高等教育——「臺北帝國大學」（今臺灣大學）的設立，使全臺高知識份子均集中於臺北大城市，來到臺北的學子們從求學、工作、生活，甚至落地生根，皆大幅提升臺北市民的素質與涵養。

3. 西方制度的推行

在日常生活中也全面引進西方知識與制度，時間標準化：全面採用西方的時間制度，以英國「格林威治標準時間」（Greenwich Mean Time）爲依歸，採用全球時區方便與世界接軌。度量衡統一規格化，全面採用國際單位制的「公制系統」。度量衡的與全球統一，讓臺灣不只日常生活，尤其是對外經貿的往來更爲便捷。而服裝的西化，在正式場合上穿著西裝、洋裝、旗袍與和服的穿著禮儀，更讓臺北城市的街頭面貌煥然一新。

〔註3〕陳芳明著：《殖民地摩登：現代性與臺灣史觀‧三〇年代臺灣作家對現代性的追求與抗拒》（臺北：麥田出版公司，2004），頁51～72。

因爲日式、西式的教育與生活的大量引進，促使臺北市民對新文化、新思維的接受度皆比中南部更高。人口的大量集中與工商業的發達繁榮，讓臺北這個城市甚至足以與日本國內大城市的繁華相互匹敵，其繁榮的程度甚至超越了日本國內不少地方型的城市。〔註4〕

二、城市「生活空間」文學書寫特徵

就時空背景而言，新政權帶來新氣象，現代化城市的大規模建設，城市生活正式融入市民文化中。日治時期的臺北現代化城市建立與現代化教育的擴展，均爲城市「生活空間」文學書寫奠定創作背景基礎。除了時空背景因素，文學的發展也推波助瀾。在文學發展上日治時期新文藝蓬勃發展，小說是新文藝的顯學，同時又是城市書寫的最佳載體。此一時期的文學作品，「城市」開始躍然紙上，雖然只是小說的「背景」，卻有開啓城市書寫之功。在其作品中論述到城市裡有關「生活空間」的文學書寫題材，筆者借以嚴紀華對日治時期臺北城文學地景的書寫題材來對應：

> （臺北城文學地景）書寫的內容多以失業者在鄉村到城市的流浪動線爲場景，描寫了最終無能逃脫淪爲都市邊緣人的悲情；另別有對城市摩登，情慾刺激的摹繪，則刻畫了徘徊在城市的罪惡與魅惑中的迷情。〔註5〕

文學地景的探討，除了對空間場域的探討，同時也對其場域中人的生活中所發生的事件提出探究，這點與筆者「生活空間」的概念相符合。這時期以城市「生活空間」爲背景的代表作品，如：翁鬧（1910～1940）的《天亮前的戀愛故事》、徐瓊二的〈島都の近代風景〉、王詩琅（1908～1984）的〈夜雨〉、〈沒落〉〈十字路〉、芥舟（1904～1980）的〈王都鄉〉、朱點人（1903～1951）的〈秋信〉、吳漫沙（1912～2005）的《韭菜花》、徐坤泉（1907～1954）的《可愛的仇人》》、林琨輝的《命運難違》及涼的《幻影的消滅》……等等，其中不乏商業暢銷之作。

〔註4〕 田中一二著：《臺北市史》（臺北：臺灣通信社，1931；臺北：成文出版社，1985 複印），頁 60。

〔註5〕 嚴師紀華著：〈臺北城的文學地景──從殖民都市到現代城市〉，《中國文化大學中文學報》第 24 期（2012.4），頁 49。

（一）繁華背後的殘酷與罪惡

　　城市的繁華生活帶給人們逐夢的幻想，因此臺北城市的「生活空間」吸引大量中南部「下港」人，離鄉背井來此謀生。然而以日治時期「資本主義」掛帥的臺北城市，具高度的自由競爭特性。在「物競天擇，適者生存」的都會叢林生存法則之中，有人成功，但有更多的人被血淋淋的踩在腳底下難以翻身。「下港」人生活環境單純，知識水準與技能有限，不少人北上工作被資方壓榨或技能不足被淘汰。有的只能以微薄的薪資，在城市裡省吃儉用的生活。甚至有更多人因為失業沒錢、或失敗沒臉返家被迫流浪於臺北城市的空間之中，如林越峰（1909～？）的小說《到城市去》即為代表。小說一開始寫主角──忘八，原本是鄉下荣農，先在鎮上擔任補靴工之後，繼而又到鎮上王老爺家做小田工。但對於王老爺富而不仁，壓榨勞方的不滿而決定前往臺北闖蕩。忘八最初對臺北城市「生活空間」的憧憬描寫是：

> 　　到城市去吧。城市有高偉的洋樓。有燦爛的水銀燈。有滑油油的大
> 馬路。這是多麼的美麗啊！到城市去吧。住在城市裡的人。有汽車
> 坐。有大菜吃。還有舞廳跑！這是多麼幸福啊！〔註6〕

帶著滿懷的幸福與淘金夢前往臺北。然而單純的「下港」人一到臺北就被同鄉所騙，拿出多年積蓄購買一輛破舊的黃包車擔任拉車生意。無奈生意不好又因雨天拉車受寒生病，為治病只得廉價轉讓黃包車。迫於無奈的忘八只能在臺北城市的角落空間裡再度從事補靴工的粗活。一次在城市的街道角落裡遇到王老爺，不但被極盡羞辱，甚至連補靴的工作也被從中作梗無法繼續。城市的「生活空間」充滿各種殘酷與無情，善良不是生存之道，忘八最後甚至鋌而走險到王老爺家偷竊成為犯罪的行為。行竊未果而掉入河裡的忘八，由善轉惡被迫誤入歧途，正是城市「生活空間」艱難的寫照。其他如：徐瓊二的〈島都の近代風景〉以「新感覺派」〔註7〕的創作手法寫出在喧囂臺北城市「生活空間」之中，呈現城市人的孤獨感。而王詩琅的〈夜雨〉、〈沒落〉〈十

〔註6〕　林越峰著：〈到城市去〉，《臺灣文藝》創刊號（1934），頁37～43。收錄於《陳虛谷、張慶堂、林越峰合集》（臺北：前衛出版社，1991），頁207～220。

〔註7〕　「新感覺派」是中國二〇年代末期現代主義文學的一支，以劉吶鷗為首，包含穆時英、施蟄存等文人的創作作品為代表。其特色以短篇見長，作品節奏輕快，創造了一種以情調（mood）為主的輕薄短小品。見彭小妍著：〈新女性與上海都市文化──新感覺派研究〉《中國文哲研究集刊》（第十期，1997），頁317～356。

字路〉，芥舟（郭秋生）的〈王都鄉〉，朱點人的〈秋信〉等，也都在其作品中，寫下繁華城市「生活空間」裡人情冷暖的一面。

（二）紙醉金迷的摩登與魅惑

在城市摩登與情慾的描繪裡，刻畫出臺北「生活空間」的罪惡與魅惑中的迷情題材，以吳漫沙的《韭菜花》為代表。小說《韭菜花》之名取自臺語諺語中「女人是韭菜花命」的典故。故事中描繪七位年輕女子的不同性格、遭遇與都會生活。七位年輕女子在城市生活中截然不同的命運，同時也代表城市空間裡云云眾生的不同面向。吳漫沙藉由小說人物的口吻道出城市生活裡的墮落面：

> 咳！都市越文明、越進步，青年男女越容易墮落，一些醉生夢死的摩登少女，已著了跳舞狂，每夜都有許多有聲望的紳士兒女到舞場去消遙，非為亂做、敗壞風紀，潔白如玉的少女，因之變成浪漫的蕩婦，還有弄到身敗名裂，大有人在。如果一些有子女的家長，不自加教督約束，將來社會的悲劇還多著呢！〔註8〕

主角是一位已有結婚對象的青年，因禁不起色慾的誘惑而與富商包養的情婦發生了性關係。而小說的另一個角色——愛蓮，則是一位喜愛榮華富貴並愛慕虛榮的女子，在男歡女愛的情事之中，最後失身且懷孕。《韭菜花》的內容有不少城市「生活空間」的文學描述，如臺北的大樓、建築壯觀，街道筆直明亮……等。其中對於「電影院」這象徵城市文明的「生活空間」著墨甚多，小說人物一次次的電影院裡約會、談心、偷情。在其筆下的電影院更是城市裡，男女情慾空間的重要象徵。此外連載在雜誌《南音》裡，涼的〈幻影的消滅〉也描述告別父母的年輕人從鄉村來到臺北城市打拼的故事。〔註9〕文中藉由主角的口吻道出一般人對臺北城市生活的憧憬生活：

> 唉！都會的幸福，真箇有夢想不到的，確實這裡的過活，方才算得是有意義的人生，至於實行雄圖的壯志，也除非這樣大舞臺以外，當然是少有所望呀！英雄也要有用武之地……〔註10〕

城市的繁華與美麗，往往讓主角時流連徘徊於這都會叢林之中：從百貨店、

〔註8〕吳漫沙著：《韭菜花》（臺北：前衛出版社，1998），頁190。
〔註9〕涼著：〈幻影的消滅〉，《南音》第1卷5號至11號（1932）。
〔註10〕同前註，頁32。

蓄音機店（留聲機店）、咖啡廳、電影院、撞球間到舞廳等城市「生活空間」
的出沒。其文本中大眾娛樂空間的出現，均是城市文明的象徵。另外林琨輝
在《臺灣新民報》於 1933 年推出首部長篇新聞連載小說《命運難違》也有大
量的城市「生活空間」描摩。內容敘述原本媒妁之言的男女，在男主角追求
自由戀愛各自分飛。但在命運的捉弄之下，兩人各自的婚姻都失敗，後又不
約而同的來到了明治橋（今中山橋）相逢，最後才認知對方才是自己的真愛。
文本中對當時臺北城市流行的文化描寫十分深入，文中也常出現如「摩卡
（modern girl）」、「摩波（modern boy）」的流行辭彙以反映時下脈動。此外對
臺北城市「生活空間」的地景也大書特書：從三越百貨到菊元百貨，從鐵道
旅館在到草山溫泉，此外還有電影院、啤酒屋、咖啡館等空間的書寫，呈現
日治時期的臺北城市時尚風貌。

第二節　灌溉期：戰後初期

　　1945 年，第二次世界大戰結束，日本戰敗後根據《開羅宣言》臺灣回歸
中國，這是繼 1895 年後臺灣再次的政權轉移。不同文化的特色與衝擊，勢必
對「城市空間」地景帶來截然不同的風貌。從 1945 年國民政府的接收到 1959
年期間這十四年期間，一方面國民政府播遷來臺，兩岸正處於戰火對峙的緊
張時期。另一方面國民政府以政治領導文學，反共文學特盛，臺北城市「生
活空間」文學書寫依然在持續摸索中。

一、時代背景

（一）文化衝突下的省籍恩怨

　　二次大戰後，身為戰勝國的中華民國尚未嘗到勝利的滋味，隨即就陷入
「國共內戰」的泥濘裡。1946 年國共全面開戰，國民政府歷經遼瀋、徐蚌、
平津三大會戰的元氣大傷，在大陸各地節節敗退，全國上下籠罩在一股肅殺
的氣氛。在臺灣，準備接收的國民政府軍，一方面受到大陸戰事的影響，另
一方面又有日本統治與中國文化之間的分裂五十年衝擊。再加上國民政府軍
的處理不當，戰後臺灣經濟崩潰與惡性通貨膨脹等諸多因素的影響，終於在
隔年 1947 年 2 月 28 日，因查緝私菸所引發警民衝突成為壓垮駱駝的最後一

根稻草，沸騰已久的民怨終於爆發了「二二八事件」。〔註11〕

　　抗爭與衝突在數日之內迅速蔓延全臺，原本單純的治安事件至此演變為政治事件。「二二八事件」和緩之後，情治單位在臺灣省行政長官兼臺灣省警備總司令部總司令的陳儀（1883～1950）授命之下，又以「陰謀叛亂」、「臺灣獨立」、「陰謀叛國」、「臺灣人與共黨合作」等罪名擴大全臺鎮壓並實施清鄉的政治清算。大量逮捕並槍決臺灣的知識菁英和民眾，許多與事件無關的人被無故殺害、監禁、處死或就此失蹤。「二二八事件」是國民政府治理臺灣以來最嚴重的警民流血衝突，此事件也埋下日後「省籍對立」與「臺灣獨立」的種子，更成為日後臺灣文學重要的研究與討論題材。

（二）反共復國下的白色肅殺

　　1949 年，大陸地區全面淪陷，國民政府退守臺灣。時任總統蔣中正（1887～1975）為政治責任下野負責，由副總統李宗仁（1891～1969）接任。為確保臺灣政權上的安定，隔年 1948 年 5 月 10 日國民政府公佈實施《動員戡亂時期臨時條款》，並於 5 月 20 日公布《戒嚴令》，臺灣正式進入「戒嚴時期」。戒嚴的宣布等同臺灣處於戰爭般的緊急狀態，包括人民自由與基本人權，如集會、結社、言論、出版……等，均被限縮，還有黨禁、報禁、海禁……等一連串的禁止令實施。1950 年 3 月 1 日蔣中正於在臺宣告復行總統職權，為了穩固政權、並全面防止共產黨的滲透入侵。臺灣延續戒嚴令的施行，進入長達三十八年的戒嚴時期。戒嚴時期由「警備總部」長期對臺灣人民進行思想監控：凡親共者、異見者、異言者，均可不經審判或由簡易軍事法庭潦草結案後，當場進行逮捕及當場槍決或坐牢。整個社會風聲鶴唳，為求自保者

〔註11〕　1947 年 2 月 27 日晚上由「臺灣省專賣局臺北分局」查緝員會同警方在大稻埕的天馬茶房前查緝私菸，查獲四十歲育有一子一女的婦女林江邁正在販賣。查緝員強制沒收販賣的香菸及身上錢財，林婦的苦苦哀求與糾纏引起圍觀民眾的不滿。在查緝員的不耐煩與語言溝通的不良之下，查緝員葉得根以槍托重擊林婦頭部。林婦當場血流如注而昏迷，圍觀民眾群起激憤並作勢包圍，查緝員逃走過程中，查緝員傅學通開槍示警，卻誤擊在自家門口看熱鬧的民眾陳文溪並於隔天送醫不治。查緝員最後被護送至中山堂旁的警察總局，當晚激憤的群眾計有六、七百人包圍警局，要求警方懲兇。在警方的刻意包庇之下，當晚民怨沸騰漫燒全臺。隔日 2 月 28 日民眾走上街頭請願、示威、罷工、罷市，聚集於專賣局前焚毀菸酒，然而下午一時左右在臺灣省行政長官公署抗議的民眾，竟遭開槍射擊造成許多民眾傷亡。至此臺灣民眾情緒爆發，群情激憤開始大肆破壞市容及攻擊外省人洩憤。下午三時，警備總司令部緊急發佈臨時戒嚴令，派遣軍警持槍掃射民眾，全面掃蕩臺北市區。

到處告密，不少民眾無故被逮捕，處以私刑，甚至從此失蹤，期間冤獄不斷，被稱之為「白色恐怖」時期。白色恐怖，是國民政府防堵「共產主義」在臺蔓延的政治清算。大陸已淪陷，臺灣絕不可再失去，是以再求政權的穩定過程中，政府的公權力被無限上綱，人民的基本權利完全失去保障。

（三）候鳥遷移下的文化熔爐

大陸淪陷後，不少當初跟著國民政府軍退守到重慶大後方的民眾，有學生、教師等知識份子，也有商人、地主等資產階級。有人因革命情感因素、有人因恐懼被政治批鬥，1949 年前後隨著國民政府來臺的軍民共計兩百多萬人。〔註 12〕龐大如候鳥般的人群，紛紛飛往並聚集於臺灣這座小島上，為島嶼人口帶來爆炸性的衝擊。大部分來臺者走水路由基隆上岸，臺北是國民政府的臨時首都，也是上岸的第一大城，因此聚集了大量的遷移者於其中。

為了安置大批的人口，國民政府在接管日本官方的房產之後，作一系列的安置規劃。首先安置政府官員與眷屬：高級官員多分佈在天母、士林及陽明山一帶。該區在日治時代即屬於高級住宅區，是許多日本高級官員的獨立日式宿舍與富人的私人別墅所在地。在總統入住「士林官邸」後，該區域之房舍依照官位等級的高低進行編制，幾乎都是獨立的大型房舍。另一處政府官員與眷屬的安置地則集中在「城中」一帶及其附近周遭。該區域在日治時期是政府機關的重要集散地，國民政府接管後順勢作為行政機關使用，附近的高級住所不少，如白崇禧（1893～1966）、何應欽（1890～1987）將軍或是中研院錢思亮（1908～1983）院長皆居住於此。城南一帶也散布著許多日式宿舍，因鄰近臺灣大學（臺北帝國大學）成為文教區，中上層公務員、省籍作家、大學教授多落居於此。除了臺灣大學之外，附近初等、中等學校林立，書店也散落附近，其文化氣息濃郁，是許多作家如余光中（1928～2017）、林海音（1918～2001）等人的主要生活空間。

日本宿舍的配額畢竟有限，除重要官員與精英份子得以配給安置之外，龐大的基層公務員與軍人眷屬仍無房安居。為解決這急迫的民生危機，國民政府大量興建眷村供基層公務員與軍眷進駐。由於遷徙來臺之人口眾多，臺北市的眷村興建，除了當時以人口眾多的大稻埕沒有之外，幾乎遍及臺北所有區域。這樣的安置仍無法滿足所有的需求，當時不少的外省遷移者與北上

〔註12〕林桶法著：《1949 大撤退》（臺北：聯經出版公司，2009），頁 45。

謀生臺灣百姓，迫於生計，只好在西門町的中華路鐵道旁建起三排棚屋的違建開始做生意。郭冠英（1949～）的〈消失的起跑線〉即提到「坐在火車上，看到鶯歌石，過了淡水河，再看到一片違章建築，夾著西門町的鐵道拖曳而來，臺北就到了。」〔註 13〕早年火車進入臺北，都要經過萬華、路過西門町才會到臺北車站。而西門町中華路與鐵道平行，一路鐵皮所搭建的違章建築成爲了進入臺北的第一個「生活空間」。

今日臺北族群人口結構與文化分佈，有相當程度是因爲當初的安置規劃所致。各省居民散佈臺北的每一個角落，同時也帶了原鄉的生活風貌與文化，加上原有的臺灣風情，整個臺北市的「生活空間」風貌有別於以往的單一色彩。各省的特色美食林立，金華火腿、北京烤鴨、南京板鴨、四川麻辣……等，還有不同的服飾特色與風俗習慣，臺北城市的「生活空間」可以說是多元文化熔爐呈現。

（四）民主陣線下的自由中國

「國共抗戰」被美國視爲中國內爭的問題，是以不干涉爲原則，因此國民政府敗走臺灣，美國並未給予太多的協防。然而 1950 年 6 月 25 日「韓戰」（1950～1953）爆發，國際局勢使美國的立場丕變，並提出「臺灣海峽中立化」的聲明。〔註 14〕其聲明中表示臺灣問題不只是單純的中國內政問題，爲防堵共產主義思想的擴散，美國派遣「第七艦隊」前往臺灣海峽協防臺海安全，臺灣從此成爲「冷戰」〔註15〕結構下西方民主陣線的一員。

戰後時期的國際局勢以蘇聯（Union of Soviet Socialist Republics）爲首的

〔註 13〕 郭冠英著：〈消失的起跑線〉，《中國時報》（1992.10.31），人間副刊。

〔註 14〕 陳志奇著：《美國對華政策三十年》（臺北：中華日報社，1981），頁 23～27 及頁 52～53。

〔註 15〕 「廣義地解釋，冷戰指的是國際社會中國與國之間非武裝、非流血形式的對抗、對立和鬥爭。這種冷戰現象實際上在國家產生並有了國與國之間的關係便存在了。只要兩國之間發生對抗和對立而又不爆發戰爭就可以稱之爲冷戰。據西方史學家考證，冷戰一詞早在中世紀就已經出現了。……狹義的冷戰則具有特定的歷史內容和涵義，它是指二戰結束後不久直到蘇聯東歐遽變前，美國和蘇聯及它們的盟國在國際關係領域中相互對峙和對抗的一種狀態或現象。用冷戰一詞來形容戰後美蘇對抗關係和對峙狀態的第一人是美國政論家沃爾特·李普曼。他在 1947 年出版了一本論述戰後國際形勢和美蘇關係的專著，書名就叫《冷戰》。自此之後，冷戰一詞便廣爲流傳，用以特指美蘇或東西方之間一切對抗的行爲和對峙狀態。」見張勝發著：《史達林與冷戰（1945～1953 年）》（臺北：淑馨出版社，2000），頁 3～4。

共產主義及以美國爲首的民主思潮，兩大勢力彼此對抗。國民政府巧妙的搭上這股國際局勢，使原本國共抗戰的內政問題轉變爲國際問題。徐秀慧指出：

> 戰後初期的臺灣，一方是回歸到一個「內戰中的中國」，一方面又處於世界性冷戰結構的「形成期」。抗戰勝利後的中國，並不意味著戰爭的結束。因戰後初期的臺灣，並不是回歸到一個統一的民族國家，而是回歸到國共分裂的中國，因此它牽涉的不僅是臺灣「回歸中國」的問題，還涉及國共雙方如何利用美、蘇、日勢力在中國的利益衝突，形成對自己有利的情勢。〔註16〕

因爲韓戰的爆發，國民政府在「西方民主陣線」的保護下獲得喘息空間，加上「美援」的協助，在臺灣安養生息之下得以重建。自 1951 年至 1965 年十五年期間國民政府每年得到美國約一億美元的貸款，此外還有民生物資、戰略物資甚至包括基礎建設，如：道路交通修築、水壩電廠的興建、礦產資源的開發……等等，可以說是在「美援」的資助之下，奠定了近代臺灣的經濟基礎。而身爲西方民主陣線的一員，在反共的大旗下，國民政府以「中華民國」與「民主憲政」的口號得到國際上的認同，同時也爲國民政府治理臺灣的「白色恐怖」行動提供了正當性。此時國民政府以「反共抗俄」的民族主義精神，強力凝聚臺灣的社會共識，並打出以「自由中國」的旗號與對岸的「赤色鐵幕」中國對立。社會文化裡鼓勵作家從事反共文學，思想教育裡更是從小教導學生反共救國，生活中充斥著各種「解救大陸同胞」、「光復大陸國土」的思想教條，並以民主復興基地自居。

二、城市「生活空間」文學書寫特徵

「反共文學」之所以成爲當下的文學主流其來有自，中國文藝協會理事長的陳紀瀅（1908～1997）〔註17〕說道：

> 文藝運動的把柄，卻遺落於反對者之手；我們穩操對外戰爭之勝算，卻招致對內宣傳上的失敗。宣傳失敗中文藝工作最失敗。……無如政治大勢扭轉不過宣傳大勢，宣傳大勢與政治大勢又難以配合。於

〔註16〕徐秀慧著：《戰後初期臺灣的文化場域與文學思潮的考察（1945～1949）》（新竹：國立清華大學中國文學系博士論文，2004），頁 98。
〔註17〕關於陳紀瀅的文學特色，詳見封德屏編：《2007 臺灣作家作品目錄》，上網日期 2016.8.11　網址：http://www3.nmtl.gov.tw/Writer2/writer_detail.php?id=1584

是在大前提下，我們是處於不利地位，任憑怎麼宣傳，徒招來污辱。
〔註18〕

國民政府對外「八年抗戰」的成功，卻敗在對內的「國共內戰」裡，對此黨、政、軍均痛定思痛做出深切的檢討。在檢討過程中發現比起國民政府，共產黨更易擄獲人心。好幾次的戰役中，百姓反而幫著共產黨一起對抗國民政府，「任憑怎麼宣傳，徒招來污辱」最後國民政府失去民心，大陸淪陷。文宣工作與思想方面的宣導，一直都是國民政府薄弱的地方。也因此遷臺後的國民政府強化文宣能力，更從思想教育紮根，從最根本灌輸百姓共產主義是赤色的毒、是毒蛇猛獸！嚴格控管任何思想言論，強力主導文藝方針，透過文學的寫作宣導共產主義的危險。1949 年，國民黨中央宣傳部代部長任卓宣（1896～1990）邀請孫陵（1914～1948）撰寫〈保衛大臺灣〉之反共愛國歌曲，此乃「臺灣有反共歌詞之始，也是反共文藝的第一聲」〔註 19〕。稍後孫陵又在自己主編的《民族報》副刊發刊詞裡寫下〈文藝工作者的戰鬥任務——展開戰鬥，反擊敵人〉，雷震（1897～1979）也復辦了《自由中國》雜誌，軍中作家如朱西甯（1927～1998）、段彩華（1933～2015）、司馬中原（1933～）等人大量投入，加上省籍作家河北的陳紀瀅、王藍（1922～2003）及柏楊（1920～2008）等人紛紛響應，反共思潮蔓延於整個藝文界之中。這時期，「城市」依舊是文學書寫的外殼，其意象仍不明確。受到反共思維影響，在臺北城市「生活空間」的文學書寫素材裡，多將城市「空間」視為自由堡壘的民主象徵，即是第二章節中列斐伏爾「空間生產三元論」裡的「空間再現」的表現，即龔立人所謂「空間建構背後代表的知識、權力和意識形態」〔註 20〕——自由堡壘。此外，臺北城市的生活空間也成為這群候鳥過境，後落地生根的第二故鄉。

（一）自由堡壘的民主象徵

在官方中國文藝協會的強勢主導，加上軍中文藝的推波助瀾，反共作品幾乎佔據了大部分的版面，潘人木（1919～2005）〔註21〕的《蓮漪表妹》、王

〔註18〕陳紀瀅著：《文藝運動二十五年》（臺北：重光文藝出版社，1978），頁 2。
〔註19〕劉心皇著：《現代中國文學史話・第五卷：自由中國時代的文藝》（臺北：正中書局，1971），頁 817。
〔註20〕龔立人著：〈第三空間〉，《曠野》（168 期，2010），頁 11～12。
〔註21〕關於潘人木的文學特色，詳見封德屏編：《2007 臺灣作家作品目錄》，上網日期 2016.7.28 網址：http://www3.nmtl.gov.tw/Writer2/writer_detail.php?id=2254

藍的《藍與黑》、陳紀瀅的《荻村傳》、姜貴（1908～1980）的《旋風》並稱為四大反共小說。這些重要的反共作家群，均歷經過國共抗戰之下的顛沛流離生活，因此筆下的文字內容也最為真切動容。其故事背景皆與其中國大陸生活經驗息息相關，故事地點也均發生於大陸各地。隨著最後國民政府撤退來臺，不少作品到末期才書寫到臺北城市的「生活空間」。面對大陸的風雲變色，經過輾轉逃離後，臺北成為最終的自由堡壘與棲身之處。

潘人木的《蓮漪表妹》是以臺北城市為「自由堡壘民主象徵」的代表作。故事描寫東北「九一八事變」後，一對表姊妹歷經國共抗戰後各自從東北、重慶、陝北、香港，一路顛沛流離來到臺灣的故事。內容以到倒敘法揭開序幕，敘述女主角白蓮漪的大學時期正值對日抗戰、學運正熾的年代。和大部分青年學子一樣滿懷理想與抱負，同時也對國家、社會的現狀大感不滿。因此走上了街頭，並因帶頭抗議而被迫退學。初入社會的她懷孕生子、離家、投共、甚至歷經一連串的波折後被判刑。直到多年之後才知自己這一切都是被政治算計之中，自己只是被利用的棋子。最後蓮漪終於認清事實決定逃離鐵幕，得到醫生金鵬的掩護，逃到香港，再輾轉來臺：

> 在這兒，夏天真像一條鹿皮帶子，被雨澆得越拉越長。我和我的先生到臺灣已經三年了，還不太能適應如此又長又濕的夏。日式房子的魚鱗板擋不住炎陽的威力，風扇的功能太小，滿室如蒸如烤。所以一到夏天傍晚，我們常常棄家而逃，到淡水河邊去一早受些輕風徐來的滋味，這成了全家最快樂的時光。〔註22〕

臺北出現於《蓮漪表妹》小說的最後，是蓮漪城市輾轉的最後一站。作家以「空間再現」的方式將象徵民主自由堡壘的臺北城市作為主角的最後歸屬。這生活空間裡，縱使酷暑難耐，卻沒有鐵幕之中的監控與束縛。透過空間環境的氣氛感染描寫，刻畫女主角內心的自由與歡笑，並讓全家悠遊於這自由的空間場域中。在享受快樂時光的同時，也呼應了時代的主題——自由中國的美好。

王藍擅長以大時代的動亂為背景，並藉由男女愛情的故事反映時代的困苦與青年的理想。〔註23〕其長篇小說《藍與黑》也有同樣的結局，小說以孤

〔註22〕潘人木著：《蓮漪表妹》（臺北：爾雅出版社，2001），頁3。
〔註23〕關於王藍的文學特色，詳見封德屏編：《2007臺灣作家作品目錄》，上網日期2016.8.20 網址：http://www3.nmtl.gov.tw/Writer2/writer_detail.php?id=206

兒張醒亞和孤女唐琪、千金小姐鄭美莊三人的愛情為主軸，在「烽火戀」之下愛情與國事，衝突與對立相互糾結，見證了大時代的悲歡離合故事。全書抗戰到淪陷，主角由天津、北平、重慶、上海，最後在輾轉來到臺北這自由堡壘的城市，終於可以安心生活不再遷徙、不再逃亡了：

> 離開松山機場，一路上，我飽覽臺北風光。我看到了晴朗的冬日陽
> 光，我看到了油綠如春的田野，我看到了安謐整潔的馬路，我看到
> 了玲瓏美觀的建築物，我看到了棕櫚、大王椰子，我看到了多家院
> 落裏伸出竹籬牆外的艷麗的花樹，我看到了自由翱翔的飛鳥，我看
> 到了安詳地邁著輕快步子的行人——我多麼喜歡這個城市。〔註24〕

來到臺灣，作家透過臺北空間裡的寧靜風光描繪，道出主角來臺後心情的寧靜。主角看著城市裡的一景一物，不再顛沛流離，「自由翱翔的飛鳥」象徵主角將成為自由之人，飛入這他所以喜愛的城市，民主自由堡壘——臺北。反共文學的作品裡，臺北城市往往是以「空間再現」，代表著最後的自由堡壘象徵，為主角逃難的最終目的地。由於作家親身經歷過那段流離失所的歲月，因此藉由作品的書寫，試圖重現鐵幕裡的種種不平等遭遇，也寫下來臺後的生活感受。作家以臺北為自由的象徵，透過各種有編碼、無編碼的符碼，如帶淡水河的徐風吹來、寧靜的城市道路或是自由遨翔的飛鳥等，表現臺北城市「生活空間」裡的自由氣息。呼應著官方的民主復興基地的口號，「自由堡壘」正是反共文學下的臺北城市「生活空間」文學書寫特徵。

（二）落地生根的第二故鄉

　　雖有政府的強力主導與軍中文藝投入「反共文學」的熱潮，但被稱為「閨秀」的女性作家群，更關心的反而是自己的家庭與生活。也因此在她們的文字書寫自身生活周遭的故事裡，可以看到更多的臺北城市「生活空間」文學書寫於其中。

　　對戰後初期的女性作家群，范銘如提出「家臺灣」的論述觀點。主張某些女作家書寫的主題，是呈現一種「家鄉」觀念的轉變。〔註25〕此論述須由「懷鄉」文學說起，所謂的「懷鄉文學」係指戰後來臺的作家群，憑藉著對

〔註24〕王藍著：《藍與黑》（臺北：九歌出版社，2015），頁382。
〔註25〕范銘如著：《眾裡尋她——臺灣女性小說縱論・臺灣新故鄉：五〇年代女性小
　　　　說》（臺北：麥田出版公司，2002），頁13～48。

大陸故鄉的思念與記憶，書寫下一連串對家鄉人、事、物的追憶。其淡雅文風中帶有淡淡的愁思，清新雋永的風格常引起讀者的共鳴，如琦君（1908～1997）〔註26〕《桂花雨》、林海音《城南舊事》都是這類經典代表。王德威（1954～）指出「反共文學」與「懷鄉文學」兩者互為表裏：

> 絕大部分的反共作家，都是四、五〇年代之交倉促來臺的流亡者。他們有的少小離家，有的拋棄妻子，避亂海角，而對家國命運的憂疑，未嘗稍息。發為文章，故園之思與亡國之痛竟成互為表裏的象徵體系。五〇年代懷鄉小說的興起，不是偶然。〔註27〕

懷鄉文學的興起，與作家自己對家鄉的情感關係密切。在國共抗戰中，他們自小被迫離開熟悉的家園。在兩岸緊張對峙的五〇年代，作家們僅能用文字寫下昔日的點點滴滴以解鄉愁。懷鄉文學與反共文學一樣，都有著相同的大時代背景於其中。范銘如進一步指出「反共與懷鄉文學，是五〇年代文壇的兩大霸主。兩者實為表裏，藉助原鄉神話的敘述與再製，敷衍出入失樂園的歷史緣由及返鄉的慾望。」〔註28〕不論是「反共文學」還是「懷鄉文學」皆藉著文字的敘述與再製，再現原鄉的記憶。

　　「懷鄉文學」作品的描寫地點都在大陸，其圖景自然不會有臺北城市「生活空間」的出現。面對回家的企盼，總統蔣中正於〈告臺灣同胞書〉提出的「一年準備，兩年反攻；三年掃蕩，五年成功」歷歷在目。然而三年、五年過去了，從古寧頭大戰到第七艦隊的臺海協防，兩岸對峙的僵局恐怕不是三、五年所可以解決的。不少作家開始有所覺悟：家，是回不去了！隨著在臺生活的時間拉長，書寫的對象也由大陸所生活的城市，目光慢慢轉關注在臺灣生活的城市點滴。心態與情感都有了不一樣的轉變，對此范銘如提出了「家臺灣」的觀點：

> 女作家有部份創作開始以臺灣為背景，描寫斯土斯民的生活現象。更重要的是，她們的文本不僅正視、討論到島上的性別和省籍的議題，並且流露出落地生根的意願。她們書寫的重點在於思量在此重

〔註26〕關於琦君的文學特色，詳見封德屏編：《2007臺灣作家作品目錄》，上網日期2016.8.13網址：http://www3.nmtl.gov.tw/Writer2/writer_detail.php?id=1790

〔註27〕王德威著：《如何現代，怎樣文學？：十九、二十世紀中文小說新論・一種逝去的文學？——反共小說新論》（臺北：麥田出版公司，1998），頁144。

〔註28〕范銘如著：《眾裡尋她——臺灣女性小說縱論・臺灣新故鄉：五〇年代女性小說》，頁22。

建家園的困境與方法，而非弔念和重返失樂園。〔註29〕
女性作家群，在「家臺灣」的情感思索下，慢慢的將目光焦點從以前所居住
的城市轉移到如今居住城市的「生活空間」文學書寫上。〔註30〕徐鍾珮（1917
～2006）是五○年代知名的作家與新聞記者，她還有一個特殊身份——外交
官夫人。《我在臺北及其它》是她數十年來的生活寫照。從烽火連天的逃難歲
月再到離鄉背井後的飄泊失所，內容多圍繞著生活在臺北城市空間的各種生
活經驗，而在臺的家居生活是書寫的重心。〔註31〕審視徐鍾珮的作品即可看
出，其對「家臺灣」心境上的轉折。身為外交官夫人時常跟隨先生到各國駐
守是正常的，但也因為居無定所，「來臺後東飄西泊，帶著一份強烈的失落感。」
〔註32〕和大部分來臺的人士一樣，雖然被配給到臺北的住所，但其自言「這
個家我也覺得是暫時性的，因為我的眼睛落在大陸，這不過是我過渡的家。」
〔註33〕

原只是「過渡」的城市，然而在居住下來後，開始有了不同的生活體會
與感受。〈發現了川端橋〉寫下徐鍾珮初來臺時的臺北印象，再一次尋訪親友
的百無聊賴時，發現了臺北城市「生活空間」裡的川端橋景色為之驚豔：

我想我永不會忘記我對川端橋的第一眼！太陽正落在橋的那邊，血
紅金黃。橋邊一片平陽土地。河水清澈，有幾個穿著花裙的女孩子
跪著在洗濯衣服，橋邊一輛牛車，緩緩而行。〔註34〕

川端橋即是現在的中正橋舊址，是聯繫臺北市與永和之間的重要橋樑。下了
川端橋即到水源路接往臺灣大學一帶。五○年代臺北除了城中一帶，四處都
還是鄉野風景。徐鍾珮文字中夕陽西下底川端橋與附近的風景描繪是一幅寧

〔註29〕范銘如著：《眾裡尋她——臺灣女性小說縱論・臺灣新故鄉：五○年代女性小說》，頁15。
〔註30〕范銘如嘗試以空間閱讀法詮釋五○年代的女性文本，一反先前文學史家予五○年代臺灣文學流於「反共」、「懷鄉」游離現實的批判，提出五○年代的女性文本趨向「家臺灣」在地書寫的辯證，「臺灣新故鄉」遂成為解讀五○年代女性文本的另一種論證。「家臺灣」的論述另見於陳芳明的《臺灣新文學史》、張瑞芬的《五十年來臺灣女性散文・評論篇》與《臺灣當代女性散文史論》論著之中。
〔註31〕關於徐鍾珮的文學特色，詳見封德屏編：《2007臺灣作家作品目錄》，上網日期2016.9.28　網址：http://www3.nmtl.gov.tw/Writer2/writer_detail.php?id=1143
〔註32〕徐鍾珮著：《我在臺北及其它》（臺北：重光文藝出版社，1986），頁4。
〔註33〕徐鍾珮著：《我在臺北及其它》，頁56。
〔註34〕徐鍾珮著：《我在臺北及其它》，頁39。

靜和諧的臺北風情畫。對照剛從戰地逃難的心境，這樣的美好讓作者難以忘卻。看著城市空間裡橋上的人影，看著橋下的風光，在川端橋裡她找到不知名的靈感與審美心境，甚至「有時我如有所得，有時我如有所失。我總是徘徊在橋畔，想在這不知名的靈感裏，找回我失落了的東西。」〔註 35〕徐鍾珮不只發現了純樸的美好臺北城市「生活空間」，透過川端橋引發了靈感與審美的感受，甚至找回了失落。王鈺婷進一步指出：

> 〈發現了川端橋〉更深刻的內涵無非是更進入內在思維，川端橋是引發審美追尋的藝術客體，也某種程度上平衡了新移民「浮萍之感」下恓惶流離的狀態，重拾曾經失落的美感想像，在這樣一個心境轉換的過程中，徐鍾珮也得以進入自由審美的心境中，也許外在世界正經歷著歷史上最戲劇性的時刻，生活中獨一無二的美感體悟毋寧是徐鍾珮此刻更關注的焦點。〔註 36〕

透過對川端橋的審視，抒發在地的生活情感。產生了新的美感進而觸動了心境的轉折，讓「浮萍之感」的移民在臺北這城市的「生活空間」裡開始有了依歸，從此不再只是「過渡的家」而已。張瑞芬（1962～）進一步指出：「徐鍾珮的〈發現了川端橋〉，某種程度上，等同於『發現臺灣』，也是『我在臺北』的絕佳見證。」〔註 37〕

　　除了徐鍾珮，作家鍾梅音（1922～1984）在移居泰國之後，筆下也寫下對臺北城市「生活空間」的思念：

> 三月不見，臺北仍是老樣子──炙熱的空氣，滿天的煙塵，橫衝直撞的行人與車輛……日子卻又過的飛快，臺北真的比別處好嗎？不！她時常和外國城市結爲姊妹市，實在太高攀了，但我仍癡心地喜歡她，因她是我祖國的一部份，而且我的兒女都是在這此長大的。〔註 38〕

鍾梅音生於北京，後遷居南京，一樣於國共抗戰後遷居來臺。1964 年起隨丈夫訪問多國，隨後定居美國，期間在臺灣生活近十五年。一樣被歸類爲「閨

〔註 35〕　同前註，頁 42。

〔註 36〕　王鈺婷著：〈多元敘述、意識型態與異質臺灣──以五〇年代女性散文集《漁港書簡》、《我在臺北及其他》、《風情畫》、《冷泉心影》爲觀察對象〉，《臺灣文學研究學報》第 4 期（2007），頁 58。

〔註 37〕　張瑞芬著：〈文學兩「鍾」書─徐鍾珮與鍾梅音散文的再評價〉收錄於李瑞騰編：《霜後的燦爛──林海音及其同輩女作家學術研討會論文集》（臺南：國立文化資產保存研究中心籌備處，2003），頁 412～413。

〔註 38〕　鍾梅音著：〈兒女〉，《我只追求一個「圓」》（臺北：三民書局，1976），頁 10。

秀作家」的鍾梅音，在臺十五年寫下許多遊歷臺灣各地的作品。身處於異國
對家鄉的思念特別深切，在其心中臺北城市的「生活空間」早已成爲了她的
家鄉，因爲它是「祖國的一部份」。更重要的是鍾梅音的兒女們皆在臺北這空
間裡生活而長大，眞正的落地生根，臺北已是眞眞正正的家了。這種化異鄉
當家鄉的進程，許珮馨進一步說明：

> 證明這批外省移民在來臺之際已漸次將異鄉當家鄉，過起安居樂業
> 的生活，觀察她們由來臺之初咬牙切齒地書寫反攻復國到恬淡自適
> 地書寫定居臺灣的柴米油鹽，可以說是由流亡文學到移民文學的演
> 化歷程。〔註39〕

從大陸日常的點點滴滴進而寫在臺生活的柴米油鹽，這些看似平凡的臺北城
市「生活空間」文學書寫。卻也在不知不覺的過程中，讓這些異鄉人漸漸的
把臺北當家鄉一樣看待。尤其在他們結婚生子後，子子孫孫眞正在這塊土地
落地發芽，流亡至此終於安居樂業。

在「家臺灣」的思潮下，不少閨秀作家將筆觸由大陸轉到臺灣。內容中
就有不少以臺北城市「生活空間」爲素材的書寫，包含延續之前城市給予負
面形象「紙醉金迷的摩登與魅惑」的書寫內容，最後出賣了自己。如童眞（1928
～1947）〔註40〕的〈花瓶〉裡，故事敘述女主角趙維英與胡冠亞結了婚，但
卻出賣自己女性的尊嚴故事。其主要的情節段落是當兩人在逛的百貨公司的
場域空間時，趙維英因迷戀百貨商場裡的精品，竟不小心打破了貴重的花瓶。
「花瓶」在此是城市高貴物質的象徵，趙維英對其迷戀到花瓶的破碎與最後
的尊嚴喪失，皆代表著城市空間裡被摩登魅惑的代價。另至「二二八」事件
以來，族群之間的裂痕一直是不能說的秘密，張漱菡（1929～2000）〔註41〕
的〈阿環〉則寫下族群之間的摩擦問題。女主角阿環是臺灣人，自小因養女
身份低落而備受歧視與霸凌。在傳統守舊觀念長大的她向來是逆來順受，在
爲了貼補家計而上臺北工作後，開始受到新思潮的影響，也開始質疑自己過
去的封建思維。在臺北工作時還結識了一位外省籍車伕，兩人談起戀愛。直

〔註39〕 許珮馨著：《五〇年代遷臺女作家散文研究》（臺北：臺灣師範大學國文研究
所博士論文，2006），頁231。

〔註40〕 關於童眞的文學特色，詳見封德屏編：《2007臺灣作家作品目錄》，上網日期
2016.8.08 網址：http://www3.nmtl.gov.tw/Writer2/writer_detail.php?id=1802

〔註41〕 關於張漱菡的文學特色，詳見封德屏編：《2007臺灣作家作品目錄》，上網日
期 2016.9.25 網址：http://www3.nmtl.gov.tw/Writer2/writer_detail.php?id=1339

到外省籍車伕從軍時,這段戀情終於見光死。面對種種的家族輿論,最後無法與外省籍車伕結爲善緣,甚至病死家鄉。過程中側寫不少臺北城市地景,而臺北城市的生活爲阿環帶來新觀念、新知識,只是這個衝擊反而爲她帶來不幸。小說中不只帶出族群的問題,也反映出這年代城鄉觀念的差距。

第三節　成長期:六○年代

　　自 1958 年金門「八二三砲戰」大規模的攻防後,六○年代開始的臺海戰事僅有零星衝突。臺灣在身處大後方的安定之下,經濟朝向輕工業發展,城市建設與規模迅速擴大,社會文化伴隨著「西潮」的發展下,六○年代的文學思潮與前期有很大的不同。〔註42〕臺北在轉型爲工商業城市後加之「西潮」現代主義、資本主義與西方文化的推波助瀾,不少書寫城市意象的作品開始湧現,城市「生活空間」文學書寫開始進入擴張階段。

一、時代背景

(一)政治戒嚴,國際情勢轉變

　　六○年代的臺灣政治氣氛已安定許多,探討其原因內外皆有。對內,國民政府依舊延續戰後以來的戒嚴令——具有安定島內的政治效用。臺北是政治中心,總統府、五院部會均集結在此,除了重兵佈陣,還有人才的集中,皆鞏固以臺北爲首的復興基地。彭懷恩指出:「國民黨的組織系統及大批遷臺的行政人才,提供了混亂政治社會的『再組織』之工具,使臺灣轉危爲安。」〔註43〕由於黨政機器的強力運作之下,原屬於大陸時期的行政組織人馬大量進駐,使政府行政旋即可上手,進而化解臺灣內部不穩定的民心危機。對外,國際動盪——韓戰與越戰,提供有利國民政府的國際地位。自 1950 年韓戰爆發以來,臺灣隸屬於西方民主陣營重要的前線,其國際地位大幅提昇。爲避免被赤化,美國提供大量的軍事戰備與連續十五年的金錢援助,並協助臺灣在經濟與社會的各項建設發展,尤其〈中美共同防禦條約〉的簽訂更宣示美國協防臺灣不被中共赤化的決心。此外 1955 年開始長達二十年的越戰,讓整個六○年代的臺灣成爲美軍在越南前線的補給站,是美軍度假的重要據點。

〔註42〕彭瑞金著:《臺灣新文學運動四十年》(臺北:春暉出版社,1997),頁 111。
〔註43〕彭懷恩著:《臺灣政治變遷四十年》(臺北:自立晚報社,1987),頁 38。

天時與地利的內、外因素，皆讓國民政府立足臺灣的基石更為堅固。

（二）經濟起飛，國際企業進駐

政治的安定後，臺灣的經濟也開始有相當大的轉變。美援奠定臺灣的基礎建設包括「第三期臺灣經濟建設四年計畫」、「第四期臺灣經濟建設四年計畫」、「第五期臺灣經濟建設四年計畫」，連續多期的經濟建設計畫不但穩定了臺灣的物價穩定使人民生活不匱乏，擴建基本民生設施提升生活水準。在農業現代化與工業結構改良後，開始擴大對外商業貿易的輸出。原以農業經濟導向的臺灣逐漸發展出口貿易。由於臺灣具備低廉勞動力的優勢，也開始發展工業經濟導向。

在政府的大力倡導下，需要大量人力的手工業、加工業等輕工業日具興盛。1963 年起，臺灣的工業產值比例已超過農業產值比例，這是臺灣經濟轉型的第一步。臺北，身為臺灣的政治經濟中心，自然成為海外企業在臺設點的首選，也因此六○年代臺灣的經濟與臺北的城市建設的發展同軸並行。

二、城市「生活空間」文學書寫特徵

在政治上的穩定與經濟上的起飛之際，六○年代臺北城市建設突飛猛進。時代的氛圍改變，城市「生活空間」的文學圖景亦有不同。王鼎鈞（1925～）即說：

> 六十年代，臺北人在居住、飲食、穿著、交通、娛樂各方面不斷提高
> 水準，許多人喪失理想，追逐享受。小說家徐訏到臺北小住，我問他
> 對臺北的觀感，他說「臺北是肉體的天堂，靈魂的地獄！」〔註44〕

臺北城市「生活空間」的品質大幅提升，尤其物質上的食、衣、住、行、育、樂，均達到奢華享受的程度。走在繁華霓虹燈的臺北街頭，除了牆上反攻復國的看板與標語外，幾乎令人忘卻這還是個臺海對峙的緊張時代。無怪乎小說家徐訏說「臺北是肉體的天堂，靈魂的地獄！」相較於前期，這時期以臺北城市為背景的作品數量大幅提昇。探究原因，臺北城市「生活空間」已是六○年代作家群與臺北市民不可或缺的部分。中學時代的他們常去西門町看電影，走到中華商場找唱片、吃美食。上了大學後穿梭於重慶南路的書店街

〔註44〕 王鼎鈞著：〈冷戰時期的心理疲倦〉收錄於王鼎鈞著：《文學江湖》（臺北：爾雅出版社，2009），頁 265。

裡找書、看書、買書，武昌街上喝咖啡，城市生活已融入六○年代臺北人的生命之中。

（一）城市是記憶的家園

　　戰後來臺的外省族群裡，一部分是當年在大陸的高官或權貴階級。來臺後居住在臺北，所配給的住所雖不少有獨立空間，甚至庭臺樓閣均有之。但與當年在大陸的奢華格局與氣派的場面仍有落差。他們像是落難的貴族來到了臺北，雖然居住了十幾年仍心寄大陸祖國。對他們來說大陸才是「家」，臺北只是個過客。作家白先勇深受西方現代主義、國共抗戰及官宦家庭的影響，其作品擅長描寫父執輩跨海來臺的故事，藉由時代的變遷刻畫出大時代人物的內在心理。〔註 45〕其作品《臺北人》裡即寫下那一群居住在臺北城市空間裡，卻心寄大陸的沒落貴族故事。書的題跋裡作者引了唐朝劉禹錫（772～842），的〈烏衣巷〉「朱雀橋邊野草花，烏衣巷口夕陽斜。舊時王謝堂前燕，飛入尋常百姓家」〔註 46〕為開頭，時空移轉，今昔興衰的滄桑與變遷歷歷在目。歐陽子分析過《臺北人》的主要角色有兩大共同點：

1. 他們都出生中國大陸，都是大陸淪陷後，隨著國民政府撤退來臺灣這一小島的。離開大陸時，他們或是年輕人，或是壯年人，而十五、二十年後在臺灣，他們若非中年人，便是老年人。

2. 他們都有一段難忘的「過去」，而這「過去」之重負，直接影響到他們目前的現實生活。〔註47〕

這群「臺北人」雖生活在這城市的空間生活，其所見卻不是真實的臺北城市樣貌。透過對過去的繁華眷戀，將過往投射於今日的臺北城市中。正如列斐伏爾所說的「再現空間」（representational space），這群沒落貴族是活在這群人想像而出的生活（lived）空間。如白先勇的〈永遠的尹雪艷〉，故事描述原本是上海百樂門的紅牌舞小姐尹雪艷，在紙醉金迷的上海夜總會時期是美冠群芳。然而時過境遷來到了臺北後，在她的尹公館裡依舊彷彿昨日風華重現。尹雪艷就好比是上海「百樂門」般的永恆象徵，尹公館更是往日京滬繁華的再現。小說首句就寫下「尹雪艷總也不老」點出了活在過去的象徵意味濃厚。

〔註 45〕關於白先勇的文學特色，詳見封德屏編：《2007 臺灣作家作品目錄》　上網日期 2015.8.22　網址：http://www3.nmtl.gov.tw/writer2/writer_detail.php?id=263
〔註 46〕白先勇著：《臺北人》（臺北：爾雅出版社，2013），目次前頁。
〔註 47〕歐陽子著：〈白先勇的小說世界〉，《王謝堂前的燕子》（臺北：爾雅出版社，1976），頁 5～6。

而尹雪艷總在臺北的尹公館住宅空間中，每一個人來作客或打麻將的人，都彷彿回到從前般的雍容華貴。在這個充滿過去的「生活空間」氛圍裡，令人陶醉且迷戀。縱使生活在這臺北城市裡，尹雪艷的身邊到處是過往風情：

> 尹雪艷的新公館很快的便成爲她舊雨新知的聚會所。老朋友來到時，談談老話，大家都有一腔懷古的幽情，想一會兒當年，在尹雪艷面前發發牢騷，好像尹雪艷便是上海百樂門時代永恆的象徵，京滬繁華的佐證一般。〔註48〕

在臺北空間裡尹雪艷穿上海旗袍、看紹興戲碼、吃京滬美食，身旁圍繞著一群老上海時代的女人。「周身都透著上海大千世界榮華的麝香一般」〔註49〕，尹雪艷是完全個活在「過去」的女子。她的臺北生活空間是歡樂、嫵媚與甜蜜的縮影，身邊是一堆達官貴人、男男女女的簇擁。仁愛路上西式洋房式的尹公館，卻有著一堆傳統中國式的器具陳設，作家藉以此凸顯出這群生活在臺北現代化空間的人們，是心寄傳統的古典——大陸的美好生活。小說中更透過吳經理那齣《坐宮》的說話內容「我好比淺水龍，被困在沙灘。」〔註50〕點明這群飄洋過海的客居心態與無可奈何的悲哀。通過對尹雪艷形象的刻劃，揭示出這群遠離他鄉的沒落貴族，藉著臺北城市「生活空間」裡的紙醉金迷來麻痺自己的流離之感。對這群人來說，臺北城市是往日往昔記憶的重現。事實上六〇年代的這群外省上層社會的人們，都與尹雪艷一樣在臺北奢華生活空間裡，過著醉生夢死的生活，同樣是對昔日的風華充滿眷戀之情。

《臺北人》裡除了藉物質與生活空間自我麻痺外，也藉由臺北城市裡的建築空間表現出中國意象。如〈一把青〉裡從南京大方巷的「仁愛東村」到臺北長春路的「仁愛東村」，或是〈花橋榮記〉裡桂林水東門外的花橋頭到臺北長春路底的「花橋榮記」，還是〈金大班的最後一夜〉裡的南京東路、金華街、寧波西街書寫。他們的「集體記憶」裡，透過臺北城市空間中所刻意營造出的各種中國意象，均承繼了過去回憶裡的美好。「集體記憶」係指社會文化對過往歷史的情感體現。國家社會是由許多不同的制度與群體所構成。在不同階層、族群的生活之中，皆有其各自不同的文化風貌與流行現象產生。當事過境遷後此一風貌與現象雖然不再，但卻深化於人們的心中。當此一風

〔註48〕 白先勇著：〈永遠的尹雪艷〉，《臺北人》，頁58。
〔註49〕 同前註，頁59。
〔註50〕 白先勇著：〈永遠的尹雪艷〉，《臺北人》，頁59。

貌與現象再度被重提或重現時，人們心中對那過往的人事物將產生情感的共鳴，甚至懷念。〔註51〕對於臺北街道的中國意象重現，彭待傳指出：

> 這些臺北的街道路名和地點，但那只是標示著臺北某一空間、地點而已，白先勇筆下著眼的盡是遷臺之後，對於今昔不同的滄桑的時代故事。《臺北人》呈現的臺北街道地名，某些程度也移植了中國大陸的國土縮影和城市想像。〔註52〕

臺北城市的街道空間以中國城市來命名，雖早在當初日本投降與交接之際就規劃而出。主要目的是為了破除日本統治五十年下所留下的觀念與文化，廢除町目改為街路。同時配合大陸的地理空間改以中國地名式的新路名，加速中華文化的復興。〔註53〕但似乎也因緣際會成為這群落魄貴族們，藉著地名的重現過往，除了有不忘卻故鄉的信念之外，也藉熟悉的名稱喚起異鄉人的熟悉感。不同的地方，一樣的「仁愛東村」。把東北大城化為臺北街道長春路，還有南京、金華、寧波都成了臺北城市空間裡的意象。國土縮影成為了臺北城市「生活空間」裡的想像，均給這群異鄉人帶來了思鄉之愁的慰藉與回憶。

（二）臺北是無根的夢土

　　戰後的外省第二代子女在六〇年代都即將進入了大學的求學階段。政治的穩定與經濟發展的起飛，臺灣進入了承平的階段。在社會相對保守的六〇年代，大學教育引進了西方學術思潮。學術殿堂對青青學子帶來前所未有的思想衝擊，進而培養出臺灣第一批「學府作家」〔註54〕。這批「學府作家」是由臺灣大學外文系夏濟安（1916～1965）所帶領的學生為主體，包括白先勇、歐陽子（1939～）、陳若曦（1938～）〔註55〕、王文興（1939～）、李歐

〔註51〕柯塞，邱彭生譯：〈阿伯瓦克與集體記憶〉，《當代雜誌》第91期（1993），頁20～39。

〔註52〕彭待傳著：《時間‧空間‧臺北城——從《臺北人》與《孽子》看白先勇小說裡身分認同與時空的關性》（臺北：華梵大學東方人文思想研究所碩士論文，2004），頁199～200。

〔註53〕見洪致文、馮維義著：〈清末以來台北盆地歷史地名的空間認知相對方位改變〉，《環境與世界》，第28至29期（2014），國立高雄師範大學地理學系學報，頁90。

〔註54〕此名稱出現於余光中所編《中國現代文學大系》中，該叢書依社會背景將作家分為四類：軍中作家、女作家、本省作家、學府作家。

〔註55〕關於陳若曦的文學特色，詳見封德屏編：《2007臺灣作家作品目錄》，上網日期2016.8.12 網址：http://www3.nmtl.gov.tw/Writer2/writer_detail.php?id=1588

梵（1942～）、劉紹銘（1934～）……等人共同創辦《現代文學》雜誌並將其作品發表刊行。由於「五四運動」以來的中國文學精神受到兩岸對峙的政治因素而有了斷層，學府作家群接受「橫的移植」。在西洋文學的薰陶下，受過西方文藝理論創作的訓練，運用了隱喻、象徵等新式手法來創作。同時結合存在主義、現代主義、精神分析、意識流等文學技巧，再加上自己本身的國族意識下所產生出前所未有的文化衝擊，進而開創出臺灣文學的新境界。

西潮的引進除了文學雜誌的介紹之外，對整體臺灣的社會文化裡「美援」所帶來的影響衝擊更大。美援對臺灣的影響是全面性的：五○年代的資助到了六○年代成果遍地開花。除了政治上的安定與基礎建設的基石外，臺灣的軍事、外交、經濟、教育、文化均與美國關係密切。加之長達二十年的越戰，臺灣成為美軍的度假勝地，同時也將美式生活文化帶入臺灣社會。〈柳綠鵑紅瑠公圳〉裡陳若曦即提到臺北的中山北路是美軍顧問團所在地，整條路美式的餐館、酒吧、畫廊林立，即使是今日的中山北路仍隨處可見美式文化的遺風。〔註56〕在這樣的背景渲染之下，臺灣民眾在生活文化與想法觀念無一不受影響。尤其心理方面，民眾親美的風氣、崇洋的心理更盛，知識份子更對「西方世界」有無窮的嚮往，進而開啟了六○年代的留學風潮。〔註57〕

戰後一代的高級外省族群成為了沒落貴族，在臺北城市空間生活中沈溺於昔日的美好回憶裡。而他們的第二代多在孩童時期即來到臺灣，青春歲月的狂飆期也在臺北城市「生活空間」裡渡過。逛西門町、中華商場、重慶南路均是他們的成長記憶。但自小受到父執輩們的耳提面命，反共復國是自小的教育信念，父執輩的「臺北過客」意象更深烙印他們的心底。面對無法回家的「祖國」大陸與無法扎根的「過客」臺北，這群外省第二代的學子心中，對臺北城市的「生活空間」均有被流放與漂泊之感。因此包括白先勇、陳若曦、歐陽子、於梨華（1931～）……等人皆選擇離開臺灣，出國留學以避走無根漂泊的愁緒。

遠走他鄉只是逃避，然而到了美國卻又遇到更多的問題。除了語言、課業感情之外，文化差異最難以適應。種族的歧視在美國更是明顯，思鄉之情

〔註56〕陳若曦著：〈柳綠鵑紅瑠公圳〉收錄於吳秋華主編：《臺北記憶》（臺北：臺北市政府新聞處，1997），頁30。
〔註57〕蔡雅薰著：《從留學生到移民——臺灣旅美作家之小說析論》（臺北：萬卷樓圖書公司，2001），頁82。

還有身份的認同依舊存在。因此在他們的留學生文學作品裡，常有自我生存價值的生命探討，風格上多呈現漂泊無依、迷惘徬徨及情感落寞的書寫特色。〔註58〕出國留學的學子真正回國者並不多，據統計學成歸國者僅一成多。〔註59〕更多的人直接在國外工作、定居甚至結婚生子，真正在異鄉落地生根。縱使回國著，對臺灣土地的認同依舊充滿矛盾情節。被譽為留學生文學鼻祖的於梨華，早期作品多寫臺灣留學生在海外留美的鄉愁與寂寞，並寫出外省第二代失根的惆悵之感。〔註60〕《又見棕櫚，又見棕櫚》即是代表。故事敘述主角牟天磊留學美國十年後回國省親及談論婚嫁，大家眼中的他是凱旋歸國的有為青年，備受各方愛戴。然而看似光耀門楣的風光背後，只有牟天磊自己才知道在美國的種種辛酸血淚。回國後的他對臺北城市生活依舊難以適應，這城市對他而言是既陌生又充滿飄泊之感：

> 現在坐在豪華的第一流旅館的舞廳裏，溶在自己國家的語言和歡笑中，坐在親人中間，忽然有股難以解釋的悲哀與落寞，將他整整裹著。意珊在扭，天美在笑，他父母在得意的談話，而他，他只覺得離這一切都好遠，他仍像個圈外人一樣的觀看別人的歡樂而自己裹在落寞裏，不是他不願意溶進去。〔註61〕

回到臺北的生活空間裡，聆聽到熟悉的話語、看見熟悉的人、事、物。縱使家人在身邊，失根的五味雜緒心情使主角對於這空間裡的環境，充滿陌生而感到格格不入。

　　於梨華的另一部小說《傅家的兒女們》中也有同樣的漂泊慨嘆。傅家的一群兄弟姊妹皆奉傅父之命前往海外留學，這是典型的長輩「西洋崇拜」的現象。「來來來，來臺大；去去去，去美國」，是六〇、七〇年代最風行的口頭禪，長一輩希望讓自己的子女到美國留學，總認為到了美國一切都即將是美好的。赴美留學數年後的傅家子女，回國後驚覺臺北城市的「生活空間」變遷之迅速而難以適從。只是城市迅速進步，依舊不是自己的家，《又見棕櫚，

〔註58〕同前註，頁80。

〔註59〕據行政院青年輔導委員會的統計1960～1979年間，52,613位海外留學生中只有6,200人回國服務，佔留學生總數14%。見行政院經濟部技術處著：〈1997年產業政策白皮書〉，頁3。

〔註60〕關於於梨華的文學特色，詳見封德屏編：《2007臺灣作家作品目錄》，上網日期2016.9.05　網址：http://www3.nmtl.gov.tw/Writer2/writer_detail.php?id=736

〔註61〕於梨華著：《又見棕櫚，又見棕櫚》（臺北：停雲出版社，2015），頁81。

又見棕櫚》的牟天磊即對著妹妹說：「我總覺得自己不屬於這裏，只是在這裏寄居，有一天總會重回家鄉，雖然我們那麼小就來了，但我在這裏沒有根。」〔註62〕而《傅家的兒女們》在傅父的高度期許下，無法順從自己的人生目標，最後「都是沒有了夢的人」。沒有根、沒有夢的人，是外省第二代對臺北城市「生活空間」的意象寫照。

（三）臺北是苦悶生活裡的奇境

德國社會學家格奧爾格・齊默爾（Georg Simmel）由「微觀」的社會學角度，就城市文化對個人身心影響作研究與討論。其著作《大都會與精神生活》（The Metropolis and Mental Life）中以「社會心理學」來分析城市人的精神狀態，並提出著名的「都市決定論」：內容指出城市的空間生活給於人們過度的「神經刺激」（NervousStimulation）。〔註63〕包括日常城市生活中的視、聽、言、動等感官，加之城市空間裡人潮的擁擠、步伐的快速、壓力的緊張……等情緒。爲了適應這過度感官與情緒的心理負擔，城市人們被迫改變其心理與人格。葉蕭科更認爲這些心理與人格之改變即是城鄉人們的主要差別之因。〔註64〕也因此「城市」是現代社會問題之根源，都市的空間生活也勢必影響城市人的心靈活動。由於長期在城市空間裡生活與移動著，各種不同的「神經刺激」激造成了城市人特殊的四大心理現象：

（1）個人與社會關係的疏離感。

（2）資訊超負荷的緊張感。

（3）職業生爲上的定型感。

（4）對身外事的淡漠感。〔註65〕

〔註62〕 同前註，，頁 180。

〔註63〕 齊默爾的都市理論主要見於 1903 年的一篇馳名論著〈都市與精神生活〉（The Metroplis and Mental Life），徐佳君整理歸納齊默爾的論述重點：人的心理、人格與生活方式及人與人之間的人際關係，是社會環境與自然環境互動的結果。換句話說，一個由鄉村移居都市的人，將因都市過量感官與心理負擔而變化（如一個由苗栗小鄉村移居臺北市之青年，會因臺北市過量的感官與心理刺激而失去鄉村的純樸特質）。而在此種複雜的都市社會中，人也因此失去了改變與控制環境的能力。
見徐佳君著：《都市空間規劃與生活方式之研究》（臺北：國立政治大學地政研究所碩士論文，2008），頁 2～3。

〔註64〕 葉蕭科著：《芝加哥學派》（香港：三聯書店，1993），頁 119～120。

〔註65〕 胡文浩著：〈都市人的特殊心理〉，《EQ 充電站》上網日期：2014.7.30
網址：http://www.epochtimes.com/b5/nf2886.htm

疏離、緊張、淡漠成為了城市人的代名詞。臺北市腹地狹小，土地面積為 271.7 平方公里，僅世界第一大城印度新德里土地 3.3 萬平方公里的一百二十分之一而已。這麼小的土地卻住著百萬人口，人口密度為每平方公里 9915 人，是世界排名人口密度第十的城市。〔註 66〕地狹人稠的空間一直是臺北升格為直轄市以來的最大煩憂，也因為空間的過度擁擠與城市的神經刺激，城市生活的心靈苦悶在臺北人身上特別明顯。白先勇指出：

> 現代主義是對西方十九世紀的工業文明以及興起的中產階級庸俗價值觀的一個大反動，因此其叛逆性特強，又因經過兩次大戰，戰爭瓦解了西方社會的傳統價值，動搖了西方人對人類、人生的信仰及信心，因此西方現代主義的作品中對人類文明總持著悲觀及懷疑的態度。……西方現代主義作品中叛逆的聲音、哀傷的調子是十分能夠打動我們那一群成長於戰後而正在求新望變徬徨摸索的青年學生的。〔註67〕

「現代主義」是對工業文明的一個反動，而六○年代的臺灣正逐步邁向工業文明之中。社會環境迅速變遷，讓白先勇等人在接受「現代主義」洗禮後，有了更多的反省與思考。臺灣在「美援」政策下，將西方思潮與現代化文明工業大量帶入島內。社會瀰漫著崇洋風氣，這樣的西洋崇拜在臺北城市中尤其明顯。假日的臺北，青少年逛西門町打扮嘻皮、看著美國電影、聆聽西洋歌曲，中山北路更是一群群美國大兵出沒於酒吧與舞廳。白先勇等知識份子面對傳統中華文化與現代西方思潮的拉鋸之下，產生迷惘與恐懼。現代主義面對文明進步下的社會問題，尤其是對「人」的存在感充滿質疑，這種危機意識展現在文學作品之中，充滿對現實世界的失望、疏離及懷疑。因此白先勇即對「臺北」這個城市是否屬於自己，充滿了質疑，在一次接受林懷民（1947～）訪談說，他回答：

> 臺北我是最熟的──真正熟悉的，你知道，我在這裡上學長大的──可是，我不認為臺北是我的家，桂林也不是──都不是。也許你不明白，在美國我想家想得厲害。那不是一個具體的「家」、一個房

〔註66〕人口統計資料見臺北市政府主計處　上網日期：2014.7.30　網址：http://w2.dbas. taipei.gov.tw/statchart/a2.htm

〔註67〕白先勇著：〈《現代文學》創立的時代背景及其精神風貌〉收錄於白先勇等著：《現文因緣》（臺北，天下文化出版公司，2008），頁 11。

子、一個地方，或任何地方──而是這些地方，所有關於中國的記
憶的總合，很難解釋的。可是我眞想得屬害。〔註68〕

白先勇坦言自己深受「存在主義」的影響甚鉅。身爲外省第二代的他，出生
桂林，隨著國共抗戰到過重慶、香港，並在臺北求學。青年時期以前的他四
處漂泊，在「大中華主義」的氛圍之下，臺北只是一個過客。但在家國與「國
族主義」的認同之下，他有了極大的惶恐與不安，西方的「現代主義」正是
觸動了白先勇身爲外省第二代的心弦最深處的悸動。因此透過「現代主義」
的探索進一步探討人的內心，包括潛意識、心理狀態、夢境等書寫，將心中
的苦悶、矛盾、衝突、徬徨透過文字表現出來，這正是「現代主義」文學的
重要特徵。

　　六○年代是「現代主義」盛行的年代，現代主義作家擅長捉補人們內心
的思緒並書寫而出。作家七等生（1939～）擅長以小說剖析人的內心感受。
透過小說故事中人的內在幽暗面，側寫個人與社會化標準之下的衝突感，進
一步彰顯出現代化城市生活壓力之下，所造就的人性矛盾與扭曲以及心靈的
苦悶與空虛。〔註69〕七等生與尉天驄（1935～）、陳映眞〔註70〕（1937～2016）、
施叔青（1945～）共同創辦了《文學季刊》。其作品以〈我愛黑眼珠〉最爲著
名，羅秀美稱該篇作品是「城鄉移動與現代人的心靈苦悶」之代表。〔註71〕
七等生曾在臺北居住過五年，1967年，二十八歲時發表〈我愛黑眼珠〉正是
居住臺北的階段。通篇小說雖沒指明地點爲臺北，但以其生活經驗的影響與
該時期的文學社會論氛圍來觀之，〈我愛黑眼珠〉帶有臺北城市空間之原型書
寫色彩於其中：〔註72〕

　　他站在大馬路旁的一座公路汽車亭等候汽車準備到城裡去。這個時

〔註68〕 林懷民著：〈白先勇回家〉收錄於白先勇著：《驀然回首》（臺北：爾雅出版社，
　　　　2003），頁167、168。

〔註69〕 關於七等生的文學特色，詳見封德屏編：《2007臺灣作家作品目錄》，上網日
　　　　期2016.8.18　網址：http://www3.nmtl.gov.tw/Writer2/writer_detail.php?id=18

〔註70〕 關於陳映眞的文學特色，詳見封德屏編：《2007臺灣作家作品目錄》，上網日
　　　　期2016.8.10　網址：http://www3.nmtl.gov.tw/Writer2/writer_detail.php?id=1581

〔註71〕 羅秀美著：《文明‧廢墟‧後現代：臺灣都市文學簡史》收錄於國立臺灣文學
　　　　館主編：《臺灣文學史長編25》（臺南：國立臺灣文學館，2013），頁65。

〔註72〕 羅秀美指出「李龍第失業，而由妻子到城（很可能是臺北，雖七等生未明言）
　　　　裡的土產店工作養家」見羅秀美著《文明‧廢墟‧後現代：臺灣都市文學簡
　　　　史》，頁67。

候是一天中的黃昏，但冬季裡的雨天尤其看不到黃昏光燦的色澤，

只感覺四周圍在不知不覺之中漸層地黑暗下去。〔註73〕

屬於海島型氣候的臺灣，冬季在東北季風的影響下，常將太平洋的水分帶往臺灣。臺北位於臺灣的迎風面，每次鋒面一到，濕冷的雨水首當其衝。小說中冬雨的城市空間，街道車水馬龍，作者雖沒具體明說，但這正是臺北城市冬季時給人的印象。

〈我愛黑眼珠〉故事敘述主角李龍第與妻子晴子相約看戲。在兩人擦身而過後，因大雨淹水而被困高樓。李龍第救起了素未謀面的妓女後溫柔對待，隔天更無視於對面大樓妻子的吶喊。憤怒的妻子意圖遊過來，卻不幸被大水沖走。當積水退去，李龍第送走妓女而開始關心妻子的下落。故事結尾李龍第決定先回家將一切告訴伯母，並好好休息幾天，因爲「在這龐大和雜亂的城市中，要找回晴子不是一個倦乏的人能勝任的。」〔註74〕〈我愛黑眼珠〉是一部爭議性極強且評價兩極化的作品，面對這充滿寓意的故事每個人都有不同的解讀與詮釋。葉石濤（1925～2008）由「嫉妒」的角度來分析。〔註75〕劉紹銘則由「道德」的層次來批判。〔註76〕高全之從「婚姻」的視角加以探討。〔註77〕黃克全則從「個人與社會群體的關係」來分析李龍第的各種脫序行爲。〔註78〕從城市空間的生活角度來觀之，羅秀美指出七等生作品的特性是：

書寫人性隱微面，揭示人類與現實社會規範之對立或衝突所產生的

精神扭曲，呈露了當代人類心靈的徬徨與苦悶。〔註79〕

〔註73〕七等生著：〈我愛黑眼珠〉，《我愛黑眼珠》（臺北：遠景出版社，2003），頁 173。

〔註74〕同前註，頁 185。

〔註75〕葉石濤認爲透過小說中非現實的情景，生動地襯托出嫉妒的抽象主題，並覺得李龍第在屋頂上得意洋洋誇示的哲學家風度，使我們覺得可笑亦復可恨。見葉石濤著：〈論七等生的《僵局》〉，《臺灣文藝》第 31 期（1971.4），頁 153～156。

〔註76〕劉紹銘直指七等生是位身份曖昧不明，使用殘缺語言，以中文寫作，卻對中國風俗習慣毫無興趣，對文化或道德毫無敬意。見劉紹銘著，張漢良中譯：〈現代中國小說之時間與現實觀念〉，《中外文學》第 14 期（1973.4），頁 64～79。

〔註77〕高全之著：〈七等生的道德架構〉，《中外文學》第 42 期（1975.11），頁 182～198。

〔註78〕黃克全著：〈管窺七等生及其〈我愛黑眼珠〉〉，《中國時報》海外版副刊（1977.2.2）。

〔註79〕羅秀美著：《文明‧廢墟‧後現代：臺灣都市文學簡史》收錄於國立臺灣文學館主編：《臺灣文學史長編25》，頁 53。

作家透過逾越道德、禮法的社會規範書寫主角，試圖以超越傳統價值界限來呈現一個自由的主體，試圖由此表現對城市「生活空間」之下壓力的解放。此外，通篇小說透過黑色雨傘、大水、眼睛、綠色雨衣……等，各種意象來象徵城市人在過度神經刺激下的種種心靈渴望與絕望。〈我愛黑眼珠〉正是一篇現代城市人心靈苦悶的變形反映。

　　這類因內心的生活苦悶而有奇想的產生，在白先勇〈遊園驚夢〉中的錢夫人身上也看的到。〈遊園驚夢〉女主角錢夫人原是南京知名的崑曲女伶，後下嫁給老邁的將軍為官夫人。來到臺灣後的錢夫人，在一次竇夫人的邀約中前往參加宴會中。因聆聽戲曲而跌入舊夢裡神遊，但當驚醒回到現實時。只是看見青春早已飛逝，年華早已老去，過往的情事都只是一場春夢而已，充滿無限感慨。錢夫人在臺北城市「生活空間」裡的繁華中，看見了過往的南京風華。同時也在竇夫人的宴會空間中的戲曲活動，重現往日的美好回憶。因為感情上的苦悶，與一切現在美好的展現，讓錢夫人透過與崑曲的戲碼內容交錯而產生奇想。在小說的最後藉由竇夫人與錢夫人的對語道出臺北城市的變化：

> 「我們進去吧，五妹妹，」竇夫人伸出手來，摟著錢夫人的肩膀往
> 屋內走去，「我去叫人湖壺茶來，我們倆兒正好談談心——你這麼久
> 沒來，可發覺臺北變了些沒有？」
>
> 錢夫人沉吟了半晌，側過頭來答道：
>
> 「變多嘍。」
>
> 走到房子門口的時候，她又輕輕地加了一句：
>
> 「變得我都快不認識了——起了好多新的高樓大廈。」〔註80〕

作家以城市高樓大廈的變化，藉錢夫人表現出「生活空間」變遷之速，藉以側寫城市裡的物換星移。因為時間流逝過程的粹煉，記憶裡則多呈現出過往的美好。城市人內心寂寞空虛，與過往的美好記憶雜柔，進而出現「遊園驚夢」式時空交錯的奇想於其中。從城市上班族代表的李龍第，到上流社會代表的錢夫人，從工作環境的壓力到內心的空虛寂寞時。當現代人在內心苦悶之際，往往會有不同的奇想產生。「奇想」也許是對現實的逃避，但也是對心靈壓力的另一種抒發的展現。

〔註80〕白先勇著：〈遊園驚夢〉，《臺北人》（臺北：爾雅出版社，2013），292頁。

第四節　茁壯期：七〇年代

　　七〇年代的臺灣正處在一個詭譎多變的時代，在國際上面臨前所未有的外交困境，但對內「資本主義」發展促使經濟的大幅成長。城市空間的生活品質大幅提昇，但在「現代」與「繁華」的另一面，同時也衍生出「城鄉落差」的問題。

一、時代背景

（一）外交困境與本土意識抬頭

　　六〇年代末期開始，臺灣在中共的崛起之下，逐漸失去世界的舞臺。1971年國民政府受於國際壓力宣佈退出「聯合國」，隔年，1972年美國總統尼克森（Richard Milhous Nixon，1913～1994）和大陸總理周恩來（1898～1976）發表了「上海公報」，美國承認中共為中國的正統代表。同年，日本亦承認中共，此後各國陸續解除與我邦交關係並與中共建交。1979年的「中美斷交」更是臺灣最嚴重的外交挫敗。整個七〇年代的臺灣皆在風雨飄搖的外交困境下渡過，加之1975年強人政治的總統蔣中正過世，社會氣氛躁動異常。長期被壓抑的人民已經開始有了自覺的意識，革新的風氣正蔓延全臺，對此南方朔（1946～）說：

> 外交上的失利是六十年代後期臺灣就面臨的間歇性挫折。這種挫折
> 產生了臺灣知識分子的「危機感」，這種「危機感」本質是民族主義
> 的變型，衍化為「革新保臺」的欲望。〔註81〕

從六〇年代末期的「保釣運動」裡的主權之爭到七〇年代裡的邦交國斷交事件頻傳，社會上的菁英份子與知識青年開始體認到國家的「危機感」。因此紛紛對國家社會提出建言，而有「革新保臺」的思潮產生。「革新保臺」的政策由時任行政院院長的蔣經國（1910～1988）開始推動，在黨國共治的時代裡，由國民黨內部開始改革，進而推向整體的國家機器。其主要推動方向有三：

　　（1）推行本土化政策，大量啓用臺籍人士。

　　（2）增選中央民意代表，吸收社會菁英。

　　（3）推行黨政分工，貫徹任期制和退休制。

〔註81〕　南方朔著：〈中國自由主義的最後堡壘——大學雜誌階段的量底分析〉，收錄
　　　　　於南方朔著：《中國自由主義的最後堡壘》（臺北：四季出版社，1979），頁12。

在政府「吹臺青」政策下，臺籍人士被大量啓用，社會菁英的大量吸收及黨政分工，讓長期以來封閉守舊的黨政國家機器注入了一股活力。社會文化上更重視回歸現實層面，進而開始重視臺灣本土意識，臺灣的歷史、文學、民俗、鄉土……等被大量挖掘。此外長期的政治壓抑，也因爲一連串的外交失利，人民的不滿的情緒難以再壓制。社會民間的反動聲浪也急遽升溫，黨外運動的崛起，更以激烈的方式衝撞威權體制。在整個社會的「革新保臺」思潮下，更加速了臺灣本土與民主的意識抬頭。〔註82〕

（二）經濟成長與產業結構升級

雖然對外的國際局勢險峻，但對內的國內經濟，先有「美援」的資助，加之蔣經國自六〇年代末期開始推動「十大建設」及後續的「十二大建設」以穩定臺灣經濟的發展。臺灣自六〇年代以來，人民的 GDP 成長率平均值爲 6.19%，世界第二。七〇年代以來的貿易順差，累積了龐大的外匯，一度僅次於日本，躍居世界第二，是以七〇年代是被譽爲「臺灣經濟奇蹟」的世代。〔註83〕

經濟的快速發展同時也帶來城市的急遽擴大，首都臺北尤爲明顯。1967年臺北人口突破一百萬，正式升格爲直轄市。人口大量集中，原本的腹地已不敷使用，因此臺北開始往東區發展。東區泛指復興南路以東、北至內湖、南至南港的一整片區域，一開始則集中在忠孝東路與復興南路一帶爲最密集的建設發展。七〇年代中期以前這一帶仍屬郊區，遍地稻田景觀。首先是道路的拓展規劃，從忠孝東路三、四段、信義路二、三段、敦化南路到復興南路，每一條主要幹道均寬敞筆直。其次，十層以上的綜合商業辦公大樓紛紛建立，跨國企業的臺灣總部與臺灣主要企業公司之辦公大樓均集中於此，外商銀行也大量集中，儼然成爲臺北市的副都心。

臺北東區擔任起產業結構升級的領頭羊，大量的企業公司帶起商業經濟，臺灣產業結構也升級改變。1951 年臺灣的農業產值占 GDP 的 32.3%至 1971年已降至 13.1%。七〇年代結束至 1981 年的統計，農業產值僅有 7.3%而已。

〔註82〕 「革新保臺」內容之論述筆者歸納整理自葉集凱著：《蔣經國晚年政治改革的背景（1975～1988）》第三章第四節「黨政變革的突破」（桃園：國立中央大學歷史研究所碩士論文，2007），頁 100～109。

〔註83〕 吳聰敏著：〈臺灣經濟發展史〉。上網日期：2014.7.10 網址：http://homepage.ntu.edu.tw/~ntut019/ltes/TEH2001.pdf。

反觀之七〇年代的服務業產值即占 GDP 的 48.0%，尤其臺北東區的崛起，不只帶動全面的產業升級，更帶起「臺灣經濟奇蹟」之美名。〔註 84〕經濟的成長與產業結構的升級，使人們在物質生活上獲得極大的改善。尤其城市發展所帶來的種種特性，使人口更往城市集中，城市的便利生活機能與各種現代化設施改變了人們的生活型態，「城市生活」正式成為七〇年代以後的臺北生活型態。

（三）鄉土論戰與現實主義呈現

七〇年代經濟起飛，人民的自主意識抬頭，在文學表現上對臺灣這塊土地的人事物也更加關注。許多的學人紛紛對七〇年代的文學氣氛提出不同的呼籲或主張，因為彼此立場不同，關注點迥異，進而發生了兩次「鄉土文學論戰」。這兩場重要的文學論戰，表面上是探討「文學反映社會」與否的本質探討，但其深層的意涵更大，陳明成認為這次的論戰是「臺灣戰後歷史中一次政治、經濟、社會、文學的總檢驗」〔註 85〕透過文學的思辯與衝撞，將整體臺灣的政經文化風貌作一全盤的檢討，不但影響日後臺灣文學的新思維，更開啓臺灣社會文化中更多人文自覺的發揚。

這場論戰的起源，首先是關傑明、唐文標（1936～1985）兩人於 1972 年至 1974 年之間，針對現代詩過度「橫的移植」觀點提出了強烈的批判，此事件被稱為「現代詩論戰」或「關唐事件」，為臺灣鄉土文學論戰之先聲。其中香港出生留美的臺大數學系教授唐文標的砲火尤為猛烈，他於 1973 年先後在《龍族‧評論專號》、《文季季刊》及《中外文學》分別發表了〈什麼時候什麼地方什麼人──論傳統詩與現代詩〉、〈詩的沒落──臺港新詩的歷史批判〉及〈僵化的現代詩〉三篇文章，其內容特別強調文學的社會性價值的重要，並主張「詩」的言語應該對社會有正面的啓迪作用。唐文標更進一步批判了周夢蝶（1921～2014）、余光中（1928～　）、葉珊（1940～　）……等現代派詩人對現實社會的逃避，並直言「現代詩已死」。其極端的言論引起許多人的不滿，顏元叔（1933～2012）隨即在《中外文學》刊載了〈唐文標事件〉，直接反駁唐文標的言論。稍晚的余光中、葉珊等人更是在雜誌發表文章中加以撻

〔註 84〕吳聰敏著：〈臺灣經濟發展史〉。上網日期：2014.7.10　網址：http://homepage.ntu.edu.tw/~ntut019/ltes/TEH2001.pdf。

〔註 85〕陳明成著：《陳芳明現象及其國族認同研究》（臺南：國立成功大學歷史學研究所碩士論文，2002），頁 40。

伐，其中葉珊更以「暴民」〔註86〕來形容唐文標的言論。「關唐事件」的衝撞之後，文壇的現代詩風有了改變，更往「寫實」路線靠攏，可謂是七○年代「鄉土文學論戰」的前哨戰。

1977 年《仙人掌雜誌》上發表了王拓（1944～2016）的〈是「現實主義」文學，不是「鄉土文學」〉、銀正雄（1952～）的〈墳地裡哪來的鐘聲──從王拓的一篇小說談起，兼為「鄉土文學」把脈〉及朱西甯〈回歸何處？如何回歸？〉三篇文章揭開了鄉土文學論戰的序幕。王拓認為「鄉土文學」須正名為「現實文學」，因其反映了臺灣這片土地的各種現實狀況，除了農民、農村之外，還需包括正崛起的「城市生活」在內。〔註87〕而銀正雄則反駁王拓，認為他刻意以鄉下人的善良純樸來襯托城市的人心險惡，進一步提出了鄉土文學「變成表達仇恨、憎惡等意識的工具的危機」的可能。〔註88〕朱西甯也認為鄉土文學可能流於地方主義外，更有分離主義、臺灣獨立的質疑於其中。〔註89〕

同年八月彭歌（1926～）於《聯合報》發表了〈不談人性，何有文學？〉肯定了鄉土作家的人文關懷面，但也認為「在可以用數字衡量的『物』以外，人應該有『人』的價值標準」進一步認為人的「善與惡」應凌駕於「富與窮」之上，否則「鄉土文學」恐怕將變成「階級鬥爭」的政治工具。〔註90〕三天後的余光中更於《聯合報》上發表著名的〈狼來了〉一文，直指「鄉土文學」的主張與大陸領導人毛澤東（1893～1976）的「延安文藝座談會」之思想內容相符，是意識型態的階級鬥爭書寫，其主要目的是政治。余光中更直接扣上「鄉土文學」一頂紅帽子，稱呼其為「工農兵文學」，余光中文章引起文壇

〔註86〕「像那位英國文學教授，中文顯然不太懂，居然不知謙卑地在英文文章裡大談現代詩的語言問題，即頗有暴民之跡象。又如那位數學教授，寫詩不成，退稿多了，老羞成怒，發而為咄咄之勇，不但打人，又收集遭退之稿，輯印成書，更在書前自剖自瀆，我覺得此人之暴，殆近於狂。」見葉珊著：〈致余光中書──代跋中外文學詩專號〉，《中外文學》第 3 卷，第 4 期（1974.6），頁 227。

〔註87〕王拓著：〈是「現實主義」文學不是「鄉土文學」〉，《仙人掌》，第 2 期（1977.4），頁 53～73。

〔註88〕銀正雄著：〈墳地裡哪來的鐘聲？：從王拓的一篇小說談起，兼為「鄉土文學」把脈〉《仙人掌》，第 2 期（1977.4），頁 131～40。

〔註89〕朱西甯著：〈回歸何處？如何回歸？〉，《仙人掌》，第 2 期（1977.4），頁 151～71。

〔註90〕彭歌著：〈不談人性，何有文學〉，《聯合報》聯合副刊，（1977.8.17）。

更大的波瀾。對於「鄉土文學」的爭辯，現代派和鄉土派兩派人馬從一開始為文學目的之爭，後來竟擦槍走火成為了人身攻擊和意識形態之爭。雙方批判更是一發不可收拾，單就 1977 年下半年度政府刊物與《中國時報》、《聯合報》兩大報共計將近六十篇的篇章攻擊「鄉土文學」〔註 91〕。事件的沸騰終引起了政府官方的側目，因此先後舉行「第二次文藝大會」與「國軍文藝大會」呼籲作家須對「反共」的堅持，並以團結、合作代替爭鬥，用以官方的力量壓制兩方人馬劍拔弩張的筆戰攻擊。這場論戰的最後並沒有贏家，現代派沒落了，而對於鄉土派而言也不是勝利。彭瑞金（1947～）即感慨的說：「說來是有點矛盾的，拚命護守的陣地，敵人撤退了，自己也撤走了。」〔註 92〕鄉土文學也隨著論戰的結束而衰微。

　　整體而言，七〇年代可謂「鄉土文學」的時代，葉石濤於《臺灣文學史綱》中指出「從一九七〇年開始，黃春明（1935～）、陳映真、王拓、楊青矗（1940～）等作家的現實主義文學色彩濃厚的小說和小說集陸續出版，和時局的動盪相互呼應……」〔註 93〕也因此這時期的作品現實色彩極為濃厚。雖然論戰結束而隨之衰微，但其論戰的背後意涵更值的省思，陳正醍即指出：

> 對臺灣前途命運的關心因而觸發的「民族/鄉土」意識的高漲；以及含有社會改革意識的、對社會大眾生活的關心，因而形成的「鄉土」取向；還有就是對一向過度模仿西方文化的風氣的反省，因而產生對傳統文化的在評價等。〔註94〕

七〇年代國際局勢的危機促使了「革新保臺」的契機，知識份子開始有更明顯的社會改革意識與對社會大眾生活的關心。同時也對過度模仿西方文化「橫的移植」的反動，其反映在文學上而有「鄉土文學」的產生。隨著進入下個世代，「鄉土文學」式微的背後也代表著人民自覺之後，邁向下一個里程碑的開始，其對於八〇年代的「城市文學」更揭示了承先啟後的意義於其中。

〔註91〕根據楊碧川的資料統計，從 1977 年 7 月 15 日到 11 月 24 日為止，就有五十八篇攻擊鄉土文之文章鑑於政府刊物與《中國時報》、《聯合報》中。見楊碧川著：《臺灣歷史辭典》（臺北：前衛出版社，1997），頁 335。
〔註92〕彭瑞金著：《臺灣文學探索》（臺北：前衛出版社，1995），頁 45。
〔註93〕葉石濤著：《臺灣文學史綱》（高雄：春暉出版社，1997 ），頁 143。
〔註94〕陳正醍著：〈臺灣的鄉土文學論戰（一九七七～一九七八年）〉收錄於曾健民主編：《清理與批判：人間思想與創作叢刊》（臺北：人間出版社，1998），頁 131。

二、城市「生活空間」文學書寫特徵

　　七○年代起，「城市生活」正式成為臺北人的生活模式，現代化的「生活空間」帶來便利，同時也衍生許多社會問題。如城鄉差距更為擴大、資本主義壓榨更為嚴重，連城市人的情愛都變得更為功利化，作家透過社會觀察將其書寫在作品之中：

（一）資本主義與都會叢林

　　臺灣的經濟繁榮是建立在「資本主義」的基礎之上。資本主義（Capitalism），又稱之「自由市場經濟」，是今日西方社會之主流經濟秩序，強調財產私有化並以生產追求最高利潤為目標。〔註 95〕因為追求私人最高利潤，而有「剝削性的經濟關係造成社會階級的不平等。」〔註 96〕也因此麥克・沙維奇（Mike Savage）指出：

> （資本主義）追求利潤也導致了動態、競爭、衝突的經濟體系，並
> 傾向於引發危機。這資本主義在些強大的經濟力量，必然會影響城
> 市的性質。〔註 97〕

上述觀點正是寫實主義的作家們，多視「資本主義」與城市為罪惡淵藪的主要原因。其中，陳映真善寫城市裡知識分子的生活與心情。面對資本社會的工商社會，陳映真時常藉故事主角給予強烈的諷刺與批判，透過人物角色的口吻發出對社會不平則鳴的吶喊。〔註 98〕

　　陳映真在「華盛頓大樓」〔註 99〕系列之作品，即以城市內部的視角來審視「資本主義」對城市人們的影響，〈夜行貨車〉即是代表。故事以外商公司

〔註 95〕 Mike Savage（麥克・沙維奇）Alan Warde（艾倫・渥德）著，王志弘譯：《都市社會學資本主義與現代性》，（臺北：譯者自行出版），頁 7。

〔註 96〕 同前註，頁 7。

〔註 97〕 同前註，頁 7。

〔註 98〕 關於陳映真的文學特色，詳見封德屏編：《2007 臺灣作家作品目錄》上網日期 2015.8.12 網址：http://www3.nmtl.gov.tw/Writer2/writer_detail.php?id=1581

〔註 99〕 「根據洪範版《陳映真小說集》，『華盛頓大樓』系列共有四篇，分別是之一〈夜行貨車〉（首發 1978 年 3 月）、之二〈上班族的一日〉（1978 年 9 月）、之三〈雲〉（1980 年 8 月），以及之四〈萬商帝君〉（1982 年 12 月）。然而，『華盛頓大樓』這個名第一次出現在小說則是在〈上班族的一日〉；而它以及〈雲〉一度也曾被作者編為『華盛頓大樓之一』及『之二』後來，作者把〈夜行貨車〉加上一小段關於華盛頓大樓的文字（3：132），並取新按資排序，從而有了今天的『華盛頓大樓』四部曲。」見趙剛著：《求索：陳映真的文學之路》（臺北：聯經出版公司，2011），頁 142。

的秘書劉小玲與城市人林榮平、來自鄉鎮的詹奕宏為主軸。藉由發生在外商公司裡的男女情愛三角關係，探討在商場的權力鬥爭中人性腐敗的一面。整個故事揭示了「美援」以來美國在臺灣的霸權地位。美國長年主導臺灣的經濟與政治，帶來臺灣的和平與繁榮，也因為如此當美國主管對自己情婦當面調戲時，林榮平竟逆來順受：

> 在花園高級社區新置的六十四坪洋房……在這一切玫瑰色的天地中，劉小玲，他的兩年來秘密的情婦，受人調戲，坐在他的面前。他的怒氣，於是竟不顧著他的受到羞辱和威脅的雄性的自尊心，逕自迅速地柔軟下來。〔註100〕

外商公司是美國資本主義的象徵，擁有花園高級社區的六十四坪洋房及進口車和極高社經地位的林榮平，正是美國主導之下臺灣和平與繁榮的展現。也因此對洋人格外卑躬屈膝，因為這一切都是他們所給予的。為了榮華富貴甚至連情婦被調戲也可以視而不見。在傳統男性霸權的社會文化裡，當男性在權力場競逐的時候，女性的身體往往會變成一種手段。陳芳明指出在殖民文化裡，被殖民者無論男女皆被女性化（feminized other）。這時東西方男性在主宰女性命運時，並非對立而是具有一種共謀性（complicity）〔註101〕。所謂的「共謀性」最早由澳大利亞（Commonwealth of Australia）社會學家康乃爾（Connell, R. W.，1944～）提出，主張現實中的許多男性均無法達到霸權的「男性氣質」（Masculinity）標準，但在傳統父權社會體制下，所有的男性依舊共享有對女性的主宰，甚至從女性的附屬地位之中，獲得利益，是以在這樣的社會的權力關係下呈現出「女性的整體從屬地位和男性的統治」〔註102〕特徵。〈夜行貨車〉裡林榮平即是如此，當長官對情婦的侵犯只能退卻無法捍衛所愛，缺少「男性氣質」的他，卻又將情婦視之父權「共謀性」之下的附庸，進而成為保有榮華富貴的籌碼。全文透過陳映真的細心刻畫以諷刺批判的手法，寫下林榮平的角色正是象徵著資本追求的面目可憎的面向，同時也表現城市人生活裡追求功名利祿的浮華面貌。

〔註100〕陳映真著：〈夜行貨車〉，《陳映真小說集（三）上班族的一日》（臺北：人間出版社，2001），頁103。

〔註101〕陳芳明著：〈挑戰大敘述──後戒嚴時期的女性文學與國家認同〉，《後殖民臺灣──文學史論及其周邊》（臺北：麥田出版公司，2002），頁144。

〔註102〕康乃爾（Connell, R. W.）著，柳莉等譯：《男人的氣質》（The Social Organization of Masculimity. In Masculinities）（北京：社會科學文獻，2003），頁101。

〈上班族的一日〉主角黃靜雄原本是一位胸懷理想的有志青年。愛好攝影的他自從躋身至「華盛頓大樓」之後，就將「生命最集中的焦點，最具創意的心力，都用在辦公室裡的各項工作上。」〔註103〕為了獲得理想的權位，他不惜成為野心勃勃長官的心腹、作假帳。在多次與權位擦身而過後，心生不滿而決定請辭。失去的工作，生活竟失去的重心。〈上班族的一天〉藉故事中主角人物遭受到壓迫，來襯托出資本主義下城市的強大與醜陋的面貌，而城市人竟成為水煮青蛙般慢慢習慣，甚至被牽引而樂在其中而不自覺。如同作者所說，整個城市是龐大的資本機器：

> 這一整個世界，似乎早已綿密地組織到一個他無從理解的巨大、強力的機械裡，從而隨著它分秒不停地、不假辭色地轉動。一大早，無數的人們騎摩托車、擠公共汽車、走路……趕著到這個大機器中去找到自己的一個小小的位置。〔註104〕

在資本機器中，人們就像螺絲釘僅是社會中的零件。主角黃靜雄發現自己的在資本社會裡可有可無的地位感到惶恐。當長官的再次召喚時，他竟開心的回公司，而那個胸懷理想的有志青年早已不復存在。作家最後以戲謔的筆法寫下主角最後竟又開心的回到公司，道出了資本社會中城市人可悲的形象。

在資本主義入侵的臺北裡，城市空間中充滿各國文化特色。如〈夜行貨車〉裡摩根索先生口中「我們的 Washington D.C.」係指位於東區的「華盛頓大樓」。至於林榮平偷情的「溫泉山區」裡，服務員以日語媚日。在「小熱海」的店家裡有東洋味的庭園，同時播放著日本歌曲，還有在充滿日式風味的庭院裡看著日本人在裡偷小便；而在〈上班族的一日〉中黃靜雄在美商公司裡工作先讓計程車司機停在「美國佛州銀行」，並進入「豪威西餐廳」用餐。這一切的臺北生活空間彷彿就是異國世界一般。「資本主義」誘發的人性貪婪面相，在臺北城市生活空間裡正如洪流般潰堤四散。城市人若沒有像詹奕宏的「決心」對初衷的堅持，將恐怕就會跟黃靜雄一樣，與這個險惡的資本世界一起沈淪。透過這些作品娓娓道出七○年代資本主義下的臺北生活的險惡一面，令人看著觸目驚心卻又如此寫實。正如葉石濤所言：「很敏銳地反映了時代、社會的動向，同時也刻畫了這四十多年來臺灣知識分子為主的芸芸眾生

〔註103〕陳映真著：〈上班族的一日〉，《陳映真小說集（三）上班族的一日》，頁145。
〔註104〕同前註，頁148。

的苦難歲月。」〔註105〕

（二）城市底層的悲情

1967 年，臺北改制升格爲直轄市後，在更多的資金與資源挹注之下，城市發展一飛沖天。但在「資本主義」自由競爭的市場法則之下，財團、大企業囊括的大部分的利潤，城市底層的人們生活苦不堪言。繁榮的城市生活幾乎與資本主義劃上等號，因此作家透過文筆提出反動，黃怡婷指出：

> 都市被塑造成負面形象歸咎於七〇年代的大時代氛圍，在反帝、反資
>
> 本的意識下，高度發展的都市首當其衝被視爲批判的對象。〔註106〕

爲了凸顯城市在「資本主義」下的利潤爲財團壟斷的情況，這時期在鄉土作家刻意將城市空間塑造成負面形象，並凸顯出鄉下農民或社會下階層人物的善良與悲哀。因過度同情鄉下小老百姓並塑造出城市的險惡，這樣的二元對立之寫作方式也正是「鄉土文學論戰」中被批評爲「工農兵文學」的主要原因。鄉土文學代表作家黃春明，在其〈兩個油漆匠〉故事的開頭，就速寫城市建設一棟高過一棟的情形：

> 隨著建築法令的修改，這座處在火山環帶多震地區的祈山市，她最
> 高的建築物，不再是十一層樓的保險大廈了。二十四層樓的銀星大
> 飯店，隨後矗立在聖森大道與愛北河平交的西南角；佔去了過去整
> 個吉朋中學的舊址。隔著沿河大馬路，緊靠著愛北河西岸這一方，
> 是一面面東的空曠巨牆。不管它是怎樣逐漸被堆砌起來的，當它形
> 成了一面巨牆的時候，總是令人感到突然。〔註107〕

黃春明擅長透過社會環境的不公不義，來突顯出小人物的善良與堅忍一面，尤對鄉下人純樸的面向最爲拿手。透過故事人物的遭遇以喜劇式的創作手法嘲諷社會不平面向，文筆中具有濃厚的人文關懷。〔註108〕〈兩個油漆匠〉故事敘述兩個來自鄉下的青年，北上工作，迫於無奈只能擔任粗活工作，微薄

〔註105〕 葉石濤著：〈論陳映眞小說的三個階段〉，《陳映眞作品集 1》（臺北：人間出版社，1988），頁 20。

〔註106〕 黃怡婷著：《八〇年代以降臺灣公寓書寫之研究》（臺南：國立成功大學臺灣文學研究所碩士論文，2009），頁 18。

〔註107〕 黃春明著：〈兩個油漆匠〉，《兒子的大玩偶》（臺北：皇冠文化出版公司，2000），頁 106。

〔註108〕 關於黃春明的文學特色，詳見封德屏編：《2007 臺灣作家作品目錄》上網日期 2015.8.12 網址：http://www3.nmtl.gov.tw/Writer2/writer_detail.php?id=1877

的薪水，日以繼夜的工作，生活苦不堪言。在一次高樓上漆電影看板時彼此互吐苦水，卻因風大將油漆桶吹落，意外演變成自殺的烏龍事件而引起新聞媒體的關注。小說開場寫下城市的建設正熱烈進行中，最高的建築由原本十一層樓的保險大廈一躍變爲了二十四層樓的銀星大飯店，舊的建築被剷除，新的建築一一崛起，驗證城市的快速變遷與成長，同時也道出資本主義入侵社會的迅速。

　　城市的建築變遷迅速，城市的交通工具也由滿街的三輪車化爲私家車的奔馳，但城市底層的人們卻只能騎著破舊的腳踏車謀生。當兩者相撞擊時，結果可想而知，〈蘋果的滋味〉小說開場就是這樣的場景：

> 從東郊入城的叉路口，發生了一起車禍：一輛墨綠的賓字號轎車，
> 像一頭猛獸撲向小動物，把一部破舊的腳踏車，壓在雙道黃色警戒
> 超車線的另一邊。〔註 109〕

〈蘋果的滋味〉敘述男主角江阿發爲了讓家人有更好的生活，而舉家由南部搬到臺北生活。在臺北擔任底層勞工的他，一天凌晨發生車禍，原本以爲一家的經濟支柱發生意外將陷入困境。卻因爲肇事者爲美國駐臺上校，因禍得福反而全家因此得到最好的照顧。故事中肉包鐵的腳踏車被賓字號轎車「壓在雙道黃色警戒超車線的另一邊」。作者藉著小故事的述說，正是時代社會的縮影：腳踏車的主人江阿發是社會底層的勞工代表，被賓字號轎車壓著正代表被資本主義所壓迫著的象徵。

　　黃春明筆下〈兩個油漆匠〉的祈山市就是臺北的化身〔註 110〕，1958 年臺北市的人口爲七十一萬五千人〔註 111〕，至 1972 年的人口統計時以爆增爲一百八十九萬人〔註 112〕，短短十四年，人口呈現兩倍以上的成長。小說的背景正是七〇年代臺灣經濟起飛、臺北城市規模大躍進的膨脹。城市的繁華帶給人們許多的幻想與希望，因此大量的人口湧入。在資本主義的城市裡，物競天

〔註 109〕黃春明著：〈蘋果的滋味〉，《兒子的大玩偶》（臺北：聯合文學出版社，2009），頁 41。

〔註 110〕廖素琴指出「〈兩個油漆匠〉中「祈山市」的外觀與地質特色與臺北市極爲相似。」見廖素琴著：〈黃春明七〇年代城市小說之語言與文化探析〉，《朝陽人文社會學刊》第 7 期，第 1 卷，頁 133。

〔註 111〕陳正祥著：〈村落‧鄉街‧都市〉收錄於《臺灣地誌（上冊）》（臺北：南天書局，1993），頁 70。

〔註 112〕蔡青龍著：〈臺灣地區都市人口之成長與分佈〉收錄於《社會科學整合論文集》（臺北：中央研究院三民主義研究所，1982），頁 14。

擇適者生存的殘酷都會叢林法則裡，有人因此在城市裡致富，但有更多人是幻滅甚至被壓榨渡日。這些苦難的人民，看在鄉土作家的眼底十分不捨。他們透過文字寫下被城市壓迫的生活故事，城市至此成爲萬惡的淵首，「巨大化的超高樓層所勾起仰望者的敬畏感受，自然成爲小說家筆中跨國資本主義的象徵」〔註113〕城市裡的建築也因此成爲邪惡資本的化身。而在〈蘋果的滋味〉裡的美國駐臺上校對江阿發的資助，同時也反映著「美援」下，臺灣百姓的「崇洋」與「自卑」心理。內容更對底層勞工的居住品質與美國醫院的「白宮」形象形成強烈的對比。黃怡婷指出：

> 黃春明〈兩個油漆匠〉、〈蘋果的滋味〉關注到生活在都市中的底層
> 工人，將華麗高樓大廈／公寓與窮困、勞苦的工人並置呈現出強烈
> 對照，間接對於都市有批判、反省的意味。〔註114〕

黃春明的〈兩個油漆匠〉、〈蘋果的滋味〉分別發表於 1971 年、1972 年，出生宜蘭的他，擅長刻畫鄉村人物細緻。不論是〈兩個油漆匠〉裡面的兩位鄉下青年，還是〈蘋果的滋味〉的工人家庭，皆刻畫出大城市生活中底層人物的慨嘆一面。

（三）都會男女的情愛傳奇

　　受到資本主義的影響，七〇年代的工商發展更加的繁華，臺北城市化也達到前所未有的規模。破百萬的臺北城市有著更多的人口聚集，加之 1968 年開始「九年國民義務教育」的實行，皆使城市人口的知識程度大幅提昇。物質條件改善，人們開始重視精神生活，文學是精神食糧，大眾的閱讀人口提升，通俗文學也隨之更受矚目。「愛情」永遠是古今中外最受大眾喜愛的主題，因此七〇年代的大眾通俗文學中以愛情爲主題的城市小說如雨後春筍般的大量湧現，古繼堂於（1936～）《臺灣小說發展史》指出這一階段是臺灣的「愛情小說潮」的到臨，他提出了兩大現象的標誌：

> 其一，成批的愛情小說家的出現。比如瓊瑤、朱秀娟、歐陽子、施
> 淑青、曾心儀、曹又方、季季、心岱、玄小佛等。
> 其二，出現了一大批影響頗大的愛情小說。比如瓊瑤和玄小佛等發

〔註113〕李建民著：《八〇年代臺灣小說中的都市意象——以臺北爲例》（臺北：臺北市立師範學院應用語文學所碩士論文，2000），頁89。

〔註114〕黃怡婷著：《八〇年代以降臺灣公寓書寫之研究》（臺南：國立成功大學臺灣文學研究所碩士論文，2009），頁28。

表和出版的大量的純情小說，都在此一時期。〔註115〕

古繼堂不以「雅俗」來區分作家群，而以「愛情」主題來含括，因此將歐陽子、施淑青（1945～）與瓊瑤（1938～）、玄小佛（1951～）並列之。這是文學多元兼容向度的展現，同時也肯定了瓊瑤、玄小佛等大眾通俗作家與其在純情（言情）小說上的文學價值與地位。

玄小佛則於七○年代的「愛情小說潮」裡大放異彩。林芳玫指出玄小佛的小說結合了愛情與階級躍升的夢幻，因此大受讀者喜愛。〔註116〕其小說人物裡的婚姻與愛情雖然多以悲劇做結，但也塑造出一位位城市女子的獨立與剛毅，是現代城市社會的時代女性縮影。〔註117〕作家蘇偉貞（1954～）的孩童時期，家中因經營租書店自小便對玄小佛的小說極為喜愛。而對於玄小佛當時在大眾心中受歡迎的印象也極為深刻，她回憶說：

> 我白天黑夜天醫在言情小說美女俊男情史裡，我爸壓根沒想「分級閱讀」這回事。我呢，掃完嚴沁《煙水寒》、《桑園》，快攻依達《斷弦曲》、《舞衣》、《蒙妮塔日記》，或急吼吼追玄小佛《沙灘上的月亮》、《又是起風時》進度，要不來本金杏枝《一束梨花壓海棠》、禹其民《籃球情人夢》……惦著這本想那本，被自己擾得魂不守舍，恨不得長出幾對眼睛。……另就是咱們阿兵哥除了武俠還挺愛情，沒武俠新書，順便打聽：「達新書來了嗎？有沒有嚴沁或是玄小佛？」〔註118〕

七○年代是大眾讀物開始受到矚目的時代，當時不少暢銷的大眾作家除了瓊瑤、玄小佛之外，還有嚴沁（1944～）、依達、金杏枝、禹其民、徐薏蘭……等，皆是高產量的大眾作家群。〔註119〕他們的作品均是時下青年學子最愛看的讀物，其中玄小佛的小說被稱之為「玄式言情」〔註120〕以唯美、夢幻、盲愛、報復的城市愛情為主要題材。

〔註115〕 古繼堂著：《臺灣小說發展史》（臺北：文史哲出版社，1996），頁364～365。
〔註116〕 林芳玫著：《解讀瓊瑤的愛情王國》（臺北：臺灣商務印書館，2006），頁142。
〔註117〕 關於玄小佛的文學特色，詳見封德屏編：《2007臺灣作家作品目錄》，上網日期 2016.8.20 網址：http://www3.nmtl.gov.tw/Writer2/writer_detail.php?id=251
〔註118〕 蘇偉貞著：〈租書店的女兒〉，《中國時報》人間副刊 E7 版，（2008.2.3）。
〔註119〕 樊洛平著：《臺灣當代女性小說史論》（臺北：臺灣商務印書館，2006），頁305～306。
〔註120〕 玄小佛的愛情小說，擅長在充滿自私、陰謀、鬥爭、報復，甚至凶殺的陰險氣氛下講述一樁帶著血與淚的婚姻故事。見劉登翰著：《臺灣文學史》（下冊）（福州：海峽文藝出版社，1993），頁758～759。

　　如《沙灘上的月亮》中的女主角舒雲，其職業是知名的暢銷小說家。生活優渥的她，在五光十色的臺北城市裡生活，出入均是臺北城市的高檔地段：

　　　　這一帶是商業區，大樓一棟挨著一棟，放眼望過去，全是公司行號
　　　　的招牌，大大小小，有鋁牌油漆的、有桃木鑲金字的、有直接嵌進
　　　　漂亮的大理石裡面的，凸出醒目的公司名號，十分耀眼。

她住著華麗的房子，吃著精緻高檔的美食，時常聚會、派對交際應酬不斷，身為都會女子的她，還有一位飛行員男友陸浩天，多采多姿的生活，十分令人稱羨。然而看似精彩豐富的生活世界裡，內心深處卻充滿城市人特有的疏離之感與寂寞之心。男友陸浩天因工作的關係，長年在世界各地飛行，聚少離別多的情況之下，舒雲時常半夜一人寂寞芳心的漫長等待。終於受不了寂寞的舒雲提出了分手的決定，分手後甚至利用程多倫對她的愛慕尋找慰藉，雖然舒雲並不愛他。寂寞是人們在心靈上缺乏關愛的孤獨與難過表現，這樣的情狀在城市生活中出現的比例遠遠高於鄉村生活的人們。探究原因，人是群居的動物，城市看似人口聚集，卻彼此陌生而缺乏互動。住在城市，生活往往是小家庭或是單身公寓，在長期缺乏陪伴、關心、關照的情況下，心情自然呈現低落的樣貌。雖然在繁華城市中有大量奢華物質的填補，但人與人的相處非物質條件可以補足，心中充滿孤獨、疏離、冷漠、壓抑、百無聊賴甚至漂泊心靈等總總的感受，是城市人的特質表現。對此小說中藉由戀愛來排解內心的寂寞，道出城市人的孤寂之感。玄小佛的作品雖然通俗，但之所以受到讀者喜愛也是因為獲得共鳴，寫出了當代時代變遷，資本主義全球化同時，身處城市空間的彼端，道出了身在臺北城市女人的寂寞心事。

　　除了城市的寂寞愛情，玄小佛筆下為愛爭奪的故事，也是讀者喜愛的題材。《小木屋之戀》中的吳健夫是程靈的表哥，兩人青梅竹馬長大，吳健夫始終認定程靈為他的結髮妻子。但鍾應斯的出現並旋即與程靈陷入熱戀，不甘心又不願意接受事實的吳健夫開始展開一連串的報復，最後結局是三敗俱傷的悲劇收場。《日落》裡歐家的兩兄弟，哥哥家傑與弟弟家彥同時愛上羅茵，而羅茵傾心成熟穩重的哥哥，弟弟則刻意模仿哥哥的行為舉止與裝扮，上演了一場兄弟鬩牆的愛情爭奪戰。《驀然回首》中的富二代唐貫中對大明星女主角何歡一見鍾情，想盡辦法將她由學生時代的戀人沙子手中爭奪過來。常帶有灑狗血與夢幻般不符合現實的情節，是言情小說家備受文學評論者批評的主要原因。身為言情小說家的玄小佛，其故事情節當然也皆有之，但除此之

外，玄小佛所寫的題材更多、更廣。陳雅潔認爲：

> 原本師生戀、同性戀、亂倫或是婚外戀等等題材的書寫，都與時代
> 的發展有所關聯。也就是說玄小佛創作這些作品，是有意從城市男
> 女的感情糾葛中，開掘豐富而深邃的社會意涵，但她身爲小說家的
> 豐富想像力及創作力，著力鋪設情節的曲折誇張，因此將小說風格
> 帶向煽情的路子裡去。〔註121〕

城市人的生活由於過度的神經刺激，除了心靈的寂寞之外，甚至產生人格扭曲的現象而衍生出更多的社會問題。從《沙灘上的月亮》中的女主角舒雲寂寞到《小木屋之戀》吳健夫的爲愛報復、《日落》歐家兄弟的爲愛鬩牆、《驀然回首》富二代唐貫中不擇手段的得到愛，皆呈現出都會男女情愛紛擾的內在心靈扭曲的各種面向表現。雖然情節過於誇張、虛假與不實，但文學本就應該有各種面相的表達。透過讀者對作品的閱讀而獲得共鳴，這正也是一個時代的聲音體現。

小　結

　　文學類型的發展需經過長期的醞釀與時空背景的相輔相成，才能邁向成熟的階段。城市「生活空間」的文學書寫，從「日治時期」到「戰後初期」的臺北城市空間由萌芽的階段，邁向茁壯，無不與時代的城市發展密切相關。日治時期新的政權與文化進入臺灣，政治上採先懷柔後皇民化，在城市建設上則正式邁向現代化與規模化的歷程。文化教育上大量引入日本知識，雖目的爲摒除臺灣的漢文化，卻也大幅提昇市民的知識學養。這一時期熱鬧的臺北主要的發展僅限於「舊城」一帶。其繁華的程度上僅與日本二線地方型的城市並列，仍無法與國際大城比擬。人們一旦在城市中生活安身立命，城市「生活空間」文學書寫的作品也醞釀而生。這時期的「城市書寫」雖多只是「題材的外殼」但卻是文學發展的必要之始。

　　戰後初期因爲時空背景與政治介入文學的因素，先有文化衝突下的省籍恩怨，後有反共復國下的白色肅殺，此時期的城市「生活空間」書寫是在持續摸索中蛻變發展。而在反共思潮盛行當下，臺北城市「生活空間」成爲了

〔註121〕陳雅潔著：《玄小佛小說研究》（臺中：逢甲大學中國文學所碩士論文，2009），
　　　　頁134。

「輾轉逃離的最終自由堡壘」，作品多著墨於民主自由的意涵，自由堡壘的「城市」象徵提供詮釋了當時市民的生活空間。到了稍晚「落地生根的『家臺灣』思索」之閨秀作家執筆時，城市「生活空間」文學書寫的意象終於露出了曙光。站在川端橋上俯瞰整個城市空間，從城中到城南是一望無際的水田，矮房遍佈，瑠公圳的河水川流不息，正是一片「水城臺北」的地景。而隨著都市計畫下的臺北城市變遷，瑠公圳這灌溉的水道幹線與支線一一被覆蓋，屬於瑠公圳水係的「堀川排水溝」也被覆蓋建成了新生北路高架橋。稻田被規劃爲住宅區，河道變成了高架橋，臺北空間的建築線奔向天際時，城市「生活空間」文學書寫也由此擴展而開。

六、七〇年代開始，臺北城市規模急遽擴張，資本主義的社會使經濟崛起。現代主義與西方思潮引進及學府作家與留學風潮帶起一波全新的文學風潮。然而社會環境奏變：國際外交困境下本土意識抬頭、經濟成長下產業結構升級、現實主義反動下鄉土論戰開打。城市「生活空間」的素材增加，甚至出現專門以臺北城市爲主題的文學著作，如白先勇的《臺北人》即是代表。城市「生活空間」的內涵在不同族群皆有不同的意義。如當初來臺的外省族群對故鄉的眷戀，像〈永遠的尹雪艷〉中臺北成爲了昔日浮華的重現。而〈一把青〉、〈花橋榮記〉、〈金大班的最後一夜〉中，更處處可見臺北城市的空間角落充斥著對故鄉的記憶。而部分的外省第二代，雖生長於臺北卻難以認同臺北這塊土地，因此在於梨華的《又見棕櫚，又見棕櫚》、《傅家的兒女們》中，可以看見部分外省第二代視臺北爲無根家園的感慨。

在急速擴張的臺北城市建設中，看似繁華的背後卻埋藏著不少的社會問題。城市生活的神經過度刺激，城市人民內心苦悶，潛意識裡帶有逃避與反抗的情緒。在七等生《我愛黑眼珠》中，李龍第拋棄妻子而溫柔以對素未蒙面的妓女，正是一個極富有深度寓意的城市小說。而繁華的城市對應情感的空虛寂寞時，也會如〈遊園驚夢〉的錢夫人一般有「異想」的產生。還有小市民爲了求生在大城市裡更加的辛勞，是以黃春明寫下了〈兩個油漆匠〉、〈蘋果的滋味〉等作品反映出進步城市的底層生活的艱辛。此外，資本主義的世界裡以追求最高利潤爲目的，讓城市的人們爲了爭權奪利而自私自利，陳映眞的〈夜行貨車〉、〈上班族的一天〉等作品，都赤裸裸地描繪出資本主義追求功名之下的面目可憎。即便是城市空間中的男男女女的情愛爭奪與追逐過後的空虛落寞，從瓊瑤的《窗外》、玄小佛的《沙灘上的月亮》、《小木屋之戀》、

《日落》、《驀然回首》中綜合組構現代都會的迷情。

　　從日本治理時期到七○年代，臺北一步步邁向現代化國際城市之林。不同階段的時空背景與文化累積，造就了臺北特有的人文風貌。作家觀察並將之化爲文字加以述說成爲一個時代的聲音，爲臺北城市的發展歷史留下了最佳的註腳。臺北城市「生活空間」的文學書寫，也在作家的作品中一點一滴的化爲創作素材。這素材在作家的嘗試運用之下，一點一滴累積，從萌芽、灌漑、成長而茁壯，終於在下個世代開花結果。不止成爲八○年代臺灣文學的主流學派，更在「眾神喧嘩」的九○年代散布於各文學流派裡，成爲臺灣文學無可抹滅的一環。

第四章　臺北城市「生活空間」文學書寫發展的成熟期：八、九〇年代時空背景

　　「城市書寫」歷經百年發展，進入八〇年代後，林燿德正式宣告臺灣「城市文學」時代的來臨。[註1] 隸屬於該文學範疇下的「臺北城市『生活空間』文學書寫」，其發展自然也水到渠成。綜觀八、九〇年代的相關文學作品，不論在質量，還是數量上均大幅度超越前期的城市書寫作品，是以臺北城市「生活空間」文學書寫正式進入成熟期。文學是社會的反映，尤其在躁動的八、九〇年代，不少作家透過文學作品提出關懷與批判。本章將透過對八、九〇年代的政經社會背景與歷史發展的分析討論，為後面章節的文學書寫內容之內涵與探討奠定基石。

第一節　政治民主開放

　　中華民國依《中華民國憲法》奉行《三民主義》，為一個民有、民治、民享之民主共和國，更是亞洲第一個民主國家。只是開國以來動亂不斷，先有對日「八年抗戰」，後有「國共內戰」。國民政府遷臺以來，受到兩岸對峙的戰鬥氛圍與考慮整體的國家安定，始終透過「戒嚴」體制來鞏固在臺灣的政

〔註 1〕　林燿德即指出「都市文學已躍居八〇年代臺灣文學的主流，並將在九〇年代
　　　　　持續其充滿宏偉感的霸業。」見林燿德著：〈都市：文學變遷的新坐標〉《重
　　　　　組的星空》（臺北：業強出版社，1991），頁 199。

權。因此雖有民主之名，卻無民主之實。直到八〇年政經環境的一連串劇變，終使中華民國走向真民主的路程。

一、政治解嚴

歷經了風雨飄渺的七〇年代，一連串的國際外交挫敗，民心躁動不安。為了安撫人民，國民政府對內開始力求改革，先有「革新保臺」的思潮開始發動在先。然而進入八〇年代後，來自民間的反動加劇。國民政府的威權統治面臨更多、更大的衝撞，相關挑戰也隨之紛至沓來。

（一）美麗島事件加速民主進程

進入八〇年代的前夕，發生了影響臺灣社會巨變的大事件。1979 年 12 月 10 日的「國際人權日」當天，在高雄發生嚴重的政治衝突——「美麗島事件」。以黨外人士組成的「美麗島雜誌社」成員，於高雄「大統百貨」對面的「扶輪公園」舉行遊行及演講，並訴求民主與自由。演講期間遭到不明人士的挑釁，加之申請集會未被核准而遭鎮暴警察的包圍。在包夾之下施以催淚彈與探照燈的強力照射，激化了警民對立終爆發了警民衝突。這場街頭流血衝突是臺灣自「二二八事件」之後最大規模的警民衝突事件，加上訴求「民主」與「自由」之主題觸動到國民政府的敏感神經。事件後，警備總部大舉逮捕「美麗島雜誌社」成員及其他的黨外人士共計 152 人，處以軍事審判——一度以叛亂罪問死。事件的爆發引起國際注目，美國國會議員及國際人權組織對此事件極為關切、來自西方的各國媒體也紛紛前往採訪與報導。因為國際的注目，整個審判的內容也因此透過傳媒公諸於世。然而：

> 審訊的重點，不是放在「與軍警衝突」的事件上，而是提昇到「叛亂」、「主張臺灣獨立」的高政治層面，因此每一位被告的答辯，都對臺灣的政治問題提出他們的「政見」，且充分顯露出他們關切臺灣的心情。〔註2〕

這場空前的政治審判帶來無比的震撼，當所有被審判的人士面對威權政治提出的答辯，不僅引起西方民主國家的非議，同時也引發國內民眾的關心。由於臺灣以民主的「自由堡壘」自居又與講究「人權」的西方國家隸屬同一陣

〔註 2〕 李筱峰著：《臺灣史 100 件大事（下）》（臺北：玉山社出版公司，1999），頁 115。

線，最後在國際輿論壓力之下判以有期徒刑論處。

「美麗島事件」對臺灣的民主發展有著重要的意義與影響，打著民主旗幟卻始終威權的國民政府，對內已擋不住民眾對自由民主的吶喊聲浪。黨外雜誌如雨後春筍般的出現，內容更直接觸碰過去的禁忌話題與政治內幕。對外，西方民主國家的強烈關切，已處於國際弱勢的臺灣若再得不到西方盟國的支持，勢必在國際局勢中更加險峻。特別是美國的支持對臺灣尤其重要，臺灣長期在民生經濟與軍事力量上得到美國的援助。雖然 1978 年中美斷交之後已沒有邦誼關係。但實質上，中美關係由明轉暗，在隔年 1979 年美國國會制訂了「臺灣關係法」以保障臺海安全。除了商務、文化關係的不中斷，更提供臺灣具備足夠的自衛能力。「臺灣關係法」更明列美國總統與國會磋商，依美國憲法程序因應臺海危機，而與臺灣始終維持半官方關係，也因此美國的支持對國民政府格外重要。「美麗島事件」的處理引起美國的不滿，總統蔣經國思考到美中臺三角外交關係的變化與臺灣的國際劣勢，終於退讓判決的結果。這次事件使得臺灣社會在政治、文化上都產生劇烈影響，同時也加速臺灣民主的步伐，對臺灣的民主成就有著跨時代的意義。

（二）宣布解嚴

「美麗島事件」使民眾的民主自覺意識高漲之餘，緊接而來的「江南案」與「十信弊案」更讓政府不得不走向民主開放的路程。「江南案」係指作家劉宜良（1932～1984）在美國遇刺身亡的命案，劉宜良筆名「江南」，故又稱「江南案」。1984 年 10 月 15 日劉宜良在美國加州，遭政府情報局僱用臺灣黑道份子刺殺身亡。事件曝光使臺美關係陷入緊張，一方面由政府主使在美國境內殺人，引發美方不滿；另一方面殺人滅口行為彰顯出國民政府的獨裁與專斷，與美國的自由民主核心價值背道而馳。政府雖承認犯案，但強調此事件為情報局官員獨斷專行所致，非高層授意。雖然劉宜良死因眾說紛紜，但事件曝光後，民眾對政府的不信任度已是雪上加霜。

「江南案」為單一社會事件，隔年「十信弊案」的爆發，帶起臺灣嚴重的金融風暴。「十信」為「臺北市第十信用合作社」，為國泰集團蔡萬春（1916～1991）家族主導，全盛時期為全國信用合作社中規模最大、營業量最多的金融機構。因為炒作地皮，「十信」長期以來一直有不當放款的紀錄而被財政部所警告。1985 年財政部調查再發現「十信」的放款總額佔存款總額比率

102%，顯示已無放款之能力。同年 2 月 9 日，財政部下令「十信」暫停營業三天，並交由「合作金庫」暫管並清查。調查發現黑幕重重，「十信」主席蔡辰洲（1946～1987），因炒作地皮需要大筆資金，進而利用人頭、串通部屬甚至假冒他人貸款而淘空「十信」資金。事件爆發引發全臺恐慌，存戶徹夜排隊提款兌現，即使是政府信心喊話，擠兌超過六十億仍無法止血：

> 因為十信案件的發生，更是造成了社會的不信任，其他諸如煤礦災變、餿水油等醜聞，都使得民眾在這種情況下，對政府的行政科層喪失信心。〔註3〕

「十信弊案」的爆發不只讓款戶一生積蓄全數血本無歸，更使民眾對政府信心蕩然無存。

　　從「美麗島事件」、「江南案」到「十信弊案」，甚至還有三次重大的煤礦災變及餿水油民生醜聞等事件一一爆發。人民對於威權的國民政府不滿已到了極點。總統蔣經國體認到「時代在變，環境在變，潮流也在變」〔註4〕，進而加速開放民主的必要性，於 1986 年於國民黨第十二屆「三中全會」時提出「政治革新」之主張，調整國家重大國是政策，包括：解除戒嚴、開放黨禁、報禁、調整中央民意機構、實行地方自治法制化、推動黨務革新及進行總統接班之部署……等重大決策。同一年底，黨外人士率先於臺北「圓山飯店」宣佈成立「民主進步黨」，這是臺灣第一個非附庸於國民黨下的政治實體，也正式開啓臺灣兩黨政治的新紀元。

　　1987 年 7 月 14 日，總統蔣經國頒布總統令，宣告隔日 7 月 15 日凌晨零時起解除臺灣本島及澎湖群島之戒嚴令，即「解嚴」。共計三十八年又五十六天的「戒嚴時期」自此走入歷史。「解嚴」後的臺灣民眾生活與權利有極大的改變，其中最明顯的部分包含：

　　1. 軍事管制範圍的縮減及行政、司法機關職權的正式施行，尤其民眾不再受制於軍法審判是最大的變革。

〔註 3〕 二十一世紀基金會研究報告著④：《1988 年臺灣社會評估報告》（臺北：二十一世紀基金會，1990），頁 70。

〔註 4〕 總統蔣經國表示：「時代在變、環境在變、潮流也在變，因應這些變遷，執政黨必須以新的觀念、新的做法，在民主憲政體制的基礎上，推動革新措施。」見李筱峰著：《臺灣民主運動 40 年》（臺北：自立晚報文化出版部，1987），頁 241。

2. 政治團體列爲人民團體，同時開放民眾登記政治團體，並可依法組黨結社、組織參加集會遊行及從事政治活動，人民終於有參政權。

3. 出入境及出版物的管理權限由軍方、警備機關移交至警察機關及行政院新聞局負責，尤其開放報禁與出版自由之意義重大，這代表著人民的行動與言論自由的大解放。〔註5〕

解嚴之後的許多事項，政府無法再實行各種管制，各種民生食、衣、住、行所有的一切，其主管機關的行政裁量均需依法有據，臺灣正式邁入民主法治化的國度。

（三）開放兩岸探親

國際局勢方面，自七〇年代開始「冷戰」即趨於和緩，並開始以對話取代武力。國民政府位居臺灣島嶼，有著先天地理環境上土地不足與人口過少的弱勢。中共的大國崛起，在國際現實利益的考量之下，友邦不斷隨之靠攏。中共也在國際政策上孤立我方，讓臺灣陷入了外交泥濘之中。因此總統蔣經國試圖突破外交困境，欲在外交上力挽狂瀾，在 1987 年宣布「解嚴」之後，開始思索研究開放探親的政策。同年 10 月 14 日，國民黨中常會通過〈國人赴大陸探親問題的研究〉報告，內容主張：

1. 反共國策不變，光復國土目標不變。

2. 除現役軍人及公務員外，在大陸有三親等內的血親、姻親者，准許登記赴大陸探親。

隔日，內政部長吳伯雄（1939～）正式宣布國人赴大陸探親具體辦法，並由「中華民國紅十字會」負責辦理相關業務，隨即在同年年底 11 月 2 日起開放探親，這是兩岸關係的全新里程碑。

原本劍拔弩張的兩岸關係，隨著國際「和解」的氣氛走向和平對談。開放探親，除了符合國際潮流以外，也藉由開啟兩岸交流以降低臺海的緊張局勢。同時也期望軟化北京當局在國際上的對我孤立政策，進而尋找外交活路。兩岸的關係改善，也是美、日「資本主義」大國所樂見，隨著中共的改革開放與兩岸的和諧共處，更多元的經貿關係，將勢必爲美、日大國的經商貿易帶來更豐沛的經濟能量。

〔註5〕 莫寄屏、林美容、李清澤合著：〈解嚴後臺灣文化的重構與再創造——由雙元觀點論省籍情結解決之道〉收錄於吳天泰編：《族群與社會》（臺北：五南圖書出版公司，2006），頁 373～393。

臺北身為臺灣的首善之都，總統府、絕大部分的行政、立法機關均立處於此，是臺灣的政治中心之所在。一切的政治改革活動，均直接影響整體臺北城市的居民生息，尤其政治「解嚴」與開放探親對民眾生活而言更是有感。當年來臺的外省族群，雖已在臺落地生根，但對「家鄉」的鄉愁仍無限渴望。臺北當年即是居住最多外省族群的城市，開放探親對臺北人的生活步調有著極大的變化。城市人的政治敏感度原本就高於其他的居民，更何況身處政治核心的臺北人，是以八○年代一連串政治改革與解放，均深深影響著臺北城市的一切。

二、民主改革

八○年代的民主開放，到了九○年代後的臺北城市充滿濃濃的政治味。自解嚴之後，人民的權力扶搖直上。人民不但可以集會遊行，更可以直接參與政治活動以訴求自我意見。1990 年三月的「野百合學運」是自解嚴後，第一次走上街頭抗爭的學生運動。來自全臺超過六千人以上的學生聚集在臺北的「中正紀念堂」前靜坐抗議，並提出四大訴求。

　　1. 解散國民大會，重建一元化的國民大會制度。

　　2. 廢除臨時條款，重建新的憲法秩序。

　　3. 召開國是會議，全民共謀體制危機的解決。

　　4. 提出民主改革時間表，呼應民意的潮流。〔註6〕

四點之中最主要的核心訴求是廢除「萬年國會」。依據《中華民國憲法》，「國大代表」代表全國國民於國家中樞召開「國民大會」，「國民大會」是我國憲政體制中最高的權力機關，除了有重大國家決策表決權之外，同時也肩負中華民國總統選舉的重責大任。原本定期改選的「國大代表」因國民政府退守臺灣並頒佈〈動員戡亂臨時條款〉竟長達四十四年未曾改選而被譏為「萬年國會」。這些人因掌握國家大權且壟斷政治利益，引起全國學生的不滿，進而要求改革。除了四點訴求外，抗議的地點選在臺北的「中正紀念堂」也有其意義。一來「中正紀念堂」是距離總統府最近的集會廣場，場地夠大可以容納數萬民眾聚集，而在距離代表政治核心最近的廣場發聲，以人民心聲向總統喊話不言可喻。其次「中正紀念堂」是臺北著名的城市地標，除了兼具

〔註6〕　全國學生自治組織：〈同學們！歷史在號召著我們！〉收錄於林美挪編：《憤怒的野百合：三一六中正堂學生靜坐記實》。

觀光休閒之外，其廣場紀念國家元首蔣中正，在此集會發生抗議，更具有濃厚的政治宣示意味。「野百合學運」是政府遷臺以來最大規模的學生抗議運動，時任總統李登輝（1923～）順應民意的要求，召開國是會議，並於隔年，1991 年廢除《動員戡亂時期臨時條款》，也結束了「萬年國會」的運作。1994年舉行第一屆民選臺北、高雄直轄市市長選舉及臺灣省省長選舉，1996 年直選總統，這是臺灣第一次將民主最高的權力，還諸於民的最高展現。

　　人民的權力得到了伸張，「野百合學運」可說是臺灣民主的重要推手，加上經濟成長使民眾的生活安康，這些「資源」帶來了臺灣民眾「政治參與」的熱潮：

> 此種資源與本土的臺灣意識相合後，進而促動政治參與的勃興，選舉制度乃成為吸納參與浪潮，安定政局的最佳制度化及正當化的管道。經濟及社會資源與政治參與的相互結合，並透過選舉管道，重新分配政治資源（特別在各級地方政府與議會、以及省議會與中央民意代表），強化本土化的政治發展，如此在選舉機能的不斷循環下，使得威權統治結構日趨鬆動而呈現衰退。〔註7〕

八、九〇年代在一連串的政治選舉之下「威權統治結構日趨鬆動而呈現衰退」，尤其到了九〇年代在野勢力的崛起，不斷的攻城掠地與佔領臺灣政治版圖，威權統治結構迅速式微。九〇年代開啓臺灣的政治狂熱風潮，整個臺灣幾乎成為了選舉機器。過度的選舉「民主」反成了「民粹」，為了獲得選票，候選人無限上綱的討好選民。本土意識的抬頭，「二二八事件」成為九〇年代最重要的政治議題，「愛臺灣」成為了每年大小選舉的口號，國會打鬥亂象更是層出不窮。在選舉的政治操弄下，九〇年代的臺灣開始有「族群分化」，「省籍對立」的情況產生，也為日後臺灣族群的撕裂埋下不安的種子。

第二節　經濟能量提升

　　臺灣歷經了七〇年代的經濟起飛，整體人民生活水準大幅提昇，經濟購買力也大幅上揚，至八、九〇年代大眾消費正式形成。然而在經濟全球化的

〔註 7〕　胡佛著：〈現代威權體制的轉型與民主化〉，收錄於胡佛：《政治學的科學探究（四）政治變遷與民主化》，頁 28。

熱潮裡，臺灣也是地球村的一份子，成爲全球「商品鏈」的重要一環。但當全球金融危機爆發時，臺灣也無可避免受到波及。

一、經濟全球化

（一）全球經貿連結

經濟全球化（Economic Globalization）〔註8〕是二十世紀以來，資本主義經濟蔓延全球的重要特徵。商人無國界，只要任何有利可圖的地方，就有各式商業交易的市場產生。第二次世界大戰（1939～1945）以後，以美國爲中心的資本主義興起。尤其冷戰（1947～1991）結束後，蘇聯解體，與資本主義抗衡的共產主義瓦解，更將資本全球化推至極致。世界各國之間的商業交易頻繁，國與國之間的界線更爲模糊，資金在各國之間流動、物流的運輸流竄世界的每一個角落，世界形成了一個巨大的經濟體，加拿大（Canada）人文學家馬素・麥克魯漢（Herbert Marshall McLuhan，C.C.，1911～1980）則稱呼這種全球化的現象爲「地球村」。美國左派學者阿里夫・德里克（Arif Dirlik，1940～）指出「經濟全球化」的同時也產生了新的生產模式：

> 「一種新的國際勞動分工」；換言之，即生產的跨國化，在這裡，通過轉包工作的手段，生產過程（甚至單一的商品）實現了全球化。
> 〔註9〕

阿里夫・德里克稱其爲「全球資本主義」（Global Capitalism）。其具體表現爲：生產國際化、產品國際化、投資金融國際化、技術開發與利用的國際化。而爲了讓經濟全球化達到最佳的展現：貿易自由化、生產標準化、金融國際化，是所有跨國企業所追求的目標，這也是資本主義追求商業最高利益的極致展現。因此一輛汽車的製造來自四面八方：日本的引擎、美國的鋼鐵、臺灣的輪胎加上越南（Vietnam）的廉價人力。透過資本主義「商品鏈」的全球化，

〔註8〕 貝克（Ulrich Beck）認爲全球化意指「距離的消失；被捲入經常是非人所願、未被理解的生活形式」。吉登斯（Anthony Giddens）則認爲全球化指涉了空間與時間概念的轉變，是一種「對遠方的效應」。見孫治本著：〈全球地方化、民族認同與文明衝突〉，《思與言》第 38 卷，第 1 期（2000.3），頁 149～150。

〔註9〕 阿里夫・德里克（A. Dirlik）著，王寧等譯：〈全球性的形成與激進政見〉收錄於阿里夫・德里克（A. Dirlik）著：《後革命氛圍》（北京：中國社會科學出版社，1999），頁 14～15。

以嶄新的科技生產更多、更快的產品，達到前所未有的「時空壓縮」〔註10〕，同時也打破國土疆界的全新經濟力量。

七〇年代中期開始經濟全球化開始蔓延，至八〇年代末期觸角幾乎延伸到世界各地的每一個角落。臺灣雖只是島嶼，但透過進出口貿易的商業活躍，成為全球化「商品鏈」的重要樞紐，是全球重要經濟體（Economy）〔註11〕之一。臺北城市更位居臺灣經濟體系的中心樞紐，其經濟全球化的現象在臺北城市空間裡的表現尤為明顯。經濟全球化的時代，跨國公司進駐擴張的版圖驟然倍增。〔註12〕經濟全球化的歷程中，不只改變了人類的生活，同時也產生了新的文化現象，阿里夫‧德里克即指出：

> 非領地化的資本（"deterritorialized" Capital）使得全球關係中舊的劃分（包括民族）遭到外部力量的破壞，在無視劃分的力量的推動下，產生了新的生產與消費的社會組織。〔註13〕

〔註10〕時空壓縮（Time-space Compression），又或著稱為時空收斂（Time-space Convergence），意指交通運輸革新後使各地更為接近的現象。當交通運輸工具革新後，除了運費降低、運輸品質提升外，也使旅行、運輸時間縮短，區域間受到實際空間距離的限制變小，時間距離顯得更為接近，此種現象即為時空壓縮／收斂。「時空壓縮」之名詞由地理學者大衛‧哈維（David Harvey）所提出。見大衛‧哈維（David Harvey）著，王弘志譯《後時空之間：關於地理學想像的省思》（Between Space and Time: Reflections on the Geographical Imagination），收錄於夏鑄九、王志弘編：《空間的文化形式與社會理論讀本》（臺北：明文書局，1993），頁63。

〔註11〕經濟體（Economy）是指對某個區域的經濟組成進行統稱和劃分，如美國就是全球第一大經濟體。經濟是指社會生產關係的總和。指人們在物質資料生產過程中結成的，與一定的社會生產力相適應的生產關係的總和或社會經濟制度，是政治、法律、哲學、宗教、文學、藝術等上層建築賴依建立起來的基礎。依購買力平價理論（Theory of Purchasing Power Parity，簡稱PPP）計算臺灣為全球二十大「經濟體」之一，但因兩岸政治因素，而無法參與國際上的重要組織活動。《商業周刊》指出：「消失的臺灣：『臺灣，其實也是全球前二十大經濟體。只是，我們在G20中『消失』了。一九九九年，G20成立時，納入了已開發國家（包括歐盟）與新興市場國家等全球前二十大經濟體。』當時，臺灣雖然GDP名列前二十，卻被排除在G20之外。『十年後的今天，臺灣仍是全球第十九大經濟體（依購買力平價（PPP）計算），卻仍不是G20的成員。如今在全球前二十大經濟體中，只有兩個國家這次不在G20成員內，一個是臺灣，另一個是伊朗（全球排名第十七）。』」見《商業周刊》1115期。

〔註12〕水秉和著：〈全球化與全球化現象〉，《當代》第133期（1998.9），頁10。

〔註13〕阿里夫‧德里克（A. Dirlik）著，王寧等譯：〈當代資本主義語境下新的世界劃分〉收錄於阿里夫‧德里克（A. Dirlik）著：《後革命氛圍》，頁71。

非領地化的資本，係指資本主義的企業，透過該國的文化風格甚至特定的
文化風貌與商品結合，銷往世界各地販售。在銷售過程中，透過廣告宣傳
的方式，在各地帶動流行、引領潮流。如八○年代末的西門町街頭的青年
吹起一股日本龐克風，護腕上有刺尖突出的裝置，服飾上繡上納粹徽章，
穿耳洞、穿舌環、刺青等。因在臺北的特定商圈裡，受到外國流行文化的
影響，形成一種非本土的新文化現象。整個西門町販賣各種日式文化商品，
一家家日式料理餐廳林立四方，廣告看板上是日本影星所代言的流行服
飾，西門町彷彿是日本新宿的翻版。對這群「哈日族」的西門町青少年族
群來說，他們崇尚日式流行風格文化，大量接受日本文化的流行商品，非
領地化的資本於這群臺灣學子身上表現的一覽無遺。在經濟全球化的生活
裡「他們可能吃生魚片、穿義大利的名牌皮鞋，家裡用的是臺灣仿日的精
美檯燈。」〔註14〕這些異國文化的傳統價值與素養並非他們所關注的焦點，
而這些異國流行文化中所帶來的生活品味與雅痞格調才是他們生命的追
尋。因此阿里夫・德里克對於這種非領地化的資本所產生的新文化進一步
分析指出：

> 越來越難在一種跨國文化工業侵入世界各個角落時侈談什麼獨特的
> 文化區域、甚至民族文化之類了。正是那種最地方化層次上的文化
> 在面對和佔用文化工業的全球化信息，並被其轉化——這些信息經常
> 經過剪裁以適應本地市場，並在瓦解文化創造中的任何嚴肅自主可
> 能性的同時產生一種新的地方化。〔註15〕

經濟全球化展現在臺北城市裡，包含了各種流行文化的追求，在過程中與世
界文化接軌，甚至衍生出不少人有崇洋媚外的心結。本土文化在這個全球化
歷程中被瓦解，更多的青少年認識外國文化遠勝於本土文化，這都是經濟全
球化之下所衍生的新興課題。

（二）金融危機衝擊

經濟全球化（Economic Globalization）雖讓全球享受同步化的生活品質，
但在地球村的世界裡，往往是牽一髮以動全身的局面。七○年代的兩次「石

〔註14〕詹宏志著：《城市觀察》（臺北：遠流出版公司，1990），頁 16、52、59。
〔註15〕阿里夫・德里克（A. Dirlik）著，王寧等譯：〈全球主義與地域政治〉收錄於
　　　　阿里夫・德里克（A. Dirlik）：《後革命氛圍》，頁 48～49。

油危機」〔註16〕讓西方工業國的經濟衰退，當時政府推動「十大建設」等大規模公共投資、並發展重工業、化工業以建立自主經濟體系。梁明義指出「十大建設」的在臺灣經濟上價值意義：

　　（一）如此大量的公共支出在經濟極端不景氣時發揮了凱因斯式（Keynesian）的激勵效果，協助帶動景氣恢復。

　　（二）1960 年代的經濟起飛是以發展勞力密集型輕工業為主。然隨著經濟發展，工資上升，慢慢難與馬來西亞、泰國、印尼等地區更低廉的勞力競爭。政府推動鋼鐵與石化工業乃要發展資本密集型重工業，以促進產業升級。〔註17〕

這些重大的公共建設與經濟投資，不但讓臺灣安然渡過全球經濟危機，更使臺灣創造「經濟奇蹟」晉身亞洲四小龍之列。進入八〇年代，臺灣經濟產業結構再升級，設置「新竹科學工業園區」是「引進高級技術工業及科學技術人才，以激勵國內工業技術之研究創新，並促進高級技術工業之發展。」〔註18〕使臺灣經濟進入技術導向的發展階段。八〇年代在政府大力推動全球化產業鍊下，資訊工業如半導體等電子產品成為最大出口產業，從世界工廠轉形成為全球科技研發的領航者。這段期間，正逢「黑色星期一」（Black Monday）經濟危機爆發。1987 年，因為全球戰事再起中東局勢引爆石油不斷飆升，以

〔註16〕　1973 年 10 月，第四次中東戰爭爆發，為打擊以色列及其支持者，石油輸出國組織的阿拉伯成員國於當年 12 月宣佈收匯石油標價權，並將其擊沉原油價格從每桶 3.011 美元提高到 10.651 美元，使油價猛然上漲了兩倍多，從而觸發了第二次世界大戰之後最嚴重的全球經濟危機。此次危機被稱為「第一次石油危機」。持續三年的石油危機對發達國家的經濟造成了嚴重的衝擊。在這場危機中，美國的工業生產下降了 14%，日本的工業生產下降了 20% 以上，所有的工業化國家的經濟增長都明顯放慢。

　　1978 年底，世界第二大石油出口國伊朗的政局發生劇烈變化，伊朗親美的溫和派國王巴列維下臺，即「伊斯蘭革命」。1978 年 12 月 26 日至 1979 年 3 月 4 日，伊朗石油出口全部停止，世界石油供應突然減少了 500 萬桶/日，造成石油供應短缺，石油價格從每桶 13 美元猛升至 34 美元，引發了「第二次石油危機」。見 MBA 智庫百科　上網時間：2016 11.1　網址：http://wiki.mbalib.com/zh-tw/%E7%AC%AC%E4%B8%80%E6%AC%A1%E7%9F%B3%E6%B2%B9%E5%8D%B1%E6%9C%BA

〔註17〕　梁明義、王文音著：〈臺灣半世紀以來快速經濟發展的回顧與省思〉收錄於林建甫編：《金融投資與經濟發展：紀念梁國樹教授第六屆學術研討會論文集》，2002，頁 11。

〔註18〕　見行政院《科學工業園區設置管理條例》第一條

致世界經濟惡化經濟緊張不斷。1987 年 10 月 19 日，美國紐約華爾街股市一開盤，道瓊指數暴跌五百點，跌幅達 22.62%。當天蒸發市值超過五千億美金，將近美國國內生產總值的八分之一。華爾街股市引發全球股災，這時期臺灣正值國民所得急速增加長，失業率降至 1.5%，也因此衝擊較少。

　　九○年代後，臺灣經濟成長趨緩，連續兩次全球經濟危機，加上臺灣股市的泡沫化，皆衝擊到臺灣的經濟成長與生活。1990 年「日本泡沫經濟」〔註19〕全面崩潰，同時牽動全球經濟。日本房地產和股市連續好幾年的資本炒作後，因過度的增長，導致災難性的下跌。由於經濟的泡沫，以致日本進入「通貨緊縮」（Deflation）和經濟衰退的危機。至九○年代中期後，日本甚至進入「零增長階段」。全球化下，世界經濟遷一髮以動全身。同一年一直創下歷史新高的臺灣股票，從最高點 12682 點一路崩盤，狂洩一萬多點至 2485 點才止住。臺灣股市八個月內，跌幅高達 80.4%，投資人套牢、破產，甚至無法接受殘酷的事實而跳樓時有所聞，臺灣的大幅度經濟成長正式宣告終止。

　　1997 年「亞洲金融危機」影響全球更劇。亞洲新興市場為了吸引外資投資而做了政策性的經濟妥協，於是國際「熱錢」〔註20〕大量湧進。但隨著九○年代初期「冷戰」結束，美國因自我利益考量而改變貨幣政策。其中與美元掛勾的亞洲國家，受到其的影響以致出口市值不斷下降。1997 年，泰國（Thailand）宣布貨幣「泰銖」採浮動匯率制後，亞洲國家貨幣全面貶值。大幅度的貨幣貶值導致全球經濟恐慌，進而爆發出七○年代「石油危機」以來最大規模的全球金融風暴。這次風暴中印尼（Indonesia）、泰國和韓國（Korea）

〔註19〕 日本泡沫經濟是日本在 1980 年代後期到 90 年代初期出現的一種經濟現象。根據不同的經濟指標，這段時期的長度有所不同，但一般是指 1986 年 12 月到 1991 年 2 月之間的 4 年零 3 個月的時期。這是日本戰後僅次於 60 年代後期的經濟高速發展之後的第二次大發展時期。這次經濟浪潮受到了大量投機活動的支撐，因此隨著 90 年代初泡沫破裂，日本經濟出現大倒退，此後進入了平成大蕭條時期。見 MBA 智庫百科 上網時間：2016 11.1 網址：http://wiki.mbalib.com/zh-tw/%E6%97%A5%E6%9C%AC%E6%B3%A1%E6%B2%AB%E7%BB%8F%E6%B5%8E

〔註20〕 熱錢（Hot Money/Refugee Capital），又稱游資或叫投機性短期資本，只為追求最高報酬以最低風險而在國際金融市場上迅速流動的短期投機性資金。國際間短期資金的投機性移動主要是逃避政治風險，追求匯率變動，重要商品價格變動或國際有價證券價格變動的利益，而熱錢即為追求匯率變動利益的投機性行為。見 MBA 智庫百科 上網時間：2016 11.1 網址：http://wiki.mbalib.com/zh-tw/%E7%83%AD%E9%92%B1

三國的 GDP 於兩年內分別縮水了 83.4%、40% 及 34.2%，是這次風暴最大受害國。兩次的經濟衝擊雖在政府的護盤之下，未如外國的經濟受創嚴重。但受到全球經濟的影響，臺灣經濟進入九○年代後，開始呈現趨緩甚至進入不景氣的週期循環之中。

二、消費大眾化

　　臺灣經濟，在政府積極加入全球資本主義的運作之下，迅速與世界經濟產鏈接軌。從手工業、輕工業到重工業，尤其是代工廠與加工區的紛紛設置，半成品的製作加之低廉薪資的臺灣勞工，吸引世界各國前來投資設廠。臺灣儼然成為世界工廠，臺灣製造（Made in Taiwan，縮寫：MIT）的產品更是遍及世界各地。臺灣經濟自七○年代起飛，到八○年代達到前所未有的高峰。這時期被譽為「臺灣錢淹腳目」的年代，物質生活大幅改善，人們的收入也大躍進。不僅外匯存底於 1987 年突破五百億美元，股市成交值更在八○年代末期上看萬點，直衝千億元大關。

　　隨著物質生活的提升，更加速了現代化的進程，林嘉誠指出「都市化、小家庭、社會流動加速、教育普及、生活素質提升、中產階級崛起」〔註 21〕均是現代化所必備的元素，這也是進入八○年代後臺北城市的重要特徵。因此人們開始重視更好的生活品質，觀光、娛樂已成為生活中不可或缺的元素：每年出國觀光的人潮與日遽增〔註 22〕；臺灣的本土影視娛樂從偶像明星劉文正（1952～）到小虎隊的崛起，引發一波波的追星熱潮。香港電影大量輸入，周潤發（1955～）、張國榮（1956～2003）等影視巨星來臺宣傳，位居臺北的電視臺門口更是擠爆影迷前來守候，其萬人空巷的盛況更是報章雜誌的重點頭條，至此以臺北為中心的臺灣大眾娛樂消費市場儼然成形。而在這股大眾消費文化風潮中，其特徵包含如下：

（一）物質享樂

　　大眾傳播媒體擅長透過影視娛樂塑造流行風潮。在此風潮的渲染之下，

〔註21〕　林嘉誠著：《社會變遷與社會運動》（臺北：黎明文化事業公司，1992），頁 200～201。

〔註22〕　據行政院主計處統計，民國 75 年（1986）出國觀光人口為 812928 人次，至民國 80 年（1991）以達 3366076 人次，整個八○年代出國觀光的人數成倍數成長。上網日期：2014.8.2 網址：http://w2.dbas.taipei.gov.tw/statchart/a2.htm

物質成為當下流行時尚的產物。消費者透過傳播媒體所製造的感官刺激與廣告術語，進而產生想擁有的慾望。這種將人們的需求建立在對物質的渴望與追求，並透過對物質的擁有而得到滿足，這正是大眾消費文化裡「享樂主義」（Hedonism）的特徵。

（二）名牌追求

物質的擁有除了商品本身的實用性之外，非物質形態的感受，如時尚、浪漫、品味、奢華……等的擁有，更增添物質的附加價值性。而當將這些非物質形態的感受與個人身份、社會地位相連結時，即會形成一個特有的商品符碼體系統。符碼在形塑過程中，特意賦予消費者高貴身份與地位的象徵。在符碼的加持之下，物質本身的價值早已脫離實用性，消費者進一步得到精神上的愉悅與滿足。符碼進一步由品牌進階為名牌，在大眾消費文化上，成為大家競逐的對象。

（三）模仿效應

大眾消費文化透過物質的擁有以達到內心的滿足，而物質的擁有則是一種外顯的行為，在流行風潮中容易成為眾人的焦點。明星藝人是大眾流行文化下的產物，在鎂光燈下他們展現自我風采，散發自我魅力吸引大眾的目光。因此廠商會以名人效應為物質加持，找名人代言或出席品牌活動。透過名人光環來誘使消費者跟風與模仿。

消費主義在現代社會裡隨處可見，尤其在城市中資訊發達傳播迅速，早已成為一種生活方式與文化，甚至早已深化成為消費者的價值理念，成為城市「生活空間」裡的一部份。

第三節　社會文化多元

一、本土意識高漲

文化上，七○年代開始出現重的轉折。在著名的「鄉土文學論戰」中，左翼與右翼學者藉著爭論「在臺灣的中國文學」性質。原本是討論臺灣的文化方向，而有「本土意識」之爭，最後竟擦槍走火成為了政治「意識形態」的辯駁。雖然在政府強力的介入之下暫告段落，但至八○年代後，隨著臺灣社會日益成熟的本土意識影響之下，進而走向「臺灣文學」正名之路。這股

本土意識的氣氛隨著政治解嚴，開始在社會文化中四處發酵。林燿德指出：

> 八〇年代的異議性濃烈的文學與文化敘述，若不提及「臺灣人」一
> 詞，即會被歸爲不具有抗議精神；「臺灣文學」的新歷史定位喧騰一
> 時，在在都顯示了文學與政治之密切關聯性，也使得「論戰」重點，
> 由「鄉土」轉而爲「本土」。〔註23〕

八〇年代的文學作品裡往往帶有濃厚的政治色彩於其中，如黃凡的《賴索》
即是代表。其內容挑戰威權，正是本土意識的發揚。除了文學的書寫，學術
上也如火如荼展開正名活動。1988 年清華大學舉辦的「第一屆當代中國文學
國際學術會議」更是臺灣文學的重要里程碑。首先該會議是第一個以臺灣「現
代文學」爲主題的國際學術會議。在以「古典文學」主流的臺灣學術研究領
域上，「現代文學」的地位長期被輕視。此會議是首次在學術殿堂上大規模
發表「現代文學」學術會議，意義非凡。其次，雖名爲「當代中國文學」，
實際上卻是首次在大學殿堂裡舉辦以「臺灣文學」爲主要內容的學術會議。
再加上該會議有來自美國、日本、中國大陸等知名學者來臺發表論文，正式
開啓臺灣文學研究之路，也爲日後各大學裡陸續成立的「臺灣文學系」，有
開啓之功。

二、大眾文化潮流

　　古代上層社會與下層社會分隔極爲明顯，因爲經濟能力的極大落差，不
論在生活習慣、風俗民情、思維方式、消費方法上皆有很大的不同。然而隨
著封建制度的崩解與民主、資本主義的興起，在上層與下層社會之間「中產
階級」崛起。「中產階級」是現代化國家社會安定的力量，更是城市文明的重
要表徵。臺灣自七〇年代經濟起飛後「中產階級」的人群迅速增加，到八〇
年代中產階級已成爲臺灣經濟力量的主流。「中產階級」有一定的學歷與知識
水平基礎，除了具備極高的社會經濟生產力與競爭力之外，同時也重視自我
的生活品質，工作之餘，休閒、觀光、旅遊都是生活之必需，其消費能力也
極爲驚人。

　　因爲「中產階級」重視生活品質與文化內涵，生活中的休閒娛樂及藝文
活動也開始受到矚目。文化內涵即是格奧爾格・齊默爾（Georg Simmel）所指

〔註23〕李婉玲著：《林燿德散文研究》（新竹：玄奘大學中國語文學系碩士論文，
　　　　2005），頁 29。

的大眾性的文化，而「大眾文化」於八○年代起躍居成為主流的臺灣文化。
關於「大眾文化」根據豪塞爾（A. Hauser）的界定是：「為了那些通常住在都
會區、有大眾行為的傾向、受過教育、但一知半解的大眾而生產的藝文或類
似藝文的東西。」〔註 24〕可知大眾文化與城市發展的關係密切。八○年代的
大眾文化大量崛起，提供了消費者更多元的娛樂享受及虛幻的滿足想像，同
時文化的「商品化」特徵極為明顯。以書籍市場為例：希代的《小說族》既
是「閨秀文學」也是文化商品。〔註 25〕其作品是以愛情為主題，並鎖定年輕
學子與女性讀者為主要客群的言情小說。金庸（1924～）、梁羽生（1924～
2009）、古龍（1938～1985）、溫瑞安（1954～）並列為武俠小說四大家，其
武俠作品不但吸引大量青年學子的追逐，更多次翻拍為電視、電影，還衍生
更多的周邊商品，皆是典型的文化商品化現象。圖書文學不再是曲高和寡的
文化產物，與商業結合，成為了大眾文化的一環，也因此鄭明娳（1950～）
指出八○年代的書籍特徵是：

> 文學出版已被視為商品行銷，讀者的消費反應成了出版社推銷的參
> 考圭臬，消費性格已逐漸形成，出版社的銷售性格直接影響了文學
> 作品趨勢。〔註26〕

消費者的喜愛直接反映書籍的銷售量之上，希代的《小說族》即出版一系列
類似的作品，以大量滿足女性讀者對浪漫愛情的渴望。大量的武俠小說也林
立在書店、租書店最明顯的角落吸引讀者的消費，大眾文學頓時成為這時期
的明星商品。

　　圖書文學的商品化，新型態書店的興起也具有推波助瀾的作用。1983 年，
臺灣第一家複合式書店「金石文化廣場」座落於臺北市汀州路上，除了書籍
的販賣還包含了服飾、餐飲複合經營，開啟書店的多元經營模式。隔年 1984
於臺北市的書店街重慶南路成立第一家分店，開啟連鎖書店的風潮。「金石堂」
除了多角化的經營之外，其暢銷書排行榜的建立，儼然是將書籍行銷包裝商

〔註24〕　豪塞爾（A. Hauser）之學說內容見史溫伍德（Alan Swingewood）著，馮建三
　　　　譯：《大眾文化的迷思》（臺北：遠流出版公司，1993），頁 150。
〔註25〕　楊澤主編：《狂飆八○──紀錄一個集體發聲的年代》（臺北：時報文化出版
　　　　公司，1999），頁 160。
〔註26〕　鄭明娳著：〈八○年代臺灣散文現象〉收錄於林燿德、孟樊合編：《世紀末偏
　　　　航──八○年代臺灣文學論》（臺北：時報文化出版公司，1990），頁 15～92。

品化的極致。〔註 27〕暢銷書的名氣不但吸引更多人的目光，舉辦一連串的藝文活動，除了演講、還有作家的簽書會，連作家也刻意偶像包裝，成為文化商品行銷的一環。除了書籍商品之外，舉凡附庸風雅的音樂聆賞、舞蹈展演，商業導向的電視節目……等各種的食、衣、住、行、育、樂，皆含括在大眾文化之中。〔註 28〕在資本主義的商業利益追求之下，各種生活中的大眾文化皆商品化，幾乎無所不在的滲透城市的每個角落。

三、中產階級崛起

　　「中產階級」是資本主義發展下的新興勢力，它打破了傳統以來社會階級分明壁壘的關係，人們的價值文化也因為這股勢力的興起而有不同的變化。傳統的價值文化依不同階級而有所區分，上層社會的人透過各種「物質」條件，如華服、名車、珠寶、別墅……等，來凸顯出自己不同凡響的社經地位。而這些上流社會的人們皆在同樣的物質追求之中，達到彼此「認同」彼此的地位象徵。關於這種「認同」，蕭新煌主編的《變遷中臺灣社會的中產階級》即指出：

> 認同意識不在「階級」的客觀性質，而是黏貼在陶醉某種特定之「生活方式」的「階層」意義上。〔註 29〕

二十世紀的民主化歷程中，上下「階級」的觀念被打破了。雖然如此，認同的意識依然普遍存在所有的民眾。有別於傳統的階級之認同，「中產階級」所帶來的是『陶醉某種特定之「生活方式」的「階層」意義上』之認同。「物質」的展現是最具體也是最容易區分不同價值文化的風貌之所別。民眾在各種物質的追求之中，除了彰顯出特定的價值文化之外，更可達到心靈的自我滿足與愉悅。

　　在以「中產階級」為主流的世代裡，雖無法如傳統上階層社會一般擁有強大的經濟能力。但在「生理」的物質生活得到滿足後，「中產階級」尚還有能力再追求更高一層次「心理」的精神物慾滿足。因此當進入「資本主義」

〔註 27〕　楊照著：〈四十年臺灣大眾文學小史〉收錄於《文學、社會與歷史想像》（臺北：聯合文學出版社，1995），頁 25～69。

〔註 28〕　黃光國著：〈都市居民的休閒文化〉收錄於李亦園編：《劇變與調適：一九八五臺灣文化批判》（臺北：敦理出版社，1986），頁 199～205。

〔註 29〕　蕭新煌主編：《變遷中臺灣社會的中產階級》（臺北：巨流圖書公司，1990），頁 109。

為主體的商業市場社會之後，經濟能力的提升也帶動了生活品味的提高：衣著的考究、美食的品嚐、旅遊的享受還有各種名牌的時尚崇拜，均是「中產階級」的認同意識，同時也是該文化價值的呈現。在臺北城市空間中，「中產階級」是城市生活的主流族群。他們對時尚流行的追尋，遍佈城市空間的每個角落：德國進口轎車、法國時尚服飾、義大利知名皮草、美國速食餐廳、日本電器產品……等。各國各式的文化商品輸入，全球的精品在城市裡羅列販售。這種時尚追求成為了城市的「生活方式」，「雅痞」是城市時尚生活的代名詞。這種重視流行時尚的消費與雅痞生活的文化價值觀，正是八○年代以來，臺北城市人的生活特徵。

四、社會變動劇烈

九○年代的臺灣剛解嚴與開放，社會上卻歷經了許多「大事件」。由於時間距今未久，不少事件至今仍歷歷在目，記憶猶新。1992 年「健康幼稚園」火燒車，造成 23 人死亡、9 人輕重傷。此行車意外是臺灣有史以來最嚴重的遊覽車火燒車事件，由於死亡人數幾乎是幼稚園學童，引起社會高度矚目。事後政府與民間積極推動遊覽車的安全規範、兒童安全相關法令的制訂，同時也提高社會大眾對兒童安全的重視。

1994 年「千島湖事件」臺灣旅客在大陸浙江「千島湖」遭到搶劫，其中 24 名臺灣觀光客被燒死。這是兩岸開放交流以來最嚴重的搶劫殺人事件，由於大陸官方的處理方式與態度引起臺灣民眾的不滿，嚴重影響兩岸關係。不但海峽兩岸之間的交流活動全面中斷，該事件更促使臺灣民眾對中國大陸的不認同感加劇。同一年發生「華航名古屋空難」，中華航空班機於日本「名古屋機場」因人為操作不當墜毀，264 人罹難，僅有 7 人生還，這是臺灣航空史上傷亡最嚴重的空安事件。

1996 年臺灣第一次總統直選引起中國大陸的不滿，於 2 月至 3 月連續向臺灣海面試射飛彈以示警告及威脅，引爆「臺海飛彈危機」。為防止兩岸擦槍走火，美國派出「尼米茲號」、「獨立號」及航空母艦巡弋臺灣海峽。這是兩岸開放交流以來最嚴重的衝突，兩岸關係也因此降到冰點。同年年底臺灣爆發「劉邦友血案」，桃園縣長劉邦友（1942～1996）於縣長官邸內遭到近乎槍決式的頭部槍擊，包含劉邦友本人在內共 8 人遇害。這是臺灣地方自治史上首位於任內遇害的縣市首長，此案至今仍未偵破。社會輿論對臺灣治安亮起

紅燈有嚴重的不滿。

　　1997 年發生震驚全國的「白曉燕命案」，藝人白冰冰（1955～）的女兒白曉燕（1980～1997）遭綁架並撕票。兇手陳進興（1958～1999）、高天民（1960～1997）、林春生（1959～1997）三人逃亡過程中陸續犯下擄人、性侵及殺人事件，雙方更多次與警方槍戰衝突對峙。最後林春生與高天民在圍捕過程中先後中彈身亡及飲彈自盡，陳進興則闖入位於臺北市北投行義路上的南非駐華大使館挾持南非武官。挾持過程中，多次與各家新聞記者連線實況播出對話內容，引起社會譁然。最後在與警方談判溝通後，棄械投降並於 1999 年槍決伏法。陳進興等人不僅是擁有槍械彈藥且作案手法殘酷的高度危險份子，其逃亡地點遍及臺北各地，時間更長達半年之久，過程中不斷傳出民眾受害，整個社會人心惶恐不安，是臺灣治安史上最嚴重的刑事案件。

　　1998 年發生「大園空難」，中華航空於降落桃園中正國際機場時，因人為的操作不當而墜毀，機上 196 人全數罹難，這是華航四年內第二起重大飛安意外。1999 年 9 月 21 日凌晨 1 時 47 分發生南投集集發生芮氏規模 7.3 級的強烈地震，這是臺灣有史以來最嚴重的自然災害。「921 大地震」造成 2415 人死亡，29 人失蹤，11305 人受傷，51711 間房屋全倒，53768 間房屋半倒。這場地震不僅民眾傷亡慘烈，全臺交通全面停擺。許多道路、橋樑與管線斷裂，公共設施如學校、醫院、水壩、電廠等受損嚴重。地震更引發大規模的山崩與土壤液化災害，中臺灣位於震央受災最為嚴重，遠在臺北地區也因為「場址效應」（Site effect）更有數棟大樓毀損，甚至造成多人死傷。九〇年代的十年之內，社會「大事件」不斷。事件的後續影響造成人民極大的惶恐與不安，皆為九〇年代的臺灣社會蒙上一層陰影。

　　此外，政治上的解放，同時社會主流價值觀覆輆，也促成了性向女權的解放，張小虹（1961～）指出：

> 隨著八〇年代末、九〇年代初臺灣政治、社會的解嚴，同志運動遂成為蓬勃社會運動中的生力軍，與婦女運動、勞工運動、原住民運動等前仆後繼，遂在短短數年之間風起雲湧，蔚為臺灣社會結構與文化動力解組──重組過程中引人注目／側目的性取向政治結盟。
> 〔註 30〕

〔註 30〕　張小虹著：《慾望新地圖：性別‧同志學》（臺北：聯合文學出版社，2000），頁 54。

各種的文化運動前仆後繼而來，如同志運動的興起即是。早年同性戀在臺灣是不能說的禁忌，長期被社會主流價值觀所鄙視。為了自我保護，外人看不見他們的生活圈，因此他們藏身於黑暗的角落相互取暖。也因此常給人有幽暗的負面印象，早年「同性戀」幾乎都是貶義詞的代表。九〇年代受到社會思潮的影響，同志群族開始勇於發聲。1990 年一個女同志團體「我們之間」成立，1993 年臺灣大學的男性戀社「Gay Chat」成立，這是臺灣第一個被校方承認的同志社團。第一份正式的同志刊物、商業雜誌、第一個商業電臺的常態同志節目，均於九〇年代崛起。1994 年朱天文描寫男同志情感的長篇小說《荒人手記》獲得中國時報第一屆百萬文學創作獎。不少的社會名人如作家白先勇、雲門舞集創辦人林懷民、電影明星張國榮、藝人蔡康永（1962～）……等，紛紛表明自己同志的身份。

女權（婦女）運動在九〇年代達到高峰。早在七〇年代初期，呂秀蓮（1944～）即發起「新女性主義」的女權運動，兩性話題開始受到關注。直到解嚴之後，各種關注女權的女性團體才如雨後春筍般的出現。這些女性團體除了從事女性問題的服務與救助之外，更積極推派代表參與政治，藉監督政府政策及法案推動，真正達到兩性平等的地位。為了打破父權思維的社會文化，「性解放」與女權運動關係密切，用大量的女性情慾書寫自我以表達女性「性自主」的權力。社會上各種以女性為主的文藝活動、各式展覽及女性文學作品紛紛發表。其他如勞工運動、原住民運動……等，原本屬於社會弱勢的聲音在九〇年代紛紛發聲以爭取權益，傳統的同質社會文化被打破，「眾神喧嘩」的異質社會文化成為了九〇年代的主流特色。

小　結

八、九〇年代的臺灣社會與政經環境急遽變遷下，城市「生活空間」書寫進入成熟期。主要原因有二，一是文體的自然發展經過百年而水到渠成。二是社會環境使然。文學與時代關係始終緊緊相連，翁柏川指出「八〇年代是臺灣社會各層面變動最劇烈的年代，也是臺灣社會集體發聲的時代。」〔註31〕身為臺灣第一大城與政經中心的臺北城市自然感受最深刻。

〔註31〕 翁柏川著：《「鄉愁」主題在臺灣文學史的變遷——以解嚴後（1987 年—2001年）返鄉書寫為討論核心》（新竹：國立清華大學臺灣文學研究所碩士論文，2006），頁 19。

　　八〇年代首先是「政治」的劇變，1979 年的「美麗島事件」加速臺灣民主化進程，而 1987 年「解嚴」，臺灣正式邁入眞自由與眞民主法治的里程碑，同年底的「開放探親」更讓兩岸關係出現前所未有的大和解現象。此外經濟上的突飛猛進形成了「臺灣經濟奇蹟」的世代，中產階級崛起，大眾消費市場大爲活絡。因政治的開放「本土意識」高漲，文學上也興起臺灣文學正名的風潮。而資本主義的大力滲透下，文化成爲了商品，販售到每一個消費者手中。經濟力的興起更多人對名牌有了渴望與追逐的能力，物質的展現成爲了時尚流行的象徵。當全球經濟緊密連結之際，臺北已成爲地球村的一份子。八〇年代的開放，帶起了臺灣的政經變化，除了讓臺灣由威權轉變爲民主社會外，同時也帶起九〇年代以來一連串的動盪。首先是政治上的大解放，一連串大大小小的選舉帶起了政治狂熱，尤其 1996 年人民直選總統來到了最高峰。人民的聲音高漲結果，民粹發酵埋下日後二十年的政治亂象。全球經濟爲一共同體，在全球化的歷程裡發生金融風暴時，臺灣的經濟也受到強烈的衝擊。此外一連串的社會「大事件」不斷發生，皆讓人民內心惶恐不安。而在文化上的思想解放，女權意識抬頭，同志身奮勇敢承認也帶來完全不同的新氣象。開放與改革雖帶來一連串的負面效應，但這也是邁向民主之路必要的陣痛期。八、九〇年代的臺北城市書寫，在這樣的社會環境背景裡展開，文學反映社會，作家的細膩觀察，勢必將這樣的社會文化，涵攝於作品文本之中體現於世。

　　八〇年代由於城市發展的機能成熟，加上林燿德、黃凡等人大力鼓吹而被譽爲「城市文學」的世代。進入了九〇年代後，一方面當初鼓吹的旗手林燿德逝世，另一方面由於「解嚴」而文化思想大解放，各式的主題如「同志文學」、「女性文學」等風起雲湧。「城市精神」因此融入各類文學創作的內涵之中，是以羅秀美以「隱遁於文本中的都市」〔註 32〕來稱呼這個世代的城市文學面貌。思想的大解放，其八、九〇年代的城市背景也有巨大的波動。成熟時期裡的書寫，除了作家作品眾多之外，賦予了「城市精神」於其中，更深化城市書寫的意涵於其中。

〔註32〕羅秀美著：《文明・廢墟・後現代：臺灣都市文學簡史》收錄於國立臺灣文學館主編：《臺灣文學史長編25》，頁 159。

第五章　八、九○年代臺北城市「生活空間」文學書寫中的城市地標

「地標」係指某一區域內所特有的特色人工建築或自然物，或因外貌的特徵、或因內在的涵義有所不同而引起人們的關注、共感。身在此一地標空間中，即刻可判別身處何方，具有強烈的辨識度。美國城市規劃理論家凱文‧林奇（Kevin Lynch，1918～1984）在「城市意象」理論中強調「地標」（如節點、標誌物）即屬列「城市意象」裡重要的五大要素之中〔註1〕。他認為，人們對城市的認識並形成的意象，是通過對城市的環境形體的觀察來實現的。城市形體的各種標誌是提供著人們識別城市的符號，人們通過對這些符號的觀察而形成感覺，從而逐步認識城市本質。城市環境的符號、結構越清楚，人們也越能識別城市，從而帶來心理的安定。一個城市中的具有特色地標建築，除了具有極高的辨識度，其所連結的空間環境也各自散發出獨特的文化氣息。

觀諸各大著名的城市空間地標多為人工特色建築，分別建構出了獨特的空間象徵意義，舉如紐約的「自由女神像」、巴黎的「艾菲爾鐵塔」、倫敦的「大笨鐘」等，都是舉世聞名的城市地標，同時也吸引著不同的客群前來朝聖。該地標所連結起的場域空間除了具有觀光遊覽的功能，其建築景觀更累積著人文歷史的意涵與價值，同時也涵括著該城市、人民成長的集體記憶。

〔註1〕 五大要素分別為通道、邊界、區域、節點、地標。參見凱文‧林區（Kevin Lynch）著，胡家璇譯：《城市的意象》（The Image of the City）（Harvard-MIT Joint Center for Urban Studies Series）（臺北：遠流出版公司，2014），頁76～80。

因此，地標空間的整體規劃與操作行銷亦可積極的塑造城市特色，進而建構出其獨特的城市風格。

建築師陳子弘曾引凱文‧林區的「地標」之說論證臺北城市地景：

> 具特色的建築物或自然景觀，讓人可以透過與地標的相對位置，立刻察覺到身在城市的哪個角落。例如在臺北看到 101 大樓，便知道自己身在東區；看到臺北車站或中正紀念堂，則表示位在臺北市西區。〔註2〕

這段文字標示了二十一世紀的臺北城市裡最受人矚目的地標首推座落於信義計畫區的超高摩天大樓——「臺北 101」；2004 年落成，樓高 509.2 公尺，地上共有一百零一層，內有百貨商場，世界級的名牌專櫃紛紛進駐，上層的商業辦公室是各大國際企業據點的落腳處。此一巍然矗立世界級建築、知名國際企業總部以及重量級的商品旗艦店進駐，如今已成為臺北城市重要的地標；在任何一個角落，抬頭仰望都可以看見它的身影，可謂是臺北進步的象徵。而八、九○年代臺北的城市「地標」為何？在臺北城市文學是如何被記錄書寫的？本章即分別從商業、政治、交通、藝文四方面的文學創作書寫裡進行觀察。由於城市地標繁多，未避免過於瑣碎討論，本章節將各類地標中，選取各一最具代表性的地標建築為例，透過作家的文字「再現空間」書寫，印證城市的生活與人文風貌。

第一節　商業地標：中華商場

商業（Commerce），係指一種有組織的模式，在其組織架構之下，提供了消費者所需之服務，其中包含有形與無形的各種商品消費。在原始人類社會中，最早為「以物易物」的商業行為，透過雙方認同之等價商品交換而產生貿易。之後貨幣的發明，透過金錢買賣而完成交易行為。隨著城市機能的發展日益繁複，商業貿易也日漸多元，同一類型的商品共同販售，產生聚集效應而有「商圈」的產生。此外不同類型的商品以複合式聯合經營，而有「百貨」的概念產生。日治時期臺灣第一家百貨——「菊元百貨」座落於西門町附近的衡陽路與博愛路口。「菊元百貨」走精品高檔路線，為金字塔頂端的客

〔註2〕陳子弘著：《臺灣城市美學：在地覺醒的亞洲新風貌》（臺北：木馬文化公司，2013），頁8。

層所消費。戰後的臺灣經濟蕭條，百廢俱興，「菊元百貨」也被國民政府所接
收。百萬人口大量遷入，大量的人口帶來無限的商機，庶民的商業消費崛起，
西門町附近「中華商場」場域成爲臺北最具代表性的商業地標。

一、中華商場的歷史沿革

　　國民政府遷臺後，同時也帶來近兩百萬人來到臺灣。只是小小的島嶼一
時間湧入大量的人潮難以消化。臺北市爲國民政府的臨時首都，當然也聚集
最多的大陸各省居民。在一時之間無法找到那麼多可安居的棲身之所時，只
好權宜之策借用當時西門町中華路的鐵路東側空地。原本「三線路」的大道
旁緊鄰鐵路側車道的有限空間，興建三列簡易的臨時棚屋，低價租給居民暫
住並可擺攤維持生計。然而隨之暫住的居民越來越多，臨時棚屋在毫無節制
之下擴建成爲了大片的違章建築群落。人口的過度密集、交通動線出入口的
紛亂，加上環境的惡劣，衍生出種種的城市治安問題而被批評爲臺北「都市
之瘤」。

　　六○年代臺北市政府決定整頓市容，與攤商協調。爲求快速、簡便的原
則，北由忠孝西路口，到南邊的愛國西路口，以水泥建築興建八座三層樓高
的長條柱體形式的商場建築。其落成後命名爲「中華商場」。中華商場因爲處
交通便利，落成之後帶來無限的商機。呂芳斌指出：

> 一九六○與一九七○年代，是中華商場的全盛時期。由於西邊即爲
> 西門町，因此吸引了不少人潮。西門圓環及其以北商場建築棟與棟
> 間的重要路口，設置天橋，不但藉此得以安全跨越鐵路平交道，連
> 絡中華路東、西兩側，還可以直通商場二樓，更有助於商場人潮的
> 匯流。鐵路尚未地下化的五○、六○年代，北上的列車進入臺北車
> 站之前，必定會經過商場西側的鐵道，因此中華商場經常成爲中南
> 部遊客旅途中的重要印象，商圈地標的象徵意義在此顯現。而商場
> 的屋頂，也曾經成爲各家企業競相設置大型霓虹燈廣告的場所，入
> 夜之後，五光十色的霓虹燈更襯托出街景的亮麗。〔註3〕

由於「中華商場」融合了商業、交通、休閒、娛樂等多元的功能，因此吸引
了不少人潮；而在商場落成後數年間，附近一些初具規模的百貨公司接連開

〔註3〕 呂芳斌著：《臺北市中華商場商業活動之研究》（臺中：中興大學都市計劃研
　　　　究所碩士論文，1985），頁20。

幕（如中華路上的「第一百貨」），加上城中市場、衡陽路與博愛路等傳統商圈，西門圓環等配合周圍方便的交通，共同形成當時大臺北最繁華的中心商業區。光鮮亮彩的中華商場成為中南部人進入臺北城市的第一印象。在東區尚未興起的年代，「中華商場」幾乎是臺北娛樂的代名詞。八〇年代以降「中華商場」雖日趨落魄，但它卻是臺北人的「集體記憶」，是許多作家們成長的重要場域。縱使九〇年代初期商場已拆毀，但作家們仍以文學書寫使其「再現空間」，中華商場不單純只是臺北的商業地標，更是臺北人城市生活的共同回憶。

二、中華商場的文學書寫

（一）見證西區的興衰起落

　　中華商場與臺北火車站與西門町形成地形三角共榮圈，前者為南北交通的樞紐；後者為眾多電影院匯集的娛樂地，全盛時期人潮洶湧，各樓層販售商品種類齊全。當火車進入臺北市，必先經過「中華商場」：

> 空隆──空隆──空隆──中華商場外面鐵路上，有火車急駛過來，
> 穿過西門町的心臟。車聲愈來愈近，愈來愈響，就在窗下，陡然間，
> 整座中華商場的大樓都震撼了起來。〔註4〕

在白先勇的《孽子》中，描敘著中華商場周邊的繁榮。天橋的連結可直通商場二樓，中華商場的販售商品琳瑯滿目，加上交通便捷，自然成為臺北市民的假日購物首選。據呂芳斌統計商場的各類店家販售商品，以「服裝類」比例最高佔 16.26%，其次為「電器電子類」佔 15.63%，第三為「飲食類」佔9.02%，後面還有「藝品類」佔 8.26%，「禮品類」佔 8.13%，「鞋店類」5.08%，「其他」約 5%。〔註5〕可見中華商場幾乎含括了當時生活之所需的食、衣、住、行等商品。每家商家各具特色，為中華商場帶來無限商機。知名演員李國修（1955～2013）當時家住中華商場裡，就曾一一道出商場裡的店家特色：

> 中華商場的人潮大多集中在五、六、七棟。……在愛國獎券盛行的
> 年代，中華商場每棟的頭尾各有一家獎券行，開獎的日子總吸引許
> 多作著發財夢的小市民們爭相前往兌獎。上了二樓，又是不一樣的
> 光景，住家以外還有許多販賣郵票錢幣的集郵社，作家愛亞每到西

〔註4〕白先勇著：《孽子》（臺北：允晨文化公司，2001），頁 74。
〔註5〕呂芳斌著：《臺北市中華商場商業活動之研究》，頁 20。

門町就常一本正經地和很多男士一起站立集郵社前觀看各種郵票、錢幣。綜合式的商場空間，提供各式臺北社群不同的消費空間，直到 1980 年代東區商場百貨的崛起，中華商場的亮麗光環才隨著商業中心的位移、建築體的老舊而逐漸消失。〔註6〕

中華商場的多元經營同時滿足不同客群，觀光客會集中前往第五棟的特產店。學生族群也會去第五棟訂做制服。六、七棟的小吃店，連總統府裡的軍人與職員都會前往吃午餐。「點心世界」、「眞北平」的平價小吃是大家的集體記憶，茶室裡外省老兵們一起下棋、喝茶。六棟的服裝店是老伯伯、老太太長袍馬褂的專門店等等。中華商場的複合式商業空間裡的各種商業活動與買賣裡，商品物美價廉且種類一應俱全，幾乎滿足了大部分臺北人的日常生活之所需。在東區商場尚未崛起前，這樣的消費模式深受臺北人喜愛，一次的消費，就可滿載而歸。中華商場也帶動了鄰近西門町的繁華，在〈永遠的尹雪艷〉裡，女主角交際花尹雪艷活躍於西門町一帶：

> 尹雪艷在臺北的鴻祥綢緞莊打得出七五折，在小花園裡挑得出最登樣的繡花鞋兒，紅樓的紹興戲碼，尹雪艷最在行，吳燕麗唱「孟麗君」的時候，尹雪艷可以拿得到免費的前座戲票，論起西門町的京滬小吃，尹雪艷又是無一不精了。於是這起太太們，由尹雪艷領隊，逛西門町，看紹興戲、坐在三六九裡吃桂花湯圓……〔註7〕

白先勇小說世界裡的「鴻祥綢緞莊」在博愛路上、「小花園繡花鞋店」在峨眉街裡，還有成都路的「西門紅樓」都是圍繞著中華商場。商場空間裡涵攝食衣住行育樂皆有之，成爲上至高官貴族，下至平民百姓裡的日常生活娛樂中心。

隨著時間的遷移，「中華商場」見證了一個時代的起與落。八、九○年代臺北市政府的信義計畫區規劃完成，新穎的摩天大樓一棟又一棟的高聳矗立。市政府遷移進入，大型百貨公司、外商企業總部紛紛進駐，東區崛起。中華商場經過了二十年的歲月，建築老舊，空間狹隘，相較於東區的百貨商場空間是寬闊、挑高、美觀且富麗堂皇，難以匹敵而終歸沒落。然而「中華商場」繁榮不再，卻是許多人的兒時回憶，老商場成爲了臺北人的集體記憶。不少作家在這一時期藉著對「中華商場」刻畫，書寫出了臺北西區沒落之景、充

〔註6〕李國修著：〈生活在臺北的那個年代〉收錄於《臺北記憶》，（臺北：臺北市政府新聞處，1997），頁 74～75。

〔註7〕白先勇著：〈永遠的尹雪艷〉，《臺北人》，頁 59。

滿了落寞之感。如吳明益（1971～）就觀察寫下：

> 整天也沒有一個學生來訂做學生褲，煮了一鍋清粥的老闆自己吃了
> 三天變成稠粥，皮鞋店的合成皮鞋放得太久，即使用塑膠袋綁起來
> 還是被太陽曬到裂開，禮品店堆滿客人訂做卻沒有來拿的金徽章（而
> 且多半已經氧化成黑色）。〔註8〕

八、九〇年代「中華商場」，從原本熱鬧非凡的如今人去樓空。人潮不再，商
品也停駐於商店之內，大樓內空蕩蕩一片，原本的食衣住行育樂等日常用用
品乏人問津，龐大的商場僅剩下空洞的建築。

（二）幽暗書寫

東區都市計畫實施後，中華商場人潮銳減，景物依舊卻人事已非。只剩
下幾家小店販賣著便宜的商品，人煙稀少的商場逐成為同志族群遊蕩空間。
夜晚的「中華商場」早早打烊，空蕩蕩的商場建築空間開放，所有的人自由
進出：

> 裏面是黝黑的，電燈壞了，只有靠鐵路那邊那扇窗戶送進來西門町
> 中華商場那些商店招牌閃爍的燈光。在黝黑中，我也看得到他那雙
> 眼睛，夜貓般的瞳孔，在射著渴切的光芒。他那腫大的身軀，龐然
> 屹立在那裏，急迫地在等待著。我立在洗手盆前，打開水龍頭，嘩
> 啦嘩啦，不停地在沖洗著雙手。在燠熱的黑暗裏，強烈的膻臭味，
> 一陣陣從小便池那邊洶湧上來。樓下的幾家唱片行，在打烊的前一
> 刻，競相播放著最後一支叫囂的流行歌曲。自來水嘩啦嘩啦地流著，
> 直流了十幾分鐘，他才拖著遲疑的步子，那腫大的身影，探索著移
> 了過來。〔註9〕

人潮離去後的「中華商場」，因管理與維修經費有限，裡面的設備毀損日多。
電燈壞、玻璃破，商場隨著「破窗效應」〔註10〕（Break Pane Law; Broken windows

〔註8〕吳明益著：《睡眠的航線》（臺北：二魚文化，2007），頁78。

〔註9〕白先勇著：《孽子》，頁74。

〔註10〕破窗效應是犯罪學的一個理論，該理論由詹姆士・威爾遜（James Q. Wilson）
及喬治・凱林（George L. Kelling）提出，並刊於《The Atlantic Monthly》1982
年3月版的一篇題為《Broken Windows》的文章。此理論認為環境中的不良
現象如果被放任存在，會誘使人們仿效，甚至變本加厲。見《MBA智庫百科》
「破窗效應」條例。上網時間：2016.8.11 網址：http://wiki.mbalib.com/
zh-tw/%E7%A0%B4%E7%AA%97%E6%95%88%E5%BA%94

theory）的擴大，越來越殘破不堪。尤其商場的角落——公共廁所，因年久失修而環境髒亂。夜晚的公廁漆黑一片，只有來自窗外霓虹燈閃爍照映其中。因為這裡的環境惡劣以致一般人厭惡不願靠近，於是成為了「邊緣人」同志的棲身之所。白先勇《孽子》裡的男主角李青，就這樣意外闖入這禁區空間。黑暗之中，李青看見對方的雙眼「夜貓般的瞳孔，在射著渴切的光芒」從黑暗廁所的另一頭緩緩走了過來。中華商場角落裡那黑暗惡臭的環境，竟成為了同志情慾宣洩的場域。作家透過幽暗環境的塑造，營造出同志社會邊緣人的形象，在失落的空間裡找尋慰藉，夜裡的中華商場公廁是最佳幽暗的場域。

　　白先勇的《孽子》是臺灣第一本男同志長篇小說，為當時還是保守的臺灣社會帶來了極大的震撼與衝擊。故事主要描述男主角李青面對自己同志傾向的內心掙扎，面對與傳統威權又保守的父親衝突，還有社會主流價值觀所給予的無限抨擊與異樣眼光。因此李青在臺北「新公園」（今二二八公園）中找到與自己一樣的男同志族群，在這裡他感受到溫暖，也體會了如何在殘酷的城市裡生存。面對自己身體慾望的宣洩，還有在社會偏見之中掙扎求生。他們以臺北「新公園」為中心輻射而出，日常的生活行動散佈整個臺北的大街小巷之中。其中落魄無人跡的「中華商場」正是這群同志邊緣人的暫棲之所，夜黑風高的時刻，他們匯集於此共享溫存。

　　「中華商場」廁所裡的幽暗書寫，也出現於以魔幻寫實著稱的吳明益作品中。其透過虛實交錯的創作手法，試圖在小說之中由對於生命的追尋來凸顯出生活的真實與生命的價值。〔註11〕吳明益的〈廁所裡的故事〉裡，敘述還是孩童的男主角阿文一次在「中華商場」的公共廁所中，疑似撞邪聽見「魔神仔」的聲音而驚嚇過度，以致行為舉止與以往截然不同。之後阿文的父母於是帶著他帶往神壇請「開漳聖王」收驚，在乩童的施法之下，最後才回復的往日的活潑模樣。公共廁所因為時常地處偏僻且環境不堪，向來給予人們負面的印象，在夜晚昏暗的燈光中更給人毛骨悚然的感受。在〈廁所的故事〉中，吳明益以廁所的不潔與民俗傳說中不潔的「魔神仔」相結合。受過「魔神仔」的影響，阿文在商場裡的公共廁所右側寫上了一至十的阿拉伯數字後，「中華商場」的公共廁所竟成了電梯，阿文「就乘著『廁所電梯』到了至今

〔註11〕關於吳明益的文學特色，詳見封德屏編：《2007臺灣作家作品目錄》，上網日期 2015.8.18 網址：http://www3.nmtl.gov.tw/Writer2/writer_detail.php?id=415

臺灣都未曾出現過的一百五十樓的茫緲所在。」〔註12〕這樣奇詭的幻想推演，讓中華商場變成了超高樓層的商業建築物，劉亮雅認爲這正是吳明益對於小說城市書寫的浪漫感性的展現。〔註13〕

作家吳明益自小也生活在「中華商場」，其對商場裡的點點滴滴自然熟悉不過，自言商場是「寫一輩子都還在記憶裡不斷成長的地方」〔註14〕。在其小說集《天橋上的魔術師》中，即以八〇年代「中華商場」爲時空背景的故事，寫下一篇篇商場裡的故事。高湘茹指出在吳明益小說作品中：

> 中華商場幾乎可說是一個具體而微的城市意象，商場的轉變，宛如
>
> 大臺北城的縮影，見證著時代與城市的變遷。〔註15〕

故事以魔術師貫串全書。首篇的〈天橋上的魔術師〉寫下開皮鞋店的小男孩因在西門町的天橋上賣鞋帶而遇見魔術師，開啓對魔術的渴望。〈九十九樓〉裡的馬克因受不了家暴而逃家，聽信魔術師的話，在廁所裡劃下第九十九樓的電梯按鈕並祈求不被任何人找到後，隨即消失於中華商場。〈石獅子會記得哪些事？〉的鎖匠之子隨時可以複製鑰匙，他已複製鑰匙救出了火場裡的佩佩，卻救不出後來自殺的佩佩。〈一頭大象在日光朦朧的街道〉裡主角名爲「烏鴉」的哥哥、母親相繼死亡，加上父親的酗酒，迫使他離家並擔任大象布偶裝工讀。穿著布偶裝的他遇見許多熟人，熟人的不認識讓他感覺失去了身分與名字。但這樣的裝扮竟讓他脫離原本的痛苦，在大象裝的世界裡，既迷人又孤寂。〈強尼・河流們〉透過中華商場第三棟的彎，預示了阿澤、阿猴與小蘭的三角關係將會急轉直下，最後阿猴竟與小蘭殉情而亡。〈金魚〉裡的女主角特莉沙於高中時消失於商場中，家中的金魚最後也被塑膠袋擠落於地而死亡。〈鳥〉故事中集郵社兄妹養的白文鳥的死亡。〈唐先生的西裝店〉裡貓的消失……等。所有在「中華商場」消失的人、事、物，皆預示了這個一度輝

〔註12〕吳明益著：〈廁所的故事〉，《虎爺》（臺北：九歌出版社，2003），頁107。

〔註13〕劉亮雅指出吳明益「此幻想顯示他對現代機器的興奮著迷。同時，他也想像廁所裡有魔神仔，會小孩抓走；顯然他曾經從父母那裡聽過有關魔神仔的鄉土故事。蚊仔結合神祕與現代的想像顯現一種不同於臺灣一般都市小說裡的感性。」見劉亮雅著：《遲來的後殖民——再論解嚴以來臺灣小說》（臺北：國立臺灣大學出版中心，2014），頁148。

〔註14〕胡長松著：〈本土新世代作家專訪——訪吳明益〉，《臺灣 e 文藝》第2期（2001.4），頁86。

〔註15〕高湘茹著：《吳明益作品研究》（臺北：臺灣師範大學國文學系碩士論文，2008），頁42、43。

煌的臺北城市商業地標將走向盡頭。

　　人去樓空的「中華商場」成為治安的死角、「都市之瘤」。到了八、九○年代臺北市開始發展「大臺北捷運系統」，中華商場成為了捷運站出口，在政府公權力的強力介入之下，1992 年 10 月 20 日正式下令拆除商場；半年後，八座商場夷為平地，中華商場正式進入歷史。米果寫下：

> 中華商場消失很多年之後，我在國家劇院看了李國修的屏風表演班戲碼《女兒紅》，演到主角父親在中華商場修鞋的那一段，我的背脊深深陷入國家劇院的椅背，八○年代從中華商場一路走到西門町的記憶，緩緩從歲月冷窖爬了出來，我跟著戲中的李國修，哭到抽搐，無法停止。〔註16〕

「中華商場」，最後與吳明益《天橋上的魔術師》裡的角色一起消失在歷史的洪流之中。那些曾伴隨著臺北人一起成長的生活記憶，如今僅能透過記憶以重現。

第二節　政治地標：總統府

　　古今中外，許多的政權及領導皆透過不同的形式來宣揚國威，如強盛的閱軍典禮、宏偉雄健的新首都、巨型領導的雕像、紀念碑與寬闊的紀念廣場……等。其中政治指標鮮明的地標建築，除了可以達到國威的宣揚外，更有宣示主權、深化民心的效果，同時也帶來相當可觀的觀光效益。如中國大陸的「天安門廣場」、美國的「華盛頓紀念碑」、法國的「凱旋門」、英國的「西敏宮」……等皆是如此。對此愛德華·薩依德（Edward Wadie Said，1935～2003）在《文化與帝國主義》（Culture and Imperialism）一書中指出：

> 與之相結合的文化肯定了地理學的優位性和領土控制的意識型態。地理學的認知產生許多計畫—想像、圖學、軍事、經濟、歷史，或一般意識下的文化。這也使許多種知識的建構成為可能的，所有這一切在不同方面均有賴於一種特殊的地理學之被意識到的特色和使命。〔註17〕

〔註16〕米果著：《臺北捌玖零》（臺北：啟動文化公司，2016），頁 55。
〔註17〕薩依德（Edward W. Said）著，蔡源林譯：《文化與帝國主義》（臺北：立緒文化事業有限公司，2000），頁 157。

透過政治文化所連結而成的城市地標，一方面有先入為主的地理學的優越性，同時也因領土控制的意識型態，進而成就了政權的正當性。這種新型態的地理學特色和使命，被許多執政者看見其中的可行性。故許多領導者建國之初皆大興土木，除了宣揚國威，更要讓新政權的新文化深植人心。清末建城以來，臺北一直就是臺灣的政治中心。包括日治時期與國民政府遷臺至今，臺北都是政府決策圈的大本營。許多的政府機關皆座落於此，眾多地標建築中最具政治指標性意義的莫過於總統府。總統府位於臺北博愛特區內，為國民政府遷臺後歷任中華民國總統的辦公總部，是全臺最高的政治決策中心，其建築也是最高權位的精神象徵。

一、總統府的歷史沿革

　　總統府前身為日治時期的臺灣總督府，是日本治臺時的最高決策機構。自 1895 年日本接管統治臺灣以來，一方面民心未安，一方面國內政策未明，一直以在今日南海路上「植物園」內西側的「福建臺灣承宣布政使司衙門」及「欽差行臺」作為日本臨時總督府。在第五任日本臺灣總督佐久間左馬太（1844～1915）就任期間始有興建永久總督府之計畫。1907 年，總督府公開懸賞 5 萬日幣以徵圖，並限制日籍建築師方有資格競賽。經過一連串的討論後，最後以日本大阪建築師森山松之助（1869～1949）的設計作品具壯闊莊嚴而獲得青睞。再經過部分修改後，正式於 1912 年 6 月 1 日動土建造，經過七年多的時間，終於在 1919 年 3 月於第七任臺灣總督明石元二郎（1864～1919）任內竣工落成。

　　臺灣總督府是當時臺北城內最高建築。建築主體平面為一「日」字形建築設計，高為五層樓其中的中央塔達十一層之高。該棟建築以中央塔為中心採左右對稱，正面左右各約七十公尺長，側面寬約八十五公尺，正面呈現出金字塔形的三角比例。主體建築為鋼筋混凝土，堅固耐用；兩邊各有一中庭，採光通風良好。外牆則以紅色面磚及石灰泥搭配，精緻而典雅，加上羅馬柱、柱列、腹柱的混搭，山牆、圓拱窗、牛眼窗、托架等運用，呈現出「後文藝復興時期」（late-Renaissance style）的建築風格，整體呈現出典雅而莊嚴的氣勢。自第七任總督明石元二郎進駐後，日後所有的日本總督皆於府內洽公。

　　臺灣總督府在日本統治臺灣時期就是重要象徵，是極具指標性的政治地標。也因此在第二次世界大戰期間，臺灣總督府成為了美軍轟炸的主要目標。

未避免被擊毀，二戰期間臺灣總督府，連同周遭建築一起做了許多的防範與偽裝以遮蔽。雖然如此，但仍在 1945 年二戰末期的炸彈空襲中，遭空襲以致總督府正面結構毀損。同時也迫使第十九任臺灣總督安藤利吉（1884～1946）遷至「臺北市役所」洽公。

　　1946 年，日本戰敗投降國民政府接收臺灣。臺灣各界政要與實業家，為慶祝國民政府主席蔣中正六十大壽而捐款復建。歷經了兩年的修繕，於 1948 年底修復完成，其中部分設計與原先有些許出入，同時更名為「介壽館」。1949 年國民政府遷臺，同年 12 月 9 日，行政院會議決議將中華民國「總統府」及「行政院」設址於「介壽館」裡共署辦公。隔年，1950 年 3 月 1 日國民黨總裁蔣中正正式「復行視事」，恢復總統職權並進駐總統府辦公。1957 年，行政院遷出「介壽館」改由總統府單獨為公。此後的歷任中華民國總統皆於此處辦公，2006 年，「介壽館」更名為「總統府」，時至今日「總統府」依舊是中華民國最高的政治與決策之所在。

二、總統府的文學書寫

（一）政治實權的中心

　　總統府一直都是國家領導人的辦公所在地，為了保護首長的安全，早年守衛森嚴，一般閒雜人路過只要稍做停留都會被憲兵盤查訊問。也因此總統府總給人高不可攀且遙不可及的莊嚴印象，在戒嚴的年代中，總統府更是反共復國的精神堡壘。學生時期的朱天心，擅長從生活取材，以敏銳的心思刻畫出少年的燦漫。〔註18〕她以自己的學生經驗寫下〈梁小琪的一天〉。故事中女學生梁小琪「每天早上經過總統府前時，她總會習慣性的佇立著看一會兒那巍然矗立的建築物，默想著『我要為我的國家畢生努力』。」〔註19〕「愛國的使命感」在梁小琪路過莊嚴的總統府時油然而生。而每年的雙十國慶閱軍典禮與遊行時，是總統府最光輝的時刻：

> 廿五萬人已排好了，梁小琪舉著紅色大字，是排「中華民國萬歲」
> 中萬字的一分子。歌聲從各個角落傳來，梁小琪無論聽到哪一首，

〔註18〕 關於朱天心的文學特色，詳見封德屏編：《2007臺灣作家作品目錄》，上網日期 2015.8.18 網址：http://www3.nmtl.gov.tw/Writer2/writer_detail.php?id=300
〔註19〕 朱天心著：〈梁小琪的一天〉，《方舟上的日子》（臺北：遠流出版公司，1993），頁 42。

　　她都盡心力去唱。風雨隨著大家的情緒高漲著，梁小琪濕透了，軍
　　訓服緊緊貼在身上，冷風一吹，同學們都紛紛打著冷顫，她卻感到
　　胸中那股激昂的情緒更發的不可壓抑，脹得胸中滿滿的，根本沒處
　　可容納寒冷的感覺。〔註20〕

國慶典禮的開場是三軍樂儀隊操槍表演，天空有空軍「雷虎小組」的精彩
演出，緊接著有海軍陸戰隊的蛙人操，還有各式各樣陸、海、空軍精銳部
隊與武器的閱兵活動。能入選為雙十國慶的觀禮更是莫大的光榮，總統府
廣場前萬人空巷，旗海飛揚，歸國僑胞、外國賓客、各界社團、學生團體
等超過二十五萬人聚集於此。各學校更是動員學生排練各種「字海」活動，
梁小琪也在人海之中舉著紅色的大字。愛國的歌聲響徹雲霄，和其他所有
人一樣梁小琪被現場的情緒所渲染，縱使下著雨，情緒依舊激動。受到愛
國主義與反共思想教育的影響，三民主義統一中國的教條，深烙在每一個
市民的心中。作家透過梁小琪的角色，側寫七○年代晚期到八○年代初期
學生受愛國教育下的澎湃展現。在此社會氛圍中，入選雙十國慶的總統府
前的空間場域進行「字海」遊行是莫大的光榮。解嚴以前「總統府是神聖
的場域空間，是重要的政治地標。所有人就像梁小琪一樣，被它的莊嚴所
震懾，被它的威嚴所崇拜著。

（二）威權象徵的翻轉

　　八、九○年代的臺北，社會氛圍改變了。雖仍有像張大春（1957～）〈飢
餓〉裡的男主角巴庫看到總統府前「萬頭攢動，旗海飄張」〔註 21〕寫出了鄉
下人的震撼。但「解嚴」後的總統府見證更多民主的到來。善寫人性光明美
善的蕭麗紅（1950～）〔註 22〕，在《白水湖春夢》中寫出大時代下的臺灣社
會與人文的變遷。故事裡白水湖村民黃潤及邱永昭皆因為「二二八事件」受
到政治迫害。邱永昭被警備總部抓走前，對著妻子錦菊說出「要好好活著！」
最後一句話後就再也不見蹤影。數十年以來邱永昭的母親、黃潤的妻子，歷
經了百死千難後依舊堅強的生活著，就是為了等到真相大白的這天。全書從
1949 年國民政府遷臺開始，直到「一九九三年二月二十八日。臺北總統府舉

〔註20〕同前註，頁 43～44。
〔註21〕張大春著：〈飢餓〉，《張大春集》（臺北：前衛出版社，1992），頁 169。
〔註22〕關於蕭麗紅的文學特色，詳見封德屏編：《2007 臺灣作家作品目錄》，上網日
　　　　期 2015.8.18 網址：http://www3.nmtl.gov.tw/Writer2/writer_detail.php?id=2404

辦了『二二八受難者追悼會』，與會者，扶老攜幼，一、二千人。」〔註23〕由
時任總統李登輝於這個象徵最高權力核心的場域內舉行「二二八受難者追悼
會」，並正式代表國民政府道歉，極具跨時代的意義。蕭麗紅試圖以文學書寫
來撫慰政治受難及一切歲月的傷口。最後以「但春天也會再走，在來、去流
轉間，他、他們的心上輕放著，『許多祖先們做過，卻沒有做完的未竟春夢』；
無邊春夢，在這本書裡成就了傳承綿延的永恆意味。」〔註24〕，人們一代一
代生活，而春天一年一年到來，以希望依然收尾，呈現出傳統中華文化裡溫
柔敦厚的美好特性。

　　八、九〇年代的臺北，言論更自由、思想更放縱。年輕人不再受到愛國
的教條的束縛。舞鶴（1951～）長於以「前衛式」的風格寫出社會的深層面
向。〔註25〕在作品〈十七歲之海〉裡，寫下從束縛中被掙脫的血氣方剛少年
們，他們成群結隊的「蛇行上草山」〔註26〕，騎著改裝機車在陽明山上的仰
德大道狂飆橫行，試圖以這種極度放縱的方式，解開青少年心理的束縛與對
社會枷鎖的吶喊。他們還許下願望：

　　　　我們發飆下山，回到都市叢林，最大的志願是到總統府前大馬路大
　　　大飆一飆……那裡呢憲的警的林的立的一大堆。〔註27〕

騎車飆車，在狂放不羈的車陣裡享受飆速快感。青春少年雖只在淡水的河堤
上狂飆，但在總統府前的大馬路狂飆以挑戰權威卻是他們的最大願望，尤其
在被憲兵、警察的追逐過程更顯刺激。雖然這群十七歲少年最後並沒有真正
到總統府前飆車，但這種挑戰權威、衝撞體制的表現，在解嚴之際，人民享
有「自由」之後。面對這曾是精神聖威嚴的政治地標——「總統府」或抗爭
或瞻仰，每一個人無不躍躍欲試。

　　隨著在野黨帶領民眾開始衝撞威權體制，總統府是威權的象徵，當然也
是被挑戰的對象。七等生的〈我愛黑眼珠續記〉裡以解嚴後的最大抗爭活動
「520 農運」為背景，抗議農產品開放對農民生計的衝擊，而有「臺北車站」
遊行到「中正紀念堂」，中途路過「總統府」。女主角晴子一行人遊街抗議，

〔註23〕蕭麗紅著：《白水湖春夢》（臺北：聯經出版社，1997），頁 306。
〔註24〕蕭麗紅著：《白水湖春夢》，頁 314。
〔註25〕關於舞鶴的文學特色，詳見封德屏編：《2007 臺灣作家作品目錄》，上網日期
　　　　2015.8.18 網址：http://www3.nmtl.gov.tw/Writer2/writer_detail.php?id=2135
〔註26〕舞鶴著：〈十七歲之海〉，《十七歲之海》，頁 37。
〔註27〕同前註，頁 213。

對路過的「總統府」大大的貶抑一番。進入社會的朱天心，展現出有別於學生時期的風格，自覺性的省思之下，寫出對社會時政的犀利批判；另一方面也由老靈魂的身影漫遊於城市之中，進而寫下對家國與身世的落魄與滄桑之感悟。〔註 28〕〈新黨十九日〉是寫出對社會時政的犀利批判之作，過程寫下在「立法院」與「總統府」府廣場之間的抗議畫面。〈新黨十九日〉故事中的家庭主婦，因政府政策以致股票套牢，在友人的起哄之下一起前往抗議。八、九〇年代的總統府，幾乎成爲了衝撞威權體制的標的，即使政黨輪替後，下野的支持群眾依舊在「總統府」前撕竭吶喊：

> 接連半個月，他在電視螢光幕上看到了成千個揮舞著青天白日滿地紅旗的外省老人，嘯聚在臺北總統府前的廣場上。……他從來也沒有見過成千累萬、像他一樣把國民黨當成歸宿，當作親娘，當作庇蔭的人都聚集起來，在博愛特區上國民黨五十年權力的象徵——總統府前鼓噪，表達他們對國民黨喪失了政權的絕望、忿怒、恐懼和悲傷。〔註29〕

解嚴後歷經了多次的大大小小次選舉，然而臺灣的民主並未眞正成熟。在爲求勝選不擇手段的政治操排之下，抹黑、造謠、恐嚇，還有族群操弄，惡質選風不斷。每一次的選舉都是一次的族群分裂，尤其 2000 年第一次的政黨輪替後「族群對立」更是來到了顛峰，也開啓了至今兩黨意識形態政治亂象的序幕。不論是沒得到政權的，或是失去政權的，這些失落的族群先後聚集於總統府的廣場上悲痛莫名。望著總統府將憤怒、恐懼、悲傷和絕望全拋向這個曾代表榮耀的威權建築。

第三節　交通地標：臺北車站

交通與人口聚集關係密切，自古以來交通便利之處，就是市集人群的據點。尤其據點具有轉運功能如旅人的轉乘，或物資的交流時，即可發展爲城市的條件。交通的運輸是城市發展的重要條件，人類自從大眾運輸工具的運用後，車站、港口甚至後來的機場，這些道路交叉或是交通轉運的節點聯繫

〔註28〕關於朱天心的文學特色，詳見封德屏編：《2007 臺灣作家作品目錄》，上網日期 2015.8.18 網址：http://www3.nmtl.gov.tw/Writer2/writer_detail.php?id=300

〔註29〕陳映眞著：〈忠孝公園〉，《陳映眞小說集（六）忠孝公園》（臺北：洪範書店，2006），頁 219。

著城市的運輸網絡與經濟命脈，成爲城市的交通樞紐，也成爲重要的地標。臺北是臺灣的首善之都，所有人潮往來必定經過最重要的交通樞紐——臺北車站。

一、臺北車站的歷史沿革

清末 1884 年，臺北府城正式落成啓用，隔年臺灣建省。首任臺灣省巡撫劉銘傳（1836～1896）開始大興土木推動現代化臺灣，如電燈的架設、電報的使用、新式學堂的設置等，其中包括大稻埕至基隆的鐵路建設。而最早的臺北車站於 1891 年建造於大稻埕街市的南側（今日市立聯合醫院中興院區位置），時稱「臺北火車碼頭」或「臺北火車站」。〔註 30〕日治時期，有鑑於總督府的臺北市區改正計畫，拆除臺北城城牆，規劃寬大筆直的三線道。城內爲總督府重新規劃的行政中心，同時也是日人重要的活動區域，重要的經濟商業貿易也都轉移到城內一帶。1901 年臺北至桃園縱貫鐵路開通時，重新規劃新臺北車站南移至今日現址一帶。採歐式建築的臺北車站相當華美，當時臺灣人稱爲「火車頭」，日本人稱之爲「臺北驛」是第二代臺北車站。從此臺北車站佇立在臺北「城內」的北邊，三線路北線（今忠孝西路）上，成爲重要的節點，隨著現代化城市的崛起，見證著臺北百年風華。〔註 31〕

日治時期的臺北是政治經濟中心，自「臺北驛」開通以來即成爲臺灣陸運的繁華的樞紐。人車川流不息的車站，旅客運輸量屢創新高，爲了應付人潮的擁擠，原車站於 1939 年拆除，原地以鋼筋混泥土重建具有「現代主義」風格的方型車站，並於 1941 年落成。第三代臺北車站內空間寬敞，外有遼闊的廣場，一旁還有公車轉運站，新車站的營運旋即成爲臺北的重要地標。國民政府接收後仍持續使用，六、七〇年代以後隨著工商業的發展，人口大量北上，前站餐飲業、補習班崛起，後站則是批發業、旅館業進駐，整個臺北車站商圈熱鬧非凡。

二、臺北車站的文學書寫

熱鬧的同時也帶來複雜的交通問題，擅長以敏銳的觀察探索現代社會動

〔註 30〕 劉舜仁等著：《臺灣七大經典車站建築圖集》（臺北：行政院文化建設委員會，2001）

〔註 31〕 李東明著：《永遠的北淡線》（臺北：玉山社出版公司，2000），頁 54～55。

脈，並以洗鍊的文字呈現而出的東年（1950～）〔註32〕，寫下七○年代末期置身車水馬龍下的臺北車站是「路旁、天橋、地下道，到處是忙碌的行人；火車、巴士、機車、轎車，嘈嘈呼呼地弄得一天空茫茫的藍色煙霧」〔註33〕。在小說〈青蛙〉中，東年表達出鄉下農民對城市文明下的反動，相較於臺北車站前的喧囂吵鬧，小說裡的角色賴何以對照在鄉間聽見的蛙鳴聲時，更顯寧靜與感動。只是在都市計劃的推動下，這裡日後也將會跟臺北車站一樣的嘈嘈呼呼，讓他於心不忍而有感而發。

（一）壓力調節的輸送口

八○年代後的臺北車站，一樣是南來北往運輸中心。清晨，城市人剛甦醒，才準備盥洗後上班，臺北車站前的廣場人群稀稀落落。善以詼諧手法寫下青少年叛逆心情的郭箏（1955～）〔註34〕，即寫下清晨的臺北車站：

> 火車站前的廣場可能是全臺北最開闊的地方了，尤其在早上七點，人還不太多的時候，地下人行道口冒出來，提著行李，你可以看見走路走得像一隻懷了孕的企鵝，齜極了。然後你看看他孤零零的橫過那偌大空間一邊喃喃咒罵自己的皮箱，那種感覺是很妙的，使你以為自己好像正坐在南極洲的邊緣，或是什麼大沙漠、大草原的盡頭。〔註35〕

〈好個翹課天〉是作者年少輕狂的寫照，內容敘述臺北城市的一群叛逆高中生們的故事，他們時常翹課、成天泡在咖啡館裡、遊走於西門町中、在派對裡狂歡等的脫序生活。郭箏透過這群被貼上標籤的「壞」學生故事，其實想反映當年升學主義至上的荒謬情況，在當時引起極大的迴響。〔註36〕不受束縛的叛逆高中生們不分日夜的出沒在城市的角落。清晨很多人剛睡醒時，他

〔註32〕關於東年的文學特色，詳見封德屏編：《2007臺灣作家作品目錄》，上網日期2015.8.17　網址：http://www3.nmtl.gov.tw/Writer2/writer_detail.php?id=745

〔註33〕東年著：〈青蛙〉《東年集》（臺北：前衛出版社，1992），頁48。

〔註34〕關於郭箏的文學特色，詳見封德屏編：《2007臺灣作家作品目錄》，上網日期2015.8.17　網址：http://www3.nmtl.gov.tw/Writer2/writer_detail.php?id=1491

〔註35〕郭箏著：〈好個翹課天〉，《好個翹課天》（臺北：遠流出版公司，1989），頁73。

〔註36〕1984年6月2日至7日在《中國時報》人間副刊發表〈好個翹課天〉，引起廣大迴響，當時 報社轉寄來兩大包讀者來函，全是針對這篇小說有感而發，許多出版社紛紛登門拜訪，希望他能夠繼續創作這類型的題材，然而郭箏無意重複這類的作品。見張耀仁著：〈寫自己的武俠──訪特異小說家郭箏〉收錄於《印刻文學生活誌》第2卷，第6期，頁162。

們才正夜夜笙歌方歇，邁入破曉時分，也因此看見了清晨的臺北車站。第三代臺北車站前有一個大噴水池廣場，是許多中南部人北上臺北，離開車站所踏上的第一個空間場域廣場。如大部分的中南部人，米果寫下當年全家來到臺北旅行第一件事是「車站前方有個大噴水池，家人在那裡整隊，不曉得是用腳架還是請路人幫忙，拍了那次旅行的第一張全家福。」〔註37〕在車站前拍照留影幾乎是當時每位來自中南部的旅人所必做的留念。清晨的站前廣場人煙稀少，作家以戲謔的口吻，藉由主角描繪出一位位旅人的形象。馬森讚賞該篇作品以詼諧並帶戲謔的口吻來看待這城市，「對這種『次文化群』所運用的語言非常熟悉，……特別是語言上的貼切真實，與內容的一致性。更突出所描寫的『人物』、『事件』、『氣氛』的真實感」〔註38〕，倘若細究這些叛逆青少年時常逗留臺北車站的原因——是因為這裡很「開闊」：

> 我們喜歡開闊的地方。也許你會說，國父紀念館、中正紀念堂以及成千上百個地方都比火車站廣場來得大，但我認為這樣比較根本不對。火車站讓你覺得馬上就可以跳上一列火車跑到任何地方去，遠離臺北這個垃圾坑。「開闊」和「大」是有差別的。〔註39〕

離開臺北是一種心靈自由的解放，所延展出的精神空間卻是十分「遼闊」的。當然臺北的繁榮，不只是工商業的競爭激烈，連升學主義的競爭壓力也十分強烈，火車站前的南陽街是著名的補習街，是全國補習班的匯集重鎮。傍晚一下課，來自四面八方的學生皆聚集於此補習升大學，不只建中、北一女等名校學生，除了臺北縣市學區內的高中生，甚至連桃園、中壢及基隆的高中生都特地坐火車前往補習。短短 336 公尺的南陽街，全盛時期曾擠滿三百多間的補習班。在大學錄取率僅三成年代，單一家補習班的重考人數往往超過萬人以上，足見競爭的激烈。因為升學制度的壓力下，白天待在學校教室裡的狹小空間，晚上還要待在補習班的密閉空間中，臺北城市對高中生的生活而言簡直就是一個生活牢籠，來到臺北車站「讓你覺得馬上就可以跳上一列火車跑到任何地方去」正是心靈「開闊」的展現。關於火車站前的廣場與補習班對照空間的空曠與密閉，與火車啟動的對照站前廣場的靜止與移動，這樣的書寫呈現了當代青少年文化與內心的焦慮與壓迫。

〔註37〕米果著：《臺北捌玖零》，頁 22。
〔註38〕馬森著：〈附錄〉，《好個翹課天》，頁 123。
〔註39〕郭箏著：〈好個翹課天〉，《好個翹課天》，頁 73。

（二）交通運輸的樞紐

　　臺北車站是最主要的空間，而環繞在火車站旁的公車依附車站而生存，成為共構的地標空間場域：假日的臺北車站除了火車的搭乘外，周遭的公路局國道客運也常常是大排長龍。公車之所以熱門，一方面是票價相對火車便宜，另一方面火車的路線僅有一條縱貫線，旅人常需要轉乘。公車來自四面八方，是最便利由家鄉到臺北的運輸工具。在公車待車規劃尚未完善的九○年代，臺北車站旁的交通一到假日就大打結。火車站旁的「公路局車站被幾條蜿曲的困龍包圍」〔註40〕滿滿都是人，一旁還有計程車攔客「他們的小客車堵在車站附近」〔註41〕，一旁的承德路上還有一堆非法營運的「野雞車」一樣停在路邊攔客。路線的紛雜、車輛的混亂，使得旅人的進出十分不便利。因此在此可以看到各種不同人物的面貌，有提著大包小包行李的老太太「佝僂著背，邊詛咒邊吃力的從兩部銜接的車子間奮力鼓起腰力，將自己推進車站」。〔註42〕還有跟司機討價還價的小姐，以最低的價錢與其他乘客共乘計程車，司機隨即「踩足油門開往高速公路的方向」〔註43〕。一旁還有抱著被車子引擎聲驚動哭醒嬰兒的婦人，邊哺乳邊哄著嬰兒安穩。整個臺北車站有如一幅熱鬧喧囂的城市市井圖。擅長在日常生活的觀察裡，寫下一般人所忽略生命氣息的蔡素芬（1963～）〔註44〕於短篇小說集《臺北車站》寫下數個不同的旅人來往臺北的故事，記錄反映著九○年代臺北車站由舊翻新的歷程：

> 陳舊的車站自歷史的舞臺退下了，當初拖著笨重的行李的女孩、衣衫襤褸的疲倦旅人、國中畢業來臺北擺地攤的少女、寫在補習班重考大學與修練愛情的青澀男女……在嶄新的都市新地標──臺北車站的眾多出口處，找尋時空轉移後的人生目標。〔註45〕

來自四面八方的遊子與旅人們，有著不同身份、不同故事，相同的都載著行李來到了臺北。站在新臺北車站的出口處，佇立在這象徵九○年代的臺北新地標裡，所有人都在追逐自己的臺北夢。時至今日臺北車站亦是全臺灣規模

〔註40〕蔡素芬著：〈臺北車站〉，《臺北車站》（臺北：聯經出版社，2000），頁60。
〔註41〕同前註，頁60～61。
〔註42〕蔡素芬著：〈臺北車站〉，《臺北車站》，頁61。
〔註43〕同前註，頁61。
〔註44〕關於蔡素芬的文學介紹，詳見封德屏編：《2007臺灣作家作品目錄》，上網日期2016.7.20　網址：http://www3.nmtl.gov.tw/Writer2/writer_detail.php?id=2295
〔註45〕同註42，封背文字。

最大、旅客運量人數最多的火車站。每日有超過五十萬人次的往來，是全世界僅次於日本與法國巴黎之外，最繁忙的火車站。〔註46〕而在臺北車站這個交通地標的文學書寫裡，正上演著每一個旅人的故事。

（三）城市與家鄉的聯繫點

隨著都市計劃的邁進，鐵路全面地下化，1989 年第四代臺北車站正式啓用。新車站爲臺灣第一座地下化鐵路的車站，其雄偉的外觀以現代融合傳統中國的風格，屋頂採單檐廡殿頂設計，中央設有天井，日照之下大廳內部十分明亮。新車站的啓用也代表開啓九○年代臺北新紀元的展開。蔡素芬〈臺北車站〉開頭即寫下九○年代世代交替下的臺北車站樣貌：

> 「臺北車站」──那些經過舊日車站進入城市，呼吸第一口城市空
> 氣的人，組成了城市的主要人口，他們散布在教育界、工商業界、
> 服務界，有的頭角崢嶸，有的沒沒無聞，有的坐在私人轎車裡，未
> 曾見識新車站，有的仍舊透過新車站連繫城市與家鄉的情愫。〔註47〕

第三代車站是舊有城市人的集體記憶，當初北上逐夢的他們，如今已落地生根組成了臺北的主要人口。蔡素芬寫下這群來自南部人在臺北車站的景象：

> 假日時分，火車站前後的公路局售票口和登車門前，往其他城市的
> 人潮繞了幾個圈，整個公路局車站被幾條蜿曲的困龍包圍，湊客司
> 機在車站入口處招攬客人，他們的小客車堵在車站附近，行人得繞
> 過那些車子才能進入車站，這明顯的路障一向乏人取締。提著大行
> 李的老太太佝僂著背，邊詛咒邊吃力的從兩部銜接的車子間奮力鼓
> 起腰力，將自己推進車站，趕時間的乘客鑽進小客車裡，等待司機
> 拉湊其他乘客；來到車邊的一位小姐，跟司機討價還價，司機以低
> 於其他乘客的價碼湊合了這第四位乘客，隨即快速進入駕駛座，踩
> 足油門開往高速公路的方向。浪震的引擎聲驚動了婦人懷中的嬰兒，
> 哇哇啼得婦人心急如焚，趕快找到一個可以坐下來的角落，掏出奶
> 子餵食嬰兒，嬰兒邊吸吮溫熱的奶水，黑白分明的一對眼睛盯著牆

〔註46〕日本鐵路發達，全世界人口進出最多的前 23 名皆爲日本的火車站，法國巴黎北站爲世界第二十四，臺北車站爲世界第二十五名。見林宜靜著：〈世界最擁擠車站大公開 日本佔前 23 名臺北車站排行第 25〉收入《中時電子報》2013年 09 月 28。上網時間：2015.8.20 網址：http://www.chinatimes.com/realtimenews/20130928001755-260408

〔註47〕蔡素芬著：〈臺北車站〉，《臺北車站》，頁 64。

面上厚積的一層污黑油垢，最後打了個嗝，溢出幾口奶，把媽媽漂
亮的衣裳印出幾朵綿軟的白雲。〔註48〕

每一個走在臺北車站的旅人們，他們來自四面八方，工作分佈在臺北的各行
各業「有的頭角崢嶸，有的沒沒無聞」。小說中側寫一日在車站旅客們的形形
色色，其實正是所有北上打拼旅人的生活寫照。蔡素芬寫出來自南部人的美
麗與哀愁，把異鄉當故鄉來經營的他們，如今在臺北事業有成已成為新一代
的臺北人，卻仍有對故鄉的思念。而臺北車站是聯繫前往故鄉的出發點，是
當初「呼吸第一口城市空氣」的地方。如今隨著第四代車站的落成啟用，旅
人們站在嶄新的城市地標，在汲汲營營的城市生活中，依舊忙碌奔波，來往
南北，來往家鄉與臺北。新車站裡，旅人上車、下車，行李大包、小包的魚
貫其中，臺北車站早已是「連繫城市與家鄉的情愁」載點。

第四節　藝文地標：故宮博物院

臺北「故宮博物院」每年都吸引大量國內外的觀光客前來朝聖，極受到
外國旅客的青睞，更被票選「2014 亞洲最佳博物館」名列第十九。〔註49〕「故
宮博物院」同時是世界珍藏中華文物的重點博物館，每年前往觀光的人數更
名列世界博物館前茅，稱其為世界級的文藝地標。

一、故宮博物院的歷史沿革

故宮博物院所收藏的歷史文物原是清代帝王的珍藏品，典藏文物以繪畫、
書法、銅器、陶瓷器、玉器為最。中華民國成立後，國民政府與清廷達成《清
室優待條件》的協議，允許清朝皇帝以外國君主禮節對待並可暫居於紫禁城
內廷之中。而協議內容中，所有的皇帝蒐藏文物將盡歸國有。之後將熱河避
暑山莊、盛京行宮、武英殿及文華殿裡的所有文物統整並開放，故宮博物院
將成為了中國歷史第一個公共博物館。

1925 年，原預計在紫禁城內廷另外組織了故宮博物院，但卻因中日八年
抗戰（1931～1945）的爆發，為了保護文物免於烽火，這批文物先後輾轉遷

〔註48〕蔡素芬著：〈臺北車站〉，《臺北車站》，頁 60～61。
〔註49〕〈全球旅客票選「亞洲最棒 25 個博物館」　臺灣故宮第 19〉《東森新聞》2014
　　　　年 09 月 18 日上網時間：2016.8.12 網址：http://travel.ettoday.net/article/
　　　　402862.htm

移至南京及四川等地。對日抗戰與二次大戰勝利後，隨之而來是「國共內戰」的再爆發。國民政府節節敗走之際，1948 年包含國立北平故宮博物院在內的六個機構研商討論，最後決定將所有文物遷往臺灣。1965 年故宮博物院在臺北復院，其座落於士林外雙溪畔，外觀仿北京故宮而成。該院為臺灣國家級博物館，規模最大，館藏最豐，將近有七十萬件文物。大部分文物主要繼承北平故宮博物院、中央博物院籌備處、北平圖書館的館藏。其承襲自宋、元、明、清四朝皇室宮中的珍藏品，以繪畫、書法、銅器、陶瓷器、玉器為大宗，並於國共抗戰時期遷運來臺。故宮博物院的館藏文物是歷代帝王的審美品味的反映，同時也是中華文化發展的歷史縮影。其具有極高的人文藝術與史料價值，也因為這批文物，臺北成為世界漢學研究的重鎮。

二、故宮博物院的文學書寫

　　擅長寫出女性細膩的情感與鄉土、中華文化情懷的蕭麗紅〔註50〕，其長篇小說《千江有水千江月》的故事以女主角貞觀與大信之間似有若無的愛情為主軸，並帶出貞觀家族的故事。兩人自小結緣，隨著日後兩人的成長，雖分隔兩地卻常以書信往來而產生情愫。兩人因書信而生愛苗，卻也因書信而發生衝突與誤會而斷了音訊與感情。加上家族的變故，最後貞觀上山探望出家的大嬸時，因孩童的童言童語而豁然開朗，將一切的痛苦還諸天地。《千江有水千江月》帶有濃厚的鄉土情懷於其中，面對人生際遇的諸多不順遂，皆能以溫柔敦厚的中華文化美德包容其中。故司馬中原讚賞該書是「從生活中體現傳統的習俗和親情，能與我們的文化道統融而為一」〔註51〕。在一次貞觀前往臺北工作時遇見了大信，身為臺北人的大信當地陪帶著貞觀四處參觀。當車子開至士林外雙溪時，在遠方即可看見故宮的身影：

> 車子轉彎時，遠遠即見著故宮了；大信問她道：「看到沒有？你感覺
> 它像什麼？」「紫禁城！」〔註52〕

臺北故宮博物院館藏中華文物，也因此當初採傳統中國式北方宮殿四層樓宇建築設計，以凸顯中華文化的特色。該建築的基座方闊，左右均勻對稱，樓

〔註50〕關於蕭麗紅的文學特色，詳見封德屏編：《2007 臺灣作家作品目錄》上網日期2015.8.19 網址：http://www3.nmtl.gov.tw/Writer2/writer_detail.php?id=2404

〔註51〕司馬中原口述：〈聯合報六九年度中、長篇小說總評會議紀實〉見蕭麗紅著：《千江有水千江月》（臺北：聯合報社，1992），頁6（文本前頁碼）。

〔註52〕蕭麗紅著：《千江有水千江月》，頁300。

頂爲五座飛簷式樓閣，其外觀是米黃色牆壁，屋頂爲淡藍色琉璃瓦，青石基臺上有白石制的欄杆環繞，背山面河座落於環山之中，更顯莊嚴清麗。這種北方宮殿式的建築當初就是彷北京故宮的模樣，北京故宮即是昔日的紫禁城，無怪乎貞觀一見臺北故宮馬上脫口而出「紫禁城！」。臺北故宮的建築皆仿北京故宮而來，其目的也是具有傳承固有中華文化的意義。當貞觀走進館內，從前在書本裡所讀的文化知識都映入眼簾：

> 館內是五千年來中國的蕩蕩乾坤；黃帝、堯、虞舜、夏朝、商殷；
> 直到東西周、秦、兩漢……而後隋、唐；那些遙遠的朝代，太平盛
> 世間錯著亂世，全都回到眼前，近在身邊了。貞觀每櫃每櫥，逐一
> 細看；大信則挾傘於腋下，一面拿紙掏筆，以文喻，以圖解的。
>
> 「看到否？那是魚躍龍門；前半段已化龍身，後截還是魚尾巴……」
> 〔註53〕

故宮館藏文物極爲豐富，更是遍及華夏五千年的各朝各代。自小深受中華文化薰陶的貞觀「每櫃每櫥，逐一細看」看的目不轉睛。明代玉器「魚躍龍門」爲龍身魚尾是傳統文化中吉祥的象徵。白菜玉與五花肉分別是故宮的鎮館之寶「翠玉白菜」與「肉形石」。「翠玉白菜」是利用天然翠玉的色澤，分別以綠色與白色雕刻出菜葉與葉柄的形狀，其菜葉上更深層的綠澤更雕刻出一隻蝗蟲與螽蟴，其引自《詩經・螽斯》中多子多孫的涵意。「肉形石」爲一塊原生的瑪瑙，利用其層次分明的特性在石材表面加工，其石皮表面和肌理都十分逼眞，外觀酷似一塊肥美的東坡肉而聞名。透過之前書本上的知識與大信的一一解說，讓貞觀看著意猶未盡。當離開故宮時，大信問了貞觀看完後的感想時，貞觀慨然回答：

> 原先只道是：漢族華夏於自己親，如今才感覺：是連那魏晉南北朝，
> 五胡亂華的鮮卑人都是相關連。〔註54〕

文化是不分族群千年累積的結晶，尤其中華文化經過五千年好幾次的種族融合，才有今日的璀璨光輝。貞觀在受到中華文化的薰陶下，深刻體認「漢族華夏於自己親」。透過參觀發現「兼容並蓄」是中華文化的特點，今日的每一個人都和過去的歷史文化有分不開的血緣關係。曾經的殺掠者異族，最後也成爲中華民族這個大家族。在蕭麗紅的小說中，大至家國歷史、小至家族個

〔註53〕同前註，頁301～302。
〔註54〕蕭麗紅著：《千江有水千江月》，頁303。

人，有的失意、有的不順遂，卻沒有怨天尤人或憤怒的表現。透過故宮博物院的藝文空間裡的薰陶，看著一件件歷史的文物。這些藝術品深刻讓貞觀體現到自己血液裡中華民族血濃於水的文化情感，這是千年以來文化傳承。五胡亂華的鮮卑人也許曾經荼毒過許多的中原人士，但隨著時空的輾轉，這些侵犯的外族皆融入成為中華民族的一支。故宮博物院的藝文空間裡充滿各式中華文化之美，各件古物精緻華美外，更帶有許多的歷史與文化內還於其中。置身於這樣的場域，陶冶於文化之美讓貞觀內心得到感動，精神上更獲得了昇華。蕭麗紅的文筆裡少了些殘酷而多一點美好，這樣的溫柔敦厚情懷，無怪乎齊邦媛（1924～）稱讚她「寫的是中國文化的光明面」〔註 55〕。其小說中充滿人性光輝與光明美善的面向，正如身處故宮博物院的場域一般，散發出人文之美的展現。

小　結

　　城市裡的知名地標往往最具辨識度的節點，使人們一目了然自己身處於哪一座城市之中。這些城市地標往往各具特色與內涵，正是深入了解該城市的關鍵鑰匙。八、九○年代臺北正邁向一個現代化的城市發展，在這樣的高速成長的社會裡，城市生活充滿變化。在其生活中的商業、政治、交通與藝文領域上，城市地標各具風騷。八、九○年代雖然時間一去不復返，但透過作家對城市地標的書寫，使讀者彷彿進入時光隧道成為了「再現空間」的場域。

　　「中華商場」曾是臺北最著名的商業地標，帶隨著東區的興起而沒落，八、九○年代的中華商場成為歷史記憶的最佳見證。在空曠黑暗的商場裡，在惡臭昏暗的廁所中，白先勇《孽子》裡的青春鳥正找尋可以填補心靈與肉體的寂寞。而吳明益的〈廁所裡的故事〉則將不潔的廁所與「魔神仔」合而為一。他的另一篇《天橋裡的魔術師》中一點一滴消失不見的人、事、物同時也預示了中華商場的消逝之感慨。深具政治指標意義的地標建築非「總統府」莫屬，從戒嚴時代到今日的民主世代，讀者看見時代巨輪的邁進。朱天心〈梁小琪的一天〉重現戒嚴時代的總統府的莊嚴感受，蕭麗紅《白水湖春

〔註55〕齊邦媛口述：〈聯合報六九年度中、長篇小說獎總評會議紀實〉見蕭麗紅著：《千江有水千江月》（臺北：聯合報社，1992），頁 18（文本前頁碼）。

夢》裡總統府成爲了「二二八受難者追悼會」的場域，意義不同。舞鶴〈十七歲之海〉有青春的狂野、七等生〈我愛黑眼珠續記〉與朱天心〈新黨十九日〉有人民的吶喊，……這一切總統府的書寫記錄都見證著臺灣的民主之路，正步步邁進。

　　交通樞紐地標——臺北車站，大量的人潮來來往往，刻畫人們行旅的匆忙、都會的緊張。字裡行間埋藏著每一個人的日常煩惱與焦慮。東年〈青蛙〉中是鄉下農民城市文明的反動，郭箏〈好個翹課天〉裡寫出要離該這繁雜的喧囂世界。而在蔡素芬小說集《臺北車站》裡，篇篇都是北上遊子逐夢的內心反映。而在藝文場域中，故宮博物院的文化薰陶成爲最典雅的象徵，蕭麗紅《千江有水千江月》裡流露呈現的正是溫厚的中華文化之美，而這樣充滿藝文品味的空間場域中，甚至成爲了時下男女的約會聖地。在臺北城市各類地標底下，作家觀察到各種形形色色的人物，透過文字「再現空間」，訴說著臺北天空下屬於每一個自己的故事。

第六章 八、九○年代臺北城市「生活空間」文學書寫中的食與衣

　　「生活」係指人類在生存與發展之中同時所進行的各種活動，具體論之即日常中的食、衣、住、行、育、樂。其中前四者屬物質層面的享受，後二者為精神層面上的體驗與感受。八、九○年代的臺北城市日趨繁華，逐漸躋身為國際大城。在這個城市空間中，公寓建築的興建、百貨商場紛紛林立、大眾運輸發達快速、時尚潮流瞬息萬變，緊張、忙碌、多元的「城市生活」成為了這世代臺北市民的生活模式。透過作家們以紙筆速寫，故事裡「再現空間」的城市生活，是作家對八、九○年代的臺北城市人文風貌的體現。以下各章節，筆者將由作家們文學書寫裡的食、衣、住、行、育、樂各層面，探討八、九○年代臺北城市裡「生活空間」的樣貌。

第一節 美食空間文學書寫

　　臺灣被稱為美食天堂，「美食」向來是臺灣觀光的重點，臺北更享有「美食之都」的佳譽。臺北的美食空間從高檔的五星級餐廳、速食餐飲連鎖店到平價的夜市小吃，提供著多元的飲食樣貌，滿足著人們的味蕾。

一、高檔西餐廳

（一）奢華與氣派的場所象徵

經濟起飛後的臺灣資本物質條件都大幅提升，早年只吃稀飯配地瓜葉的

清粥小菜飲食生活早已不復見。城市人的生活水準提升，許多高檔餐廳紛紛進駐臺北。在八〇年代初期許多人第一次進入高檔餐廳用餐時，面對氣派豪華的排場氣氛，既緊張又興奮。朱天文的〈荒人手記〉中就回憶起阿堯請小韶的妹妹吃高檔西餐的片段：

> 她第一次吃西餐，阿堯請的在美而廉。白瓷盤上珠玉粒粒騰煙的飯，旁置阿拉丁神燈似的銀漆碗，盛著咖哩雞鮮黃如金塊，澆飯吃。妹妹很謹慎，有禮，而幾近矯飾享受著這個一千零一夜。〔註1〕

朱天文是臺灣重要的文學代表作家，七〇年代出道擅長描寫眷村與家國想像的作品，八〇年代後期開始重於城市書寫，九〇年代邁入成熟的創作階段，作品中帶有蒼涼淒美的美感並有濃厚的城市意象於其中。〔註2〕〈荒人手記〉以男主角小韶———一位四十歲男同志的第一人稱視角開端。故事敘說著小韶前往日本探視愛滋病末期的好友阿堯。在阿堯病逝後，回憶起兒時自己對同志情感的認知與摸索、繼而回顧這半生的愛慾與蒼涼，最後以重新面對自己真實的內心作結。該書故事中人們進出的大半場景是臺北城市曾有的真實地點，如：小說裡的「美而廉」西餐廳真有其店，總部位於城中區的博愛路上，是臺北市第一家的西式餐廳。而在中山北路與南京西路的交叉口及北投都曾開設分店。「美而廉」西餐廳的創辦人陳雁賓愛好攝影，因此將餐廳的三樓提供為攝影與藝文的展場。當時許多知名的藝文界人士，如郎靜山（1892～1995）、鄧南光（1907～1971）、李鳴鵰（1922～2013）、張照堂（1943～）……等人都是座上貴賓。「美而廉」西餐廳的開幕，代表臺灣新飲食文化空間新的里程碑。後來陳雁賓移民，餐廳隨之落幕，「美而廉」最終成為了老臺北人的記憶中名詞。作家借由刻畫小說人物第一次吃西餐的經驗，呈現了邁入繁榮富裕的臺北城市人新的體會。小韶妹妹的第一次西餐人生體驗，如夢幻般的美好。通過飲食的體驗，作家筆下的西餐廳充滿異國風情，同時預示了城市新型態的飲食空間出現。

進入八、九〇年代，臺北城市人的消費水準提升，美食品味也更提高，高檔餐廳如雨後春筍般開設。高檔的餐具使用屢見不鮮。相較於〈荒人手記〉

〔註1〕 朱天文著：《荒人手記》（臺北：時報文化出版公司，1994），頁181。

〔註2〕 關於朱天文的文學特色，詳見封德屏編：《2007臺灣作家作品目錄》上網日期2015.8.23 網址：http://www3.nmtl.gov.tw/writer2/writer_detail.php?id=263

裡回憶過去年輕時對於高檔餐廳的新奇感，在〈威尼斯之死〉〔註3〕裡，這世代的城市人對異國風情與高檔餐具已經習以為常。〈威尼斯之死〉敘述一位男作家悠遊意大利威尼斯後，回臺灣在東部隱居海濱兩年的故事。當他重回臺北，作家開始找尋各種不同的咖啡店進行創作，最後棲身於在百貨公司的角落發現名為「威尼斯」的咖啡店，進而寫下一連串在該咖啡店裡所發生的點點滴滴。文末結束於「用餐畢，我才發現自己多麼想念以前用的白瓷盤、菸灰缸和造型美麗的水晶玻璃水杯。」〔註4〕咖啡廳、杯盤餐具不但早已是城市人「食」經驗的一部份，也是城市作家書寫的「實」經驗。如此，作家將人物活動場所的置入便組構了以文字刻劃城市的「再現空間」。

　　高檔餐廳往往是燈光美、氣氛佳，號稱有景的餐廳外更可欣賞優美的景色。因此黃凡〔註5〕〈命運之竹〉裡男主人公梁先生在每隔一段時間就會前往「附近的一座大廈，電梯直達頂樓的『天池餐廳』，從這裡可以俯視整個廣場和燈火輝煌的東區。」享受美食之際，還可以看見整個臺北東區的城市夜景。餐廳的景觀美麗，其內部的裝潢擺設自然也賞心悅目。在朱少麟（1966～）的《傷心咖啡店之歌》裡，也側寫而下高檔餐廳的精緻形象：

> 過了花園是一排橫式的歐式建築，海安領著他們進入大廳，在壯觀的宮殿式餐廳裡，海安點了一份地中海燒烤海鮮全餐，馬蒂與其他人湊興地點了一些串燒和飲料。海安餓了，很快將他的食物吃得精光，然後大家一起喝整壺供應的咖啡。海安在一本燙金有他名字的專用簿上簽賬，用的是服侍生呈上的一支通體澄金的筆。〔註6〕

餐廳服務大眾，而高檔餐廳更是針對城市金字塔頂端的人服務。《傷心咖啡店之歌》中出現了「一座臺北最昂貴的私人俱樂部」〔註7〕，這樣的場域空間非特殊身份的人是無法、也無能力來此消費。小說中的角色海安是位非富即貴的上流社會份子，透過中產階級的女主角馬蒂的眼睛，一窺這她從未來過高

〔註3〕　案：朱天心的〈威尼斯之死〉，該作品以德國諾貝爾文學獎得主湯瑪斯曼（PaulThomasMann）的小說，並由意大利電影大師維斯康堤（LuchinoVisconti）所改編執導的同名電影〈威尼斯之死〉命題。雖然故事內容無關卻頗有向大師致敬的味道。

〔註4〕　朱天心著：〈威尼斯之死〉，《古都》（臺北：印刻出版公司，2004），頁71。

〔註5〕　關於黃凡的文學特色，詳見封德屏編：《2007臺灣作家作品目錄》，上網日期2016.8.08　網址：http://www3.nmtl.gov.tw/Writer2/writer_detail.php?id=1839

〔註6〕　朱少麟著：《傷心咖啡店之歌》（臺北：九歌出版社，2000），頁127～128。

〔註7〕　同前註，頁125。

檔享受的飲食場域：宮殿式的奢華裝潢、大片富麗堂皇的美麗花園、一排橫式的歐式建築映入眼簾。這天的美食是「地中海燒烤海鮮全餐」，美味而豐盛的異國料理，在高檔空間的襯托之下更顯奢華。在奢華的餐廳裡消費，信用簽帳取代現金付帳成了城市文化的新興交易方式。城市人以自己的「信用」作為履約保證，進而衍生出先享受，後付款的消費模式。服務生呈上「一支通體澄金的筆」視為貴賓，店家更特地用一本有「燙金」名字的簽帳簿給予海安簽帳以示尊榮。在此，「食」的滿足從一種生理的需要到社交的需要、乃至尊重的需要，在作家的文學書寫中，從飲食的空間與消費活動的刻劃指向了階級的差距與價值觀的變動。

此外，由於景觀的美麗，氣派奢華的環境以及精緻昂貴可口的美食，是尊榮與貴氣的象徵。因此高檔餐廳往往成為城市人歡樂慶功的首選場所。擅長透過醫療題材探討複雜人生面向的侯文詠（1962～）。〔註8〕在《白色巨塔》中，為了慶祝馬懿芬即將擔任晚間新聞主播，於是與邱慶成一起前往高級餐廳享受法國大餐以資慶祝：

> 這個晚上，邱慶成和馬懿芬破例地去享用了法國餐，並且在侍者的慫恿下點了一瓶 86 年份的 Chateau Haunt-Brion 紅葡萄酒，所費不貲。堅持這樣一頓昂貴的燭光晚餐是馬懿芬的意思。馬懿芬的直屬老闆常憶如才發佈升任新聞部經理，要她考慮接任晚間新聞主播。坐上主播臺是每一個新聞記者一生的夢想，當然值得和在乎的人一起仔細地討論並且隆重地慶祝。〔註9〕

《白色巨塔》寫出城市文明裡赤裸裸的權力鬥爭故事，在權力的場域中，有人逞兇鬥狠，也有人想明哲保身。只是涉及的權力越大，爭奪的人、事越多，就沒有人能置身事外。而城市裡每一個人的光鮮亮眼背後，都有不少不為人知的秘密。小說中的角色邱慶成社經地位極高，是一位公立大學教學醫院外科副主任。已婚的邱慶成有一段不會人知的秘密——知名電視臺新聞記者馬懿芬是他的情婦。由於兩人都是公眾人物，對於這段見不得光的地下戀情極為隱密，非必要兩人幾乎未曾在公開場合共同出席。當馬懿芬即將升任晚間新聞主播之際，如此重大的喜悅，兩人打破慣例竟一起前往高級餐廳來大肆

〔註8〕 關於侯文詠的文學特色，詳見封德屏編：《2007 臺灣作家作品目錄》，上網日期 2016.9.18 網址：http://www3.nmtl.gov.tw/Writer2/writer_detail.php?id=907
〔註9〕 侯文詠著：《白色巨塔》（臺北：皇冠文化出版公司，2006），頁 82～83。

慶祝。作家侯文詠本身曾任臺北的臺大醫院,對醫院裡的派系鬥爭感同身受,而其小說《白色巨塔》更有《紅樓夢》裡「甄士隱」與「賈雨村」中暗喻「真事隱去」,「假語村言」的精神涵括其中。故事敘述大學教學醫院裡內科主任徐大明與外科主任唐國泰的兩派高層勢力的鬥爭。而醫院空間的權力爭奪正如葛瑞哥里的「權力之眼」一般,內科主任徐大明與外科主任唐國泰彼此爭權奪位。在權力鬥爭的風暴裡,人性的貪婪一覽無遺,獲得權勢時,他們選擇在高檔餐廳中大肆狂歡與慶祝。這些對高檔餐廳的陳設描繪、人物群聚的心理狀態,再再都反映出八〇、九〇年代城市人飲食習慣的差異與適應,對生活的享受以及追逐品質的要求。

(二)城鄉對照的落差感

　　臺北城市的餐廳一間比一間氣派,食物一盤比一盤高檔,但城市人的美食享宴卻讓初到臺北的南部人看之瞠目結舌。黃凡的〈賴索〉裡就有這樣的橋段。從主人公賴索平凡的一天開始:首先賴索在清晨中從噩夢裡清醒,之後他又再度回憶起過去的種種記憶,先回憶起自己的失敗人生,包括當初對韓先生的崇拜,甚至替他作政治牢災卻反遭韓先生背叛⋯⋯。於是這個平凡的一天因此成為了賴索生命崩解的一天。故事中寫到賴索妻子的「鄉下親戚上來時,她帶他們上臺北聽歌,在飯店裡用餐,鄉下人被大城市的氣派給嚇住了,他們張大著嘴巴,半晌說不出話來。」〔註10〕在城鄉差距仍極大的八〇年代,南部人上臺北來遊玩,看見從未看見的氣派餐廳空間,吃到從未吃過的高檔美食,每個人有如「劉姥姥逛大觀園」一般,同時也對「臺北夢」充滿渴望。八〇年代的城市人對於高檔的餐廳環境早已見怪不怪,但從作家對文本的側寫比較中可發現:鄉下生活與城市「生活空間」在認知上仍存在著落差。

　　在高檔餐廳的美食空間文學書寫裡,道盡城市裡的眾生相。《傷心咖啡店之歌》中的女主角馬蒂是年近三十,失婚又失業的都會女人。颱風夜被公婆逐出家門的她,走在臺北街頭中無意被名為「傷心咖啡店」的店家所吸引。「傷心咖啡店」這個是一群因公司倒閉的同事們所合開的咖啡店,在裡面馬蒂遇到了形形色色的人物,同時展開了一段追尋生命、自我救贖的歷程。故事中她在主角海安的帶領之下,進入高檔餐廳,享受美食。而在〈命運之竹〉裡

〔註10〕 黃凡著:〈賴索〉,《黃凡小說精選集》(臺北:聯合文學出版社,1998),頁22。

男主人梁先生在探望完失智母親之後，從療養院出來，便是定期的到高檔的「天池餐廳」用餐與休憩。此時高檔餐廳似乎又成為城市人受挫心靈的避風港。是而，隨著城市的發展，市民飲食習慣、生活模式、消費行為產生了差異，相對地也連動著適應。透過作家們「食」的文學書寫中，「高檔餐廳」以深具奢華性、炫耀感的美食空間，成為當時城市人慶功的場域，美食的饗宴之所，然而在華美輝煌的外表下隱隱也透露著空虛、不實與陰暗之感。

二、速食連鎖店

對於以「中產階級」為主體的城市人而言，城市人每天工作奔波，高檔餐廳的享樂只能假日或特定日子來犒賞自己，不可能天天狂歡。更多的城市人常因為工作的忙碌而三餐不定，為了因應城市人忙碌且不定時的特性，因而衍生出城市的「速食文化」。論及速食文化歷史悠久，可追溯到古羅馬時期，但真正讓「速食文化」發揚光大則是資本主義大國——美國。1921 年在美國境內所開設的「White Castle」（白色城堡）被稱為今日速食文化的濫觴。「White Castle」的外觀是以美國歷史建築「芝加哥水塔」為藍本的白色城堡建築，特色鮮明。加上二十四小時的經營模式以販售漢堡、薯條及奶昔等迅速取餐的餐點為主，因為便捷的飲食模式在美國大城市之間造成風潮。「White Castle」之後美國的速食連鎖店「麥當勞」（McDonald's）、「肯德基」（KFC）、「漢堡王」（Burger King）相繼崛起，這樣的速食連鎖的風潮，隨著資本主義的興起從美國蔓延到了全世界。

（一）消費性與生產性的場所功能

速食文化的特性強調點餐方便，取餐迅速，用餐便捷。可以坐在速食連鎖店半小時甚至十來分鐘解決一餐，也可以帶著走隨時方便取用。因此漢堡、炸雞、薯條、可樂成為了速食店的招牌。加之全球化的 S.O.P（Standard Operating Procedures）標準作業流程，使其「麥當勞」、「肯德基」、「漢堡王」等美國的速食連鎖餐廳將一樣的模式複製到全世界，成為跨國性的企業營業，其中「麥當勞」更是全世界最大的速食連鎖企業。在不同的國度裡，飲食文化各不相同。但速食餐點的全球一致性特色，取得最大的便利性的認同度，甚至讓身在異鄉為異客的人們產生莫名的「熟悉感」。在朱天文的《荒人手記》中男主角小韶到了日本清岩院去悼念過世的阿堯，一個人身處異國孤單無助，看見

「麥當勞」時，竟有一種他鄉遇故知的熟悉之感：

> 我忝列拒吃麥當勞的一員，此時卻像重逢親人感激跑上去擁抱它，
>
> 這是我有生之年第一次吃麥當勞。〔註11〕

速食店的漢堡、炸雞、薯條因事先已是半成品先冷凍後而油炸，可樂、雪碧等碳水化合物的飲料更是只有水與糖份。這類的食物在很多重視養生的人眼中是不健康的食物。城市人長期坐在辦公室人而鮮少移動，肥胖所引發的心血管疾病成爲了城市人的文明病，尤其中年之後更爲明顯。小韶正是臺北城市的中年男子，重視健康而從不食用「麥當勞」裡的高膽固醇油炸食物。但在日本異鄉，孤寂的小韶看見了麥當勞，竟像「重逢親人感激跑上去擁抱它」，而點用了生平第一次的速食餐點。在全球化的風潮之中，連鎖商品正以它的重複性、單一呆板性形成特色與風格，快速的征服了要求速度與效率的城市人口。

今日「速食文化」已成爲美國資本主義文化的代表，甚至是一種流行時尚的表徵。在朱天文〈肉身菩薩〉裡的兩位十六、七歲少年因著便利、潮流以及不時變換的折價套餐成爲速食店裡的常客不說；〈世紀末的華麗〉中，女主人公模特兒米亞也是個麥當勞的擁護者。從事模特兒工作的她是標準的物質追求與拜金主義者。米亞自戀又戀物，華麗的打扮迷倒一票女孩，陰柔極致中又散發出陽剛的性格，總愛引領最新的流行時尚風潮。既與一群男孩一起玩樂，又與閨密寶貝有著曖昧不清的關係。由於模特兒界是一個講究潮流與物質變遷迅速的世界，從十八歲到二十五歲七年的生活經歷，竟讓米亞有「衰老」的感受。二十歲後玩膩遊戲人間的米亞，成爲一心只想賺錢的女王蜂，最後與已婚年紀大到可作爲父親的老段同居。小說中化身時尚教主出現的米亞帶著朋友「寶貝」，經常以不同的時尚造型出現在麥當勞裡吃著情人套餐：「搭礦灰騎師夾克，樹皮色七分農夫褲底下空腳布鞋，雙雙上麥當勞吃情人餐。」〔註12〕上演著時下流行文化的戲碼。

此外，速食連鎖店也是青年學子打工的好選擇，朱天文的〈尼羅河女兒〉女主角林曉陽的母親早逝，單親家庭的她，父親在外地的嘉義擔任警察工作，家裡幾乎只有她與哥哥兩人一起生活。年輕女孩林曉陽是一個標準的「哈日

〔註11〕 朱天文著：《荒人手記》，頁35。

〔註12〕 朱天文著：〈世紀末的華麗〉，《花憶前身》（臺北：麥田出版公司，1996），頁208。

族」，充滿著幻想。自言「我現在啊，（晚上）念補校，（白天在）麥當勞做 part time。」〔註13〕她的朋友阿華也在「麥當勞」速食店打工。至於打工賺來的錢，阿華是全拿花費在娛樂享受上：

> 第一個月薪水他全部花在去 att 選購了一件泡褲和劍俠唐璜式的白襯衫。他計畫第二個月薪水買一雙 reebok，但是約胖妹去看了幾場電影透支掉了沒買成。〔註14〕

所有打工的薪水一到手便開始花費，甚至還寅吃卯糧的計畫下個月的薪水要購買知名運動鞋。這正是八、九○年代臺北時下年輕人的金錢價值觀的寫照：有多少不只買多少，甚至還想買更多，而且計畫永遠趕不及變化。〈尼羅河女兒〉故事中描繪著在急遽變化的臺北城市裡，道德是非的混淆、物質慾望的渴望、黑道恩怨仇殺、傳播宣傳的偏見。社會是如此混亂不安，林曉陽曾藉著漫畫世界的奇幻美好逃避現實，而終於幻想破滅，得到蛻變成熟。其中「麥當勞」就是他們整天進進出出的既消費又生產的場所。這一群年輕人在臺北城市空間裡生活，並建立起次世代的流行文化價值觀：買名牌、逛百貨、追星。他們（林曉陽、阿華）在速食店打工賺取所需，拿到了這個月的薪資，又開始繼續物質資本的追求。無可諱言的，八、九○年代臺北的速食連鎖店正提供著這樣的消費性與生產性的場所功能。

（二）明淨感與速度性的場所精神

速食連鎖店的環境明亮乾淨，加上「客人至上」的服務理念，速食店並不會刻意趕人。也因此炎熱的午后，速食店是許多城市人的暫歇之處。朱天心的〈新黨十九日〉即寫到：

> 她開始喜歡並習慣每天下午在速食店裡的時光。因為長年夏涼冬暖的室內空調總使愛坐臨窗位子的她長期下來快失去了現實感，尤其有好陽光的天氣，透過每一小時就有工讀生出來擦一次的白色木框方格玻璃窗望出去，她完全忘了外面夏熱冬涼的現實而相信自己置身的果真是一個美麗的城市。〔註15〕

〔註13〕 朱天文著：〈尼羅河女兒〉，《朱天文電影小說集》（臺北：遠流出版公司，1991），頁 172。

〔註14〕 朱天文著：〈尼羅河女兒〉，《朱天文電影小說集》，頁 174。

〔註15〕 朱天心著：〈新黨十九日〉，《我記得……》（臺北：遠流出版公司，1995），頁 137。

身為家庭主婦的女主角，因為丈夫工作在外，兒女上學而獨自一人在家無所事事。不同於傳統的家庭主婦整日在家做家事的刻板印象，城市裡的家庭主婦在社會文化的渲染之下，更勇於走出去找尋自己的生活空間，而非只是一昧以家庭為中心。在友人的慫恿下開始主角玩起了股票，夏日午後三五位婦人聚在一起七嘴八舌的聊著股市、說著時事。除了聚會的時間，也習慣每天來享受速食店的午后時光，坐在靠窗的位子看著窗外的臺北城市風景。速食連鎖店除了以便利的餐點供人快速取餐之外。也擅長以乾淨几明的空間環境吸引消費者進門。炎炎夏日，在明亮的落地窗裡讓，看見絡繹不絕的消費者坐在窗前喝著汽水、吃著冰淇淋，清涼而舒適的美食環境，速食連鎖店成為了城市文明的代名詞。速食連鎖店更是城市父母照顧孩子及休憩的好去處。在〈袋鼠族物語〉裡：

> 她們往往寧願以一趟計程車費，換得小獸可以快樂尖叫的坐十幾次電動車，不然或可換取一份各速食店所推出的夏日套餐，可在冷氣間消磨好久，任小獸玩那蕃茄醬或可樂裡的冰塊或套餐所附贈的玩具，暫時不用纏母獸，母獸可發呆或偷偷打量張望陌生的周圍其他人，好奇那些無聊情話說不完的年輕男女，年紀差距與她最近卻是她最感遙遠的一群……〔註16〕

速食連鎖店為了吸引消費，除了會設置兒童遊戲區外，在餐點上也會特別針對兒童特製兒童餐。除了附上玩具，速食店甚至固定時間舉辦孩童的同樂會，員工會扮演「麥當勞叔叔」以歡笑帶領孩童渡過快樂時光。因此城市「家長」們總喜歡帶著孩子在速食店渡過一個下午。享用平價的套餐，又可以在涼爽的舒適空間裡消磨炎炎夏暑。重點是「小獸玩那蕃茄醬或可樂裡的冰塊或套餐所附贈的玩具，暫時不用纏母獸。」這樣的速食空間提供了在消費高昂的城市裡的悠閒的片段時光。由於城市父母照應孩子的生活與教育費用不貲。尤其是母親與孩子朝夕項處成了家庭的核心，當城市人由單身轉換到父母親身份時，他們的價值觀與消費習慣也發生改變。當林曉陽不再是那只活在自己的享樂空間的〈尼羅河女兒〉，當從「一群以一雙美麗的進口鞋、東區服飾店買來當季流行時裝、一次有設計費的燙髮、一家新開咖啡店的午茶、一本

〔註16〕 朱天心著：〈袋鼠族物語〉，《想我眷村的兄弟們》，（臺北：麥田出版公司，1997），頁176。

黛雜誌爲貨幣計算單位的族群」〔註17〕轉化爲「以一瓶養樂多、一捲 X 姊姊說故事或兒童英語 ABC 或古典音樂入門的錄音帶、一箱 Pampers 尿布、一桶樂高玩具、一套麗嬰房打六五折後的上一季兒童外出服、一打嬰兒配方奶粉」〔註18〕爲計算單位的母親，生活重心已由自己移轉到了孩子，「也會成爲袋鼠族的一員」〔註19〕。

此外，黃凡的《梧州街》裡，男主角的母親在逐漸沒落的老家，改造髒亂的環境，經營起麥當勞：

「你覺得這個社區將來有沒有發展？」

「當然有。」

「難得你也這麼認爲。」她讚許地點點頭， 然後她轉過頭向所有人宣布：「我留意了好幾個禮拜，隔壁巷口那一家機車修理店地點很不錯。」

「你打算作什麼呀？媽！」玉蕙問。

「開一家麥當勞！」〔註20〕

小說中主角的母親掌握了商機，並透過在地居民的參與，以環境的改造健全鄰里社區的發展，逐漸獲得尊重，後來還被公推出馬選里長……。在此，「麥當勞」以「明亮、衛生」的進步、秩序的空間印象取代早期陋巷茶室經營的落伍與雜亂。這是以地點的自明性形成一種「地方感」，是以一種向前展望、實現富足生活的「未來意識」結合原有的歷史軌跡和生態特性，重新維繫了居民安全愉悅滿足的歸屬感。於是，透過作家的文學書寫中形形色色的人、事、物，速食連鎖店的結構不只供給了城市人飲食的空間，更成爲了一個複合式的生活的重要場域。

三、平價小吃攤

小吃係指有特定風格與特色的食品總稱，具有簡單、隨意且平價的特性而大受遊客的歡迎。小吃也往往具有在地「家鄉味」的特色，成爲在外遊子思鄉所繫。臺灣小吃被譽爲國民美食，也是最能代表臺灣的在地文化特色。

〔註17〕 朱天心著：〈袋鼠族物語〉，《想我眷村的兄弟們》，頁177。
〔註18〕 同前註，頁176。
〔註19〕 同前註，頁176。
〔註20〕 黃凡著：〈梧州街〉，《曼娜舞蹈教室》（臺北：聯合文學出版社，1990），頁143。

臺灣小吃之所以如此發達有其歷史因素，自明清時期唐山過臺灣，先民們辛苦勞作四處開墾。許多的小販看準商機，便化身為挑夫將各式的小菜至於籃內供拓荒者購買食用，進而開啓臺灣小吃的濫觴。清領時期的臺灣各地，其城鎮開發皆以廟宇信仰為中心而拓展，而廟宇逢年過節的廟會慶典，更是吸引大批的香客人潮前往朝聖。人潮帶來了錢潮，流動攤販也就在廟宇的廣場販售起各式各樣簡單的食物。今日的臺灣地狹人稠，長期的城市發展結果成為了住商混合的居住型態。因此城市的大街小巷中，皆有各式不同的特色小吃充斥其中。以下分別列舉「士林夜市」、「圓環小吃」與「中華商場」的美食空間來論述，透過作家筆下美食空間的再現，述說著臺北城市的庶民文化特色與變遷。

（一）夜市文化的代表

　　臺北城市因歷史文化的不同而衍生出不同的商圈文化，其中以市集攤販集中之小吃為主的「夜市文化」是臺北最具代表的美食觀光景點。光在臺北大大小小的夜市商圈細數不盡：如士林夜市、寧夏夜市、師大夜市、饒河夜市、通化夜市、公館夜市……等等，都是以美食著稱的觀光夜市。朱天心〈閒夢遠南國正芳春〉中的青年學子最愛逛的地點就是士林夜市：

> 士林大吃一場，再走長長的中山北路回臺北，是我們的老把戲。不知打從什麼時候開始，我們死黨總愛抓空往士林跑，「我家」的蜜豆冰，市場裡不加牡蠣的蚵仔煎，大餅包小餅，筒仔米糕，然後買包辣得人直喊的豆乾，背著裝滿糧食的書包，邊走邊吃的溫一下午。

〔註21〕

士林夜市位於臺北市文林路、基河路與小北街的三角地帶。日治時期因為地處方便而在士林慈誠宮（又稱士林媽祖廟，舊稱芝蘭街天后宮）南面空地，建了兩座室內農產品市場——士林市場。商家在此完成農產品的交易買賣之後，便可在附近的「三腳渡」渡船口上貨，讓船隻沿著基隆河轉往淡水河，運送到大稻埕、艋舺等地販售，進而漸漸成為漁市場及農產品批發中心。由於攤販數量增長，士林市場成為貿易的集散中心，人口聚集於此。而士林夜市也是以此為據點展開商機，浮現雛形。

　　今日的士林夜市範圍更大，除了原本的「慈誠宮」一代，還連結的文林

〔註21〕 朱天心著：〈閒夢遠 南國正芳春〉，《擊壤歌》（臺北：聯合文學出版社，2001），頁 51～52。

路商圈。一路由「劍潭捷運站」幾乎連接結到「士林捷運站」近兩公里路程的大型夜市。六○年代，中國文化大學，東吳大學，以及銘傳管理學院（今銘傳大學）的陸續設立，學生族群的增加，進而帶起民生與休閒需求。市場裡夜間販賣的小吃與日用品攤販大幅大增，夜市型態滿足下課後與在鄰近地區租屋的學生族群，其知名度也由此大開。八、九○年代起，士林夜市已成爲全臺北規模最大，數次登上國際旅遊版面，且知名度最高的觀光夜市。不只中南部人北上臺北必遊的景點會來此觀光，同時也是外國觀光客來臺北必遊的推薦景點。夜市裡的美食蜜豆冰、蚵仔煎、大餅包小餅、筒仔米糕、豆乾……等等夜市美食，既平價又可口；夜市裡還有平價的服飾以及許多娛樂活動可以淘寶。學生們放學後、考試完，三不五時前往逛街與遊蕩。一些生活並不富裕的城市人，在夜市裡吃遍各式各樣的小吃，獲得滿足。無怪乎朱天心說青年學子們以及下班後的人們願意「到士林大吃一場，再走長長的中山北路回臺北」。同時，擺攤業是眾多早期北上城鄉移民的就業選擇，一九九七年臺北捷運淡水線開通，出現由劍潭站下車轉乘公車之人潮，士林夜市在夜色裡倍顯熱鬧繽紛，成爲臺灣積極發展觀光之際，不得不正視的焦點區段〔註22〕。在作家筆下，平價美食的夜市空間是學生市民打打牙祭，調解壓力的生活遊藝場，這些都成爲歷經物質生活逐漸提升的八、九○年代的城市人一個難忘的美好經驗，同時，讓我們理解：夜市之所以有趣而有活力，正是由於該空間以獨特的飲食文化表露了在地精神——人們對於空間以及其間活動的熟悉度與參與感，使得夜市小吃不僅是一個飲食空間，更融入了飲食的、生活的文化元素，這個特色使它得以持續活絡。

（二）時代末落的見證

「臺北圓環」是早期著名的臺灣美食空間，早年行政區規劃爲「建成區」又稱爲「建成圓環」。圓環位於重慶北路與南京西路的環狀交叉路口，這裡同時還有寧夏路、天水路交會。位處於大稻埕鬧區，鄰近又是延平商圈，是臺北最早繁華之處。日治時期因爲「市區改正」計畫，四條道路所匯集之處設計爲環狀已抒解交通，環狀道路的中間爲公園綠地，可供市民遊憩。1908 年淡水線鐵路開通後，該公園成爲了大稻埕的腹地，旅客出入而攤販聚集，也因此圓環成爲日治時期臺北最繁華的小吃夜市集中地。二次大戰期間，爲戰

〔註22〕邱啓新：〈我「演」故我在〉收錄侯志仁主編《反造成市：臺灣非典型都市規劃術》（臺北：新北市左岸文化事業有限公司，2013），頁 113。

備所需「臺北圓環」成爲了大的蓄水池，二戰結束後再度恢復原本夜市的市容。

　　爲了可以遮風避雨，「臺北圓環」開始一片片的鐵皮加蓋，攤商自立爲地，八○年代後的圓環環境雜亂無章，成了「到處掛滿了魷魚、烏賊，以及油膩膩豬頭肉的夜市」。雖然環境髒亂，《孽子》裡的男主角李青仍在「臺北圓環」吃的津津有味：

> 我走到房門口時，回頭說道。一口氣，我跑下瑤臺旅社那道黑漆漆，咯吱咯吱發響的木樓梯，跑出那條濕嘰嘰臭薰薰的窄巷，投身到圓環那片喧囂擁擠，到處掛滿了魷魚、烏賊，以及油膩膩豬頭肉的夜市中。我站到一家叫醉仙的小食店門口，望著那一排倒鉤著油淋淋焦黃金亮的麻油鴨。突然間，我感到一陣猛烈的飢餓。我向老闆娘要了半隻又肥又大的麻油鴨，又點了一盅熱氣騰騰的當歸雞湯。咕嘟咕嘟我先把那盅帶了藥味滾燙的雞湯，直灌了下去，燙得舌頭都麻了，額上的汗水，簌簌的瀉下來，我也不去揩拭，兩隻手，一隻扯了一夾肥腿，一隻一根翅膀，左右開弓的撕啃起來，一陣工夫，半隻肥鴨，只剩下一堆骨頭，連鴨腦子也吸光了。我的肚子鼓得脹脹的，可是我的胃仍舊像個無底大洞一般，總也填不滿似的。我又向老闆娘要了一碟炒米粉，窸窸窣窣，風掃殘葉一般，也捲得一根不剩。〔註23〕

傳統的平價小吃，由於店家資金有限，環境往往不是優先的考量。只要有個小小空間，可以開始煮飯炒菜，就可以開始做生意。隨著商家與人潮的聚集，原本已經不甚理想的空間環境裡，伴隨著油漬與垃圾更顯不堪。也因此出現了惡劣環境與美味食物交織的爲違和衝突感，成爲了八、九○年代平價小吃的空間特色。作家筆下八○年代的圓環環境雖然不堪，但小小店面裡的卻是香味四溢，熱氣沖天的棚內，人潮依舊。「臺北圓環」的美食小吃填飽了李青的飢腸轆轆，同時也滿足了臺北人的口腹之慾。八、九○年代以後，臺北東區崛起，西區的風華褪去，「臺北圓環」的繁盛在時代洪流中殆盡，尤其 1993 年及 1999 年因違章建築以致「臺北圓環」兩度發生大火，荒廢近十年之久。2002 年「臺北圓環」雖找了知名建築師設計，並花費超過兩億元重建，可惜昔日的夜市風華已難再度重現。

〔註23〕白先勇著：《孽子》，頁 37。

此外，一樣退去光芒的還有「中華商場」裡的美食小吃。八○年代商場風華褪去，九○年代終於走到拆解的命運。在拆解前夕，吳明益的《本日公休》寫下主角內心的感慨：

> 此刻踩在中華商場，便有一種預期即將少掉某種味覺的感覺；大概往後喫牛肉麵，也回憶不起來的味覺吧？〔註24〕

「中華商場」拆遷，所有的店家都將遷移，包還主角愛吃的牛肉麵。雖然店家依舊只是換了場域空間，但不同的空間有著不同的記憶，其感受也將有不同：

> 我反覆咀嚼著這段話，彷彿又出現了嚼牛肉麵的特殊味覺。可能在這時候，一九九二年的中華商場忠棟，一塊有著酸菜辣油味道的水泥磚，開始被怪手卸下來。〔註25〕

《本日公休》裡，作家藉由「味覺」的經驗，也刻畫下「中華商場」拆遷後的老臺北集體失落感受。與「圓環小吃」一樣面對時代改變的感慨、時間流逝的惆悵，這些飲食空間的書寫除了刻鏤了人們美食的記憶，更紀錄了城市曾有的風華。

第二節　咖啡空間文學書寫

八、九○年代以來，喝咖啡成為一種「飲時尚」。「咖啡空間」成為了臺北城市生活的時尚品味。「咖啡」是一種由熱帶植物的果實，經過烘焙後以沖煮、虹吸、高壓等方式淬取其精華與水結合的提神飲料。人類喝開咖啡的歷史已無從考證，但由阿拉伯（Arab）世界傳出全世界。因咖啡具有提神醒腦的作用，在十五世紀以前，阿拉伯世界將咖啡運用於醫學與宗教上。十六、七世紀傳入歐洲後，因咖啡具有神秘東方的色彩，口感濃郁且香氣逼人，進而成為西方貴族的時尚飲品，在西方世界大受歡迎。在十六、七世紀的「大航海時代」，藉由海運的傳播，咖啡的植栽在熱帶地區，包括中南美洲、非洲、亞洲等蔓延開來。咖啡的推廣也在「大航海時代」傳遞到世界的每一個角落。今日咖啡是人類文化中最廣泛的飲品之一，同時也是世界經濟作物，是全球期貨市場僅次於石油的貿易商業活動。

〔註24〕吳明益著：《本日公休》（臺北：九歌出版社，2003），頁 63～64。
〔註25〕同前註，頁 69。

　　臺北的咖啡文化自是受到西方世界的影響，品嚐咖啡如同西方的貴族享受自日治時期即有之。日治時期臺北的咖啡館向來都是藝文人士與上流社會的聚集地，喝咖啡更是時尚品味的象徵。戰後的咖啡館仍延續這樣的傳統，成為當時文人雅士交誼聚會的重要匯集空間。本節即以咖啡店的空間地點為分類，逐一敘述咖啡空間與文學書寫的關係及影響。

一、文學創作的搖籃

　　1949 年開店的「明星咖啡店」有著濃厚的俄國風情，座落於「城內」熱鬧的武昌街。戰後初期「城內」是商業聚集與南北貨叫賣的集散地，其熱鬧的程度有「小重慶」之稱。因交通便利加之異國風彩，一開業即吸引不少黨政高官來此聚會，商人、藝文人士絡繹不絕。當時著名的畫家如郎靜山、楊三郎（1907～1995）、陳景容（1934～）、顏水龍（1903～1997）等人都是這裡的常客，「明星咖啡店」也成為了文化聚集與交流的藝文空間。「明星咖啡店」同時也是催生作家的搖籃。陳若曦回憶指出：

> （明星咖啡店）樓下賣西點麵包，三樓的咖啡座簡直成了《文學季刊》的編輯室，七等生與舒凡是常客。黃春明剛從鄉下進城，窮得響叮噹，一杯 15 元的咖啡從早泡到晚，而膾炙人口的短篇小說〈鑼〉和〈兒子的大玩偶〉等都在這兒完稿。〔註26〕

「明星咖啡店」成為了《文學季刊》的編輯場域，七等生、舒凡（1942～）是這裡的常客。剛出道的黃春明更是點一杯咖啡就在咖啡店裡「從早泡到晚」，並寫出〈鑼〉、〈兒子的大玩偶〉等膾炙人口的作品。在《文學季刊》之前「明星咖啡店」還有另外一群創辦《現代文學》的臺大學生白先勇、歐陽子、李歐梵、王文興、陳若曦……等人，也定期於此聚會討論。而「明星咖啡店」騎樓賣雜誌的先生更是著名詩人周夢蝶（1921～2014）。咖啡店始終是臺北最具藝文氣息的場域空間。

　　咖啡店不但是文人雅士交流聚會的場所，更是激發創作靈感的冥思之所。許多的作家都喜歡在咖啡店的空間進行創作，每個的原因理由皆不同，朱天心〈威尼斯之死〉裡的主角男作家就提到：

〔註26〕陳若曦、吳秋華主編：《臺北記憶》（臺北：臺北市政府新聞處，1997），頁 31。

> 一名女同業抱怨家裡有太多的零食、有太舒服的床、有太好玩的小
> 孩；也有人極富骨氣的說，隻身在外，可避免一遇寫作難關時，忍
> 不住求救於四壁書櫃上的列祖列宗們；也有較具積極意義的說，咖
> 啡館堪稱爲眾生相的縮影，便於作者觀察及偷窺竊聽；也有的僅僅
> 想仿傚巴爾扎克的日飲咖啡十數杯才能有靈感……我的理由卻極其
> 簡單，每天朝九晚五的去咖啡館寫作，便於至今仍無法接受我以寫
> 作爲業的老母、不必向鄰居解釋我的職業。〔註27〕

家裡是一個安樂窩，太舒適也太吵雜，因此到咖啡店寫作比較專心。或一個
人在外頭寫作可以增加獨立性。也有人喝咖啡觀察眾生相已獲取靈感，甚至
有人士是「仿傚巴爾扎克的日飲咖啡十數杯才能有靈感」。主角作家則是不想
費心的向父母與鄰居解釋作家這個職業而來到咖啡店創作。其他的理由如英
國著名的大眾文學作家Ｊ・Ｋ・羅琳（J.K.Rowling，1965～）曾是一位失業媽
媽，爲了節省開銷而到咖啡店創作，進而寫下暢銷世界的《哈利波特》
（HarryPotter）。朱天心自己大部分的作品皆是在咖啡店裡完成，有時候是自
己一人創作。有時候是和同樣身爲作家的丈夫唐諾（1958～）兩人一起創作，
點一杯咖啡就開始在這空間裡思索與書寫。其自言：

> 我開始寫東西是在課堂上。就是習慣不在自己的家，不在書桌，
> 不在熟悉、封閉、安靜的環境，這對我來說是寫作上的一個啓蒙
> 經驗，就是要脫開熟悉的場域，所以很自然的，參差不一的咖啡
> 館就成爲可以收容我這個需要的地方。我的選擇性是很寬的，不
> 是特別喜歡哪一家，非得到哪一家才寫得出來，而是只要可以離
> 開家就好。〔註28〕

朱天心學生時期就開始在課堂上創作，對她而言寫作的經驗是「脫開熟悉的
場域」，所以習慣不在家裡。各式各樣的咖啡店都可以成爲她的創作原地，沒
有特別需要指定哪一家，因爲「只要可以離開家就好」。也因此朱天心所待過
的咖啡店創作不計其數。她也以自己的專職寫作與待咖啡店的經驗創作了〈威
尼斯之死〉的小說故事。故事裡提到各式不同的咖啡店空間，不同的空間帶
給主角不同的感受，而不同的空間情境對作家的創作靈感極大，所以主角作

〔註27〕 朱天心著：〈威尼斯之死〉《古都》，頁55。
〔註28〕 朱天心的話語收錄於徐淑卿著：〈朱天心在咖啡館〉見《閱讀的所在》（臺北：
　　　　 網路與書出版社）

家「花大部分的時間在找一家合適的咖啡館，深深迷信任何一家風格強烈詭異的咖啡館會篡奪並就此決定該篇或該書的風格」，如：

> 標準的英國風，厚重茶色的紫檀木地板和桌椅，鋪著綴有比利時蕾絲邊的桌布，四壁貼著繁複的玫瑰花藤蔓圖案的壁紙，其上掛著一幅幅表框似骨董的手繪植物圖鑑好像從林奈的植物書裡裁拆下來的，英國骨瓷的餐具和地中海風的彩色手製玻璃水杯，牆角的大青花瓷缸種著冷溫帶的觀葉植物，暖房似的窗玻璃外吊滿養得肥綠的長春藤彷彿莎翁故居……〔註29〕

標準的英國風又稱為英倫風，其源自於英國「維多利亞時代」的文化特色風格。「維多利亞時代」是大英帝國經濟文化最興盛的年代，首都倫敦裡中產階級崛起，社會文化上新古典主義，浪漫主義及印象派藝術相繼光彩奪目，在建築空間裡，融合希臘式、哥特式及文藝復興時代等風格，創造了既富文藝又奢華的古典浪漫風味。小說裡的英倫風咖啡店即是如此：紫檀木地板、玫瑰花藤蔓圖案、手繪植物圖鑑、英國骨瓷餐加上地中海風情的手製玻璃杯。這樣的情境空間彷彿身處莎士比亞（WilliamShakespeare）的故居之中。所以主角作家創作了一篇典雅又含蓄的男同性戀的感情過世，而這篇的風格給讀者感覺則像是英國文學大師佛斯特（Edward Morgan Forster，1879～1970）「《窗外有藍天》和《墨利斯的情人》」〔註30〕的味道，帶有濃厚的英倫浪漫風情，隨著創作空間的浪漫，也蔓延到的小說作品中。

茅盾（1896～1981）曾說：文學是為了表現人生而創作，作家作品「描寫的雖只是一二人，一二家，而他們在描寫之前所研究的一定是全社會，全民族。」〔註31〕由於文學是社會的反映，觀察社會的人事物，過過文筆將其所看到的社會訊息所傳遞而出。身為作家的朱天心也曾自言咖啡館空間對其書寫的意義：

> 時間就像一條大河，人們偶爾想上岸歇口氣，咖啡館就是一個可以暫時脫離生活節奏的地方。但是創作人喜歡咖啡館，是把這個意義再放大，認為在人生中「我可不可以不要跟你們走一樣的路，我可

〔註29〕 朱天心著：〈威尼斯之死〉《古都》，頁 58。
〔註30〕 朱天心著：〈威尼斯之死〉《古都》，頁 58。
〔註31〕 茅盾著：〈現代文學家的責任是什麼〉，《茅盾文藝雜論集》（上海：上海文藝出版社，1981），頁 68。

> 不可以不要用你們的節奏」？某種程度上，我就是永遠當一個在岸
> 上的人，看著你們去吧。〔註32〕

朱天心以大河比喻人生，指出在迅速的人生之河中「咖啡館就是一個可以暫
時脫離生活節奏的地方。」作家自己在此環境之中可以享受片刻的寧靜與逍
遙自在。而在這樣一個開放的空間環境裡，看著咖啡館中的形形色色人物，
作家可以將自己抽離而出的觀照裡面。在〈威尼斯之死〉中一次主角作家來
到了一家具有老上海風味的咖啡店中，就有這樣的經驗：

> 一家有數十年歷史的老上海開的咖啡館，沒想到其中也充斥著好多
> 衣帽整齊考究的老人，他們人手一支名貴的手杖，不看報時就以上
> 海話大聲交談，才一兩天我就學會了「銅鈿」和「阿拉」的標準發
> 音。〔註33〕

十里洋場的絕代風華再現，老上海的咖啡館充滿復古的貴氣，這樣的空間情
境令人彷彿置身其中。接著作家寫下了出沒於這間咖啡店的客群───一群老
國代。〔註34〕他們衣帽穿著整齊又考究，個個貴氣逼人每一個均以大聲的上
海話高談闊論。身在其中的作家竟也環境所感染，竟也聽懂了幾句上海話。
接著作家又將自己抽離而出，以上帝視角觀照他們之間的對話。原來這群老
年人曾經位高權重，在憲政改革中被迫落幕自然不是滋味，因此待在咖啡館
裡義憤填膺的大肆批判。在這樣的環境空間裡，主角作家寫出了顛覆「白先
勇鄉愁式的遺老經典」作品而大獲好評。然而，也不是每一家咖啡館的都能
提供作家素材獲取靈感，如有一次主角在「後現代風的咖啡館出沒，感覺特
別冷的空調，露出五臟六腑似的管線的屋頂，服務生面容動作冷漠像機器人」
〔註35〕，後現代冷漠的空間加上冷漠的服務生態度，讓他那天的創作「完全
沒有進度」。朱天心在〈夢一途〉也寫下對咖啡館的追尋：

> 也許你其實在找尋一個消失的咖啡館吧……，墨黑鐵腳的木頭椅、
> 單純的大理石桌、記不得樣式材質的地板、服務人員總用一個泛銀

〔註32〕 朱天心的話語收錄於徐淑卿著：〈朱天心在咖啡館〉見《閱讀的所在》，頁 27。
〔註33〕 朱天心著：〈威尼斯之死〉，《古都》，頁 58。
〔註34〕 「老國代」是國民政府遷臺後的特有現象。第一屆的國民大會代表於 1948 年
在南京就任。1949 年國共內戰後，國民政府撤退來臺，這批民意代表被視為
中國大陸的「法統」象徵，國民政府以「淪陷區無法改選」為由，遲未改選，
直到 1992 年的憲政改革，這批被批評為「萬年國會」的老國代們才全數走入
歷史。
〔註35〕 朱天心著：〈威尼斯之死〉《古都》，頁 63。

器光的金屬托盤送上你所點的哪怕只是一杯咖啡一杯水。〔註36〕
作家寫下喜愛的咖啡館空間的追憶，那是一個可以令他舒適的地方。然而當
但適當咖啡館後來被改裝為像拉麵店一樣充滿高分貝歌聲的咖啡館之後，主
角受不了環境而逃離，並以悼念的心情訴說著：

> 你把一段而今顯得彌足珍貴的太平歲月和幾名年少時的好友給匆忙
> 丟在那兒，顧自倉皇逃命，它們給凝凍住在某四次元中，喊破喉嚨
> 也分毫穿透不得偶像歌手的吵嚷白痴聲。你視線無由與它們交會，
> 你只能在另外的時空中再見到他們，入夢來。〔註37〕

〈夢一途〉其實是一篇對已故父親的追憶，利用咖啡空間環境的變遷寫下父
親不在的感受。綜覽觀之，不同的空間環境營造出不同情境，作家受其影響
而書寫出不同的主題內容。小至一家咖啡店布置，大至國家社會氛圍，這樣
的書寫表現正是文學反映社會的最佳觀照。

二、休閒約會的場所

　　八、九○年代的臺北街頭更是咖啡店林立，除了有連鎖的「星巴克」
（Starbucks）、「西雅圖」（Barista）、「伯朗」（Mr.Brown）之外，還有更多的特
色咖啡小館。特色的咖啡店甚是成為城市人約會的重要標的，在尚未有行動
通訊「B.B.Call」及「手機」的八○年代，白先勇《孽子》裡的青少年就以西
門町的咖啡店作為約會與聯絡的地點：

> 西門町的野人咖啡室也是我們聯絡站之一，有時候小玉、老鼠、吳
> 敏我們幾個人要互通消息，便到野人去留一張字條：「八點鐘新南陽
> 門口。」「九點半中華路商場二樓吳抄手。」下午四點鐘，臺北已經
> 給八月的太陽烤得奄奄一息了，我鑽進野人的地下室裏，每張桌子
> 早坐滿了人，三三兩兩，全是青少年的頭顱。他們身上穿著大紅大
> 黃，聚在一堆，並成了一朵朵的向日葵。裏面燈光昏朦，乳白的冷
> 氣煙靄，在浮動著，冷氣裏充滿了辛辣的煙味。那架大唱機正在擴
> 著火爆的搖滾樂，披頭四放肆地在喊。〔註38〕

「野人咖啡」是西門町具有特色代表的咖啡店，作家隱地（1937～）回憶「那

〔註36〕 朱天心著：〈夢一途〉，《漫遊者》（臺北：聯合文學出版社，2000），頁46。
〔註37〕 同前註，頁47。
〔註38〕 白先勇著：《孽子》，頁63。

家名叫『野人』的咖啡屋，就在萬國戲院的斜對角，賣王大吉茶的峨嵋街地下室。果眞店如其名，那裡聚集了眾多的前衛之士，有些人的行徑接近野人。」
〔註39〕「野人咖啡」位於「萬國戲院」斜對面。「萬國戲院」前身爲日治時期的劇場「榮座」，1902 年座落在西門町會繁華的核心地帶，是全臺最早擁有歌舞伎表演的劇院。後因經營方針改變於 1907 年放映電影。國民政府遷臺後，從新改建爲唐代建築風格的萬國戲院，因位居西門町的漢中街核心要道，始終是青年學子的約會聚集地。電影人潮眾多熱鬧，一旁的「野人咖啡」也雨露均霑的生意大好。《孽子》寫下那個還沒有行動通訊的年代，大家以「野人咖啡」爲約會聚會的場域或留言之處。店內的空間更有別於一般文青風格，以離經叛道的搖滾展現出時代青年的狂妄不羈。確實在此空間的與會人士：白先勇筆下的狂野少年、隱地文中的前衛之士，確實都帶有叛逆的成分於其中。咖啡店是個約會休閒的地點，城市人在這空間裡，除了品嚐咖啡的美味，同時也可以讓身心靈放鬆而舒暢。朱少麟《傷心咖啡店之歌》裡的馬蒂就是如此：

> 馬蒂呷了一口咖啡，很不錯，比她預期中要香得多，全身的疲憊頓時減輕不少。她深深吸了口氣，空氣中有很重的煙味，多半是來自隔壁桌那趴著的女子手上的香煙。對於這煙味，馬蒂已經比剛進門時適應了許多。也許是這迷離的燈光與前衛搖滾交織成的頹唐氣氛，淡化了她的感傷；也許，是滿室濃厚的煙霧，讓她沉重的心情得到了藏匿的所在，總之，她覺得舒服多了。馬蒂深深地坐進沙發，將身體的重量全數放棄，開始感到肉體上的輕鬆。〔註40〕

咖啡味道濃郁中帶有苦味，入口後回甘，加之香味四溢，令人齒頰留香。咖啡同時有提神醒腦的作用，所以喝完之後「全身的疲憊頓時減輕不少」。不同的咖啡館有不同的風格，「傷心咖啡店」裡迷離的光線、前衛的音樂，加上繚繞的煙霧。在這樣帶有虛幻飄渺的空間裡，坐在店裡沙發上的主角，原本不佳的心情竟開始感到放鬆。在咖啡與迷情環境的交錯，主角從現實中的各種生活困頓中被抽離而出，在此空間中不需要去煩憂各式各樣的瑣事。咖啡空間使城市人暫卻忘記煩惱，縱使沒有伴侶，獨自前往也是一個抒壓放鬆的生活空間。

〔註39〕 隱地著：〈文學老地圖〉收錄於蘇誠修企劃總籌：《爛漫年代・西門町：她的美麗妖嬈，他們的青春回憶》（臺北：推守文化創意公司，2012），頁 9。
〔註40〕 朱少麟著：《傷心咖啡店之歌》，頁 21。

臺北的城市人三不五時也都喜歡去咖啡店打發時間，城市裡咖啡店也因此越來越多。在〈匈牙利之水〉裡，朱天心曾提到：

> 不多久後，我又遇到了 A，在一家、該怎麼說、臺北現在有很多這樣的地方、原意只是一道吧臺幾張小桌、專業賣咖啡的，後來愈來愈多像我這種下了班爲躲過交通擁擠只好在這裡打發時間的人口，順帶賣起調理餐包、一些輕食、又研發出一些奇奇怪怪名字和口味的三明治我都不敢試，更後來，乾脆也賣起幾品調酒。〔註41〕

上下班的尖峰時刻整個臺北城市總是塞的人滿爲患，因此不少城市人與其塞在車陣中，不如在咖啡館裡打發時間。作家側寫出這群待在咖啡店裡消磨時間的人們，在咖啡店裡等尖峰的車潮過後再上路的情況。此外，八、九〇年代的臺北咖啡店也開始了複合式經營。除了賣咖啡之外，還有輕食、三明治，甚至還有調酒也有販售。整個城市的咖啡空間，除了供城市人悠閒品味之外，也多了幾分的商業氣息於其中。透過作家筆下的書寫，不論是特定的約會，還是日常的活動，咖啡店皆成爲城市人流連忘返的場域。

第三節　衣著空間文學書寫

城市人的生活品質講究，大部分城市人對物質資本的要求不再只是「需求」（need），而是更高階的「感情需要」、「尊重需要」的物質小康階段，甚至希望達到「自我實現需要」的精神富裕階段。也因此都會生活中的食、衣、住、行、育、樂，皆有不同的品牌符號出現。這些品牌符號的背後象徵品味與格調，甚至是奢華與榮耀的展現。這樣的「衣著引領時尚」早已遍及臺北城市的每一階層。對於衣飾，張小虹有一套「空間移動」的穿衣哲學：

> 讓「穿」成爲身體在空間移動時充滿情慾與記憶的動態表面，層層交織延展穿衣、穿建築、穿城市的「體感」經驗，讓空間成爲身體——城市「介於其間的變動交會」，讓所有官能敏感的「表面」（surface）都成爲開放流動的「界面」（interface），在身體與衣飾之間，在身體與建築之間，也在身體與城市之間。〔註42〕

〔註41〕　朱天心著：〈匈牙利之水〉，《古都》，頁 119。

〔註42〕　張小虹著：〈城市是件花衣裳〉，《中外文學》第 34 卷，第 10 期（2006.3），頁 170。

如同在巴黎、米蘭的時尚舞臺上，模特兒在這個舞臺空間上盡情揮灑自我。
城市人受到流行時尚的影響，將當季的流行風格穿在身上。這樣的美麗動人
穿著，將自我身體裡的萬種風情，或性感、或可愛、或風騷、或婀娜，表現
的一覽無遺。讓「身體在空間移動時充滿情慾與記憶的動態表面」，整個城市
就是一個展現自我的舞臺空間。因此城市空間成爲了身體展示的一部份，城
市人外在衣著的「表面」（surface）成爲了城市空間裡開放流動的「界面」
（interface）展示。所以服飾的穿著不只是服飾本身，「在身體與衣飾之間，
在身體與建築之間，也在身體與城市之間。」城市人的服飾穿著，因此與建
築、與城市風格融合爲一。張小虹進一步指出：

> 城市不再僅是以背景（街道、高樓等地標或電車、火車等運輸工具）、
> 主題、象徵符號的方式被再現（represented），而是以身體記憶與空
> 間感知的方式被「體現」（embodied），讓城市不再只是「隱喻」（強
> 調相似、認同、深度與意義的達成），更是「轉喻」（展開毗鄰、連
> 結、貼近的表現意符流動與身體想像），認城市的「認知繪圖」也同
> 時成爲「感官地理」。所謂「衣文本」定義爲：「衣文本」指的是體
> 感表面即界面的城市身體移動，從衣服的貼身環境、居住的貼身環
> 境到城市的貼身環境，不斷展開「介於其間」的穿梭交織，不斷誘
> 發著觸感情慾、身體想像與城市記憶的文本書寫。〔註43〕

「城市再現」不僅只是背景地標、主題方式及象徵符號。「以身體記憶與空間
感知的方式被『體現』（embodied）」也是城市空間的重要展現方式。本節即是
由「衣文本」的角度切入探討：

一、城市裡的「雅痞風」

「雅痞」（Yuppie）爲「Young Urban Professional」的縮寫，原意係指「年
輕、都會、專業」的人士。其中「Urban」即爲都會之意，可見其身分與城市
人關係密切。「雅痞」成爲八、九○年代臺北新興時尚的代名詞，即意謂著「在
一定經濟基礎下的品味生活」。這群城市人無世襲的貴族文化，在競爭激烈的
城市中他們脫穎而出，以專業的工作能力成爲城市中產階級裡高收入的一
群。他們不是企業大老闆，無法過著奢華享受的生活，但在生活中仍堅持品

〔註43〕同前註，頁 184～185。

味，享受人生。〈佛滅〉裡就明標了八、九〇年代的雅痞風：

> 學校早成了雅痞大本營，人們認真做著湯姆海頓之妻的珍芳達操，
>
> 開日本車，競著馬球衫或卡文克萊的棉布襯衫。〔註44〕

「雅痞」成爲了一種時尚的雅號，他們重視身上的行頭，穿著強調有質感但不俗氣，有些質感配件讓整體衣飾大爲加分。他們學習模仿時尚名人的行爲，如「珍芳達操」。珍芳達（1937～）是七、八〇年代的美國好萊塢巨星，尤其在八〇年代開創了「珍芳達操」的有氧體操運動，並透過錄影帶風靡全球。有氧體操變成的時尚的代表，因此城市人們爭相學習與模仿。「雅痞」們開著日本車款「Honda」、「Toyota」，雖然沒有的德國「賓士」、「BMW」的高級，但比國產的「裕隆」品味更高。他們穿著有質感的「馬球 POLO 衫」或「卡文克萊」的西服時裝以突顯出獨特與眾不同的品味。

　　這樣的雅痞風在八、九〇年代整個臺北城市空間裡蔓延開來，有點紳士，卻沒那麼貴氣；有點帥氣，卻沒那麼不羈，這股風氣連學校裡的學生們生活品味都深受其影響。這樣的社會風氣甚至蔓延到城市裡的每一個份子，在朱天文的〈帶我去吧，月光〉中「程太太聽她勸算了，卻磨蹭轉去選皮夾和皮帶。天啊那是 DUPONT，佳瑋激動的說：『媽拜託，你要買給誰呀！』」〔註45〕家庭主婦程太太也看上了「DUPONT」名牌皮件——皮夾和皮帶，雖然眞皮所做且質感非凡，但動輒上萬塊的皮件，讓小資女佳瑋激動的阻止母親的購買衝動。

二、城市裡的「世紀末的華麗」

　　一樣的城市流行，在朱天文的〈世紀末的華麗〉裡，女模米亞則永遠走在時尚流行的最尖端：

> 十五歲她率先穿起兩肩破大洞的乞丐裝，媽媽已沒有力氣反對她。
>
> 儘管當年不知，她始終都比同輩先走在山本耀司三宅一生他們的潮
>
> 流裡。即使八四年金子功另創一股田園風，鄉村小碎花與層層荷葉
>
> 邊……〔註46〕

〔註44〕 朱天心著：〈佛滅〉，《我記得……》，頁 186。

〔註45〕 朱天文著：〈帶我去吧，月光〉，《世紀末的華麗》（臺北：印刻出版公司，2008），頁 91。

〔註46〕 朱天文著：〈世紀末的華麗〉，《花憶前身》，頁 208。

米亞對時尚的敏銳嗅覺，在還沒走進模特兒圈子裡就已經散發而出。進入模特兒圈後「山本耀司」、「三宅一生」這些時尚名牌都成為主角常穿搭的衣著服飾，而這些品牌設計師各各都獨具特色，設計感十足。山本耀司（1943～）是日本知名的服飾設計大師，他以自己的名字創造品牌。其擅長以黑色混搭，而有「黑色詩人」的美譽。在簡潔而流線的線條中，往往富有韻味。他以東方細膩的風格特色結合西方的藝術美學，如當時流行以緊身的衣裙來展現女性的胴體之美。山本耀司也善於以日式和服為基礎，藉以層疊、包裹的方式來襯托出女性的體態之美。這種不按牌理出牌的藝術美學，在當時的時尚圈大出風頭，使得山本耀司成為八○年代的巴黎時裝先鋒派人物。

　　三宅一生（1938～）亦是一位以自己名字所創辦的日本服飾設計大師。三宅一生的創作理念，更是將東方藝術推展到極致。三宅一生在創作上摒棄了傳統的西方服飾思維，以東方哲學進行反思創作。其服飾的衣料以掰開、揉碎，再組合的剪裁，創造出一種東方制衣技術。米亞將「三宅一生」的服飾穿上身時，更顯風情：

> 三宅一生改變他向來的立體剪裁，轉移在布料發揮。用壓紋來理雪紡和絲，使料子顯出與原質完全相反的硬感，柔中現剛，帶著視覺冒險意味。鰭紋，貝殼紋，颱風草紋，棕櫚葉直紋，以壓紋後自然產生的立體效果來取代立體剪裁，再以交叉縫接，未來感十足，仍是他的任性和奇拔。〔註47〕

立體剪裁的技術，使服飾柔中帶剛，以壓紋後自然產生的立體效果更讓米亞的未來感十足。「三宅一生」的服飾風格看似大膽創新，但又兼具東方「以人為本」的生活美學。完全襯托出亞米的美體性感。除了服飾之外「三宅一生」也在「香水」這奢侈品上也佔有一席之地，其知名香水「一生之水」（L'Eau D'Issey）即是三宅一生在九○年代的得意代表作。獨特的瓶身設計，以三菱錐柱狀的簡約呈現出「雲在青天水在瓶」的東方禪意之美。「一生之水」的味道以多種花香、麝香和木香混搭，呈現出妖媚而清新，寧靜而幽遠的森林氣息。「一生之水」一開始先展現出由睡蓮、玫瑰與櫻花草混搭而成的淡雅清幽之味，之後則會轉化為百合、牡丹般的高貴清芳之香。此外「三宅一生」的眼鏡、皮包也都是設計感十足的知名精品。這些知名品牌以設計與創意理念擄獲消費者的喜愛，對消費者而言商品本身不再是重點，而是這些設計大師的

〔註47〕 朱天文著：〈世紀末的華麗〉，《花憶前身》，頁215。

工藝所傳遞的理念，讓消費者購買的同時，也得到虛幻的愉悅、精神的象徵甚至是自我的實現。

　　米亞這位走在流行時尚尖端的模特兒，自然對於「山本耀司」、「三宅一生」等流行時尚的品味非常熟識。她知道不同人有不同的特性，選擇不同的風格打扮，因此她依據小女朋友「寶貝」的特性穿搭上「鄉村小碎花與層層荷葉邊」，以另一位時尚新銳設計師「金子功」（1939～）的田園風情呈現其小女人的萬種風情。流行服飾是時尚的象徵，它代表一個時代的品味與風格的展現。這樣的展現，將人體的美感襯托而出，並穿梭於城市裡的大街小巷之中。

　　城市「雅痞風」（Yupple）透過身體穿著，「表面」（surface）即「界面」（interface）的在城市空間裡移動，「從衣服的貼身環境、居住的貼身環境到城市的貼身環境，」不斷的讓身體介於城市的各種空間中移動，進而觸發出各種的情慾、身體的想像與城市的記憶相互連結。因此服飾衣著成為「城市空間」移動的感官，在城市移動之中「感官」有了不同的體驗與記憶，最後身體不只是被服飾衣著體現其美感，更藉由穿衣的身體體現了城市空間的面貌。所以無論是「雅痞風」或是〈世紀末的華麗〉中的體現了人們身體衣著服飾的美感，是藉由其穿著移動穿梭於臺北的大街小巷中體現出城市空間的面貌。而「八四年金子功」其田園風情衣著，更代表一座城市的一段潮流與記憶。

第四節　飾品空間文學書寫

　　在「晚期資本主義」興盛的年代，物質消費成為今日生活的常態。但在眾多商品競爭之下，要獲得消費者的青睞並不容易。對此法國社會哲學家布西亞（J. Baudrillard，1929～2007）在《物體系》（System of Object）一書中提出：

　　　　要成為被消費的對象，物必須要先成為符號。〔註48〕

布西亞深知商品除了本身的實用性之外，同時還需兼具「消費慾望」（desire to consume）與「消費癖好」（propensity to consume）的兩大條件。因此當商品

〔註48〕布希亞（Baudrillard）著，林志明譯：《物體系》（臺北：時報文化出版公司，1997），頁212。

作為文化符號的載體時，消費者透過對商品的使用與擁有，同時還代表著一種象徵、虛幻的愉悅，甚至是一種自我實踐的完成。所以商品化為了符號，成為了品牌。

　　除了衣服服飾的行頭是城市人外在身份的展現，而高貴的「鑽石」更是城市人內在精神渴望的奢侈品。在資本主義盛行的年代，「鑽石」被賦予高貴與尊榮的象徵。「鑽石」是天然礦物中最堅硬的礦石，其結晶透晰具高折射率，因此在燈光下閃耀動人，美不勝收而獲得人們的喜愛。價值高的鑽石同時還有克拉、色澤、淨度和切割四種標準：「克拉」是鑽石的大小重量，一克拉等於兩百毫克，克拉越高，鑽石的大小也越大，價格往往是翻倍成長；「色澤」是鑽石的顏色，因為大自然的地形變化，地層在強烈的高壓之下，往往會有不同的雜質滲入其中，而產生不同的顏色變化，其中完全透明無色的鑽石為最高等級；「淨度」是指鑽石裡面的內含物和表面特徵的多寡，由於在大地的擠壓之下，不同的物質會滲透其中，包含：礦物晶、羽裂紋、雙晶網、雲狀物和內凹天然面……等等，使得原本潔淨無瑕的鑽石多了許多雜質，雜質越少鑽石的價值也就越高；「切割」是指將鑽石光彩和閃爍程度量化的標準，好的鑽石切割工法，透過完美比例的裁切會讓鑽石裡的鋒芒畢露且閃耀動人，反之不良的鑽石切割，因折射角度的不足，將會變得暗淡無光。鑽石的切割因素很複雜，包括鑽石的大小、鑽冠的角度、鑽腰的厚度……等等，不同的鑽石公司有不同的打造工法，也因此會打造出不同特色與風格的鑽石。

　　在城市人強調個人的「消費慾望」（desire to consume）與「消費癖好」（propensity to consume）之下，朱天心的〈第凡內早餐〉裡，女主角「我」內心大喊：「我需要一顆鑽石，使我重獲自由。」〔註49〕「我」是這樣堅持著：

> 非得是一顆第凡內的獨粒鑽戒，可不是其他任何品牌或老土銀樓的，也不要彩鑽碎鑽拼嵌的……，我要一個白金指環、六爪鑲嵌的典型第凡內圓形明亮切割的鑽戒。〔註50〕

城市人對於品牌的迷思，對於物質資本的堅持與追逐正是八、九○年代臺北城市雅痞族群的展現。〈第凡內早餐〉故事敘述在職場工作九年的女主角，萌生想購買鑽石給自己念頭。在一次雜誌社擔任採訪工作時訪了女作家 A，看見

〔註49〕 朱天心著：〈第凡內早餐〉，《古都》，頁 94。

〔註50〕 同前註，頁 88。

女作家的手上配戴著高貴而幽雅的「第凡內」鑽戒，透過與女作家的對話展現出新人類不同世代的價值觀。同時也回顧當初與朋友小馬一起參與學生運動的過往。透過兩人的對話揭示的兩人不同的政治傾向，同時也嘲諷了反對黨的反對假象。〈第凡內早餐〉內容有大量的鑽石知識符碼書寫，鉅細靡遺的娓娓道來不同鑽石的歷史與背後的血汗故事。同時也以德國思想家馬克思（Karl Marx，1818～1883）與文化工業批判的術語，撻伐鑽石是資本主義之下的虛偽文化商品。雖然如此女主角最後還是走進了第凡內珠寶公司的專櫃買下了「南方之星」的鑽石，將它套在左手的無名指上，進而獲得內心寧靜的快樂。文本中透過小馬的口吻道出女主角對鑽石的渴望「是被商品美學刺激控制所產生的假需求」〔註 51〕，身為高知識份子的女主角絕對不是一位盲目追求流行的拜金主義者。她參與過學運「和一些前來聲援的社運人士一起，我們坐在校鐘下進行第三天的絕食抗議」〔註 52〕，她讀過「馬克思主義」，記錄下《1844 年經濟學哲學手稿》中的隻字片語「勞動生產了智慧，但是給工人生產了愚鈍和癡呆；勞動創造了宮殿，但是給工人創造了貧民窟」〔註 53〕。她知道這一切都是資本主義所帶來的虛幻，甚至是以血汗所換來的代價產物。然而在第凡內鑽石的面前：

> 我像賣火柴的小女孩在嚴酷的雪夜裡踮著赤足看窗內的人家在歡度
> 豐盛溫暖的聖誕節。〔註 54〕

女主角縱使知道物質本身的虛假，然而第凡內的鑽石在眼前，這要的虛假卻讓內心依舊產生渴望，藉由鑽石的獲得讓九年的職場「女奴」生活獲得前所未有的精神慰藉。當女主角在家裡拿著第凡內鑽石「南方之星」時：

> 我以右手拈起它，並以情人的款款深情之姿緩緩套在左手的無名指
> 上，心中漲滿了寧靜的快樂，彷彿、彷彿那個偶然在南非橘河河畔
> 玩耍並拾獲了 EUREKA 的小男孩。〔註 55〕

「鑽石」這資本主義下的商品，在廣告商品的推波助瀾之下，用以金錢堆砌的虛幻，卻能讓消費者獲得內心的滿足。當女主角拿在手中那一刻，就像小

〔註 51〕 朱天心著：〈第凡內早餐〉，《古都》，頁 95。
〔註 52〕 同前註，頁 91。
〔註 53〕 同前註，頁 103
〔註 54〕 同前註，頁 102。
〔註 55〕 同前註，頁 114。

男孩拾獲了「EUREKA」〔註56〕般的興奮與快樂。朱天心書寫下城市人的飾品慾望——鑽石，並打造了「第凡內空間」。這樣的空間環境所環繞的虛幻與尊榮，願意讓城市人作爲職場工作付出時的辛苦代價回饋。而就在得到物質資本的同時，城市人也同時獲得了內在精神上的滿足與慰藉。

小　結

八、九〇年代臺北城市「生活空間」的「食」與「衣」習慣有著顯著的改變。由於生活逐漸富裕，物質享受更趨多元，品質要求也更提升。透過文學書寫中，「食」、「衣」的變化，可以見微知著，一窺時代的面貌。

首先在「食」的方面，高檔餐廳的進駐象徵著時代的進步，昂貴的餐具搭配名廚美食，在幽雅的空間氣氛用餐，令人彷彿置身貴族生活一般。也因此城市人時常來此休閒，享受「高檔餐廳」寬敞的空間、精緻的料理，來調解生活壓力，抒解忙碌，放鬆心情。同時這裡也是城市人慶功的首選，美酒佳餚、華麗的空間環境，充斥著歡樂熱絡的氣氛。「速食連鎖店」是現代化與全球化下的城市新產業，在講求效率的時代，城市人以迅速用餐解決口腹之慾，節省了久候的時間。同時，明亮潔淨的用餐環境，標準化、透明化的作業流程，透過連鎖模式將餐飲複製到全世界。雖產品口味的一致性，卻以普及化締造了人們無國界的熟悉感。這樣的速食文化求快速，這種「食」尚的流行，也成爲了時下青少年的新生活模式。速食店除了提供多數人的休憩空間，家庭主婦來此享受片刻的清閒；孩子們在店裡遊戲；學子們來此閱讀；還充分發揮著節電的功能。而深具本土的特色小吃可以說是國民平價美食:夜市裡的大腸包小腸、蚵仔煎是學子們負擔得起的享受。儘管不少的平價美食場所隨著時空的變遷，或老舊，或沒落。然而透過美食空間的文學書寫，記錄著飲食的興起、流行與衰微，可以看見時代更迭的樣貌。另外，八、九〇年代以來最具代表的新時尚首推「咖啡」。咖啡店的文藝氣息成爲了約會的場

〔註56〕　案:「EUREKA」爲「驚奇的發現之意」，這個詞語典故出自於古希臘學者阿基米德（Archimedes）。一日，阿基米德在洗澡時坐進浴盆，浴盆裡的水因而溢出。這件事讓他突然體悟——原來溢出來水的容積正好等於他浸入身體的體積，同時也意味著不規則物體的體積可以因此被精確計算而出。阿基米德想到這個困擾他已久的問題突然迎刃而解，開心的從浴盆裡跳出來，忘記自己還光著身體就在城裡邊跑邊喊叫著「Eureka！Eureka！」與城裡的民眾分享他發現的喜悅心情。

所或地標，咖啡文化變成了城市人的生活日常。這個空間同時也是許多作家的創作靈感泉源，不同的咖啡空間呈現不同的文化風貌，而遍及城市大街小巷的咖啡店，更將這特有的文藝氣息散播到每一個空間角落。

在「衣」的方面，八、九○年代的衣著不再只是禦寒保暖的生活所需，更是展現自我，引領風騷的時尚表現。也因此作家透過對衣著的文學書寫，從知名設計師的設計理念到城市人的穿著展現。人們以「衣文本」穿梭城市空間之中，展現的不只是個人的流行風格，更與當代城市建築互搭，組構了流行風潮。除了衣著時尚，點綴精美、生色的飾品，更現風華，如象徵高貴與尊榮的「鑽石」。在資本主義的廣告推波助瀾之下，鑽石之所在光華四射，冷傲與奢華感並生，身分與地位齊揚，華美與輝煌之感油然而生。是以，經由以上整理耙梳八、九○年代臺北城市「生活空間」中「食」與「衣」兩個面向的文學書寫，藉以重現了那個時代的時空氛圍，再度召喚起人們過去所食所衣的記憶。